에듀윌과 함께 시작하면,
당신도 합격할 수 있습니다!

오랜 직장 생활을 마감하며 찾아온 앞날에 대한 막연한 두려움
에듀윌만 믿고 공부해 합격의 길에 올라선 50대 은퇴자

출산한지 얼마 안돼 독박 육아를 하며 시작한 도전!
새벽 2~3시까지 공부해 8개월 만에 동차 합격한 아기엄마

만년 가구기사 보조로 5년 넘게 일하다, 달리는 차 안에서도
포기하지 않고 공부해 이제는 새로운 일을 찾게 된 합격생

누구나 합격할 수 있습니다.
시작하겠다는 '다짐' 하나면 충분합니다.

마지막 페이지를 덮으면,

**에듀윌과 함께
공인중개사 합격이 시작됩니다.**

공인중개사 1위

15년간 베스트셀러 1위
에듀윌 공인중개사 교재

탄탄한 이론 학습! 기초입문서/기본서/핵심요약집

기초입문서(2종)

기본서(6종)

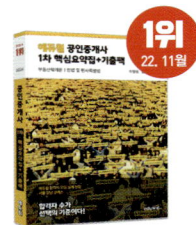
1차 핵심요약집+기출팩(1종)

출제경향 파악, 실전 엿보기! 단원별/회차별 기출문제집

단원별 기출문제집(6종)

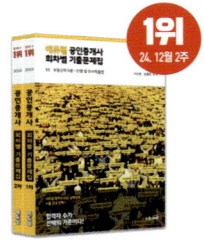
회차별 기출문제집(2종)

다양한 문제로 합격점수 완성! 기출응용 예상문제집/실전모의고사

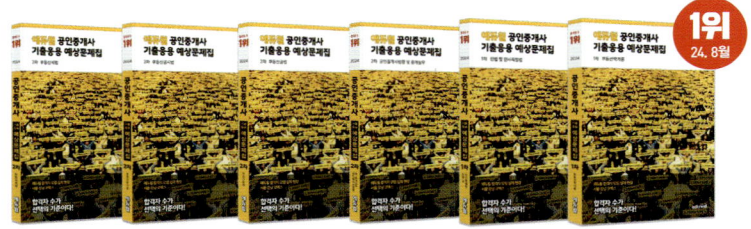
기출응용 예상문제집(6종)

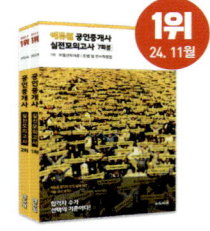
실전모의고사(2종)

* 2023 대한민국 브랜드만족도 공인중개사 교육 1위 (한경비즈니스)
* YES24 수험서 자격증 공인중개사 베스트셀러 1위 (2011년 12월, 2012년 1월, 12월, 2013년 1월~5월, 8월~12월, 2014년 1월~5월, 7월~8월, 12월, 2015년 2월~4월, 2016년 2월, 4월, 6월, 12월, 2017년 1월~12월, 2018년 1월~12월, 2019년 1월~12월, 2020년 1월~12월, 2021년 1월~12월, 2022년 1월~12월, 2023년 1월~12월, 2024년 1월~12월 월별 베스트, 매월 1위 교재는 다름)
* YES24 국내도서 해당분야 월별, 주별 베스트 기준

에듀윌 공인중개사

합격을 위한 비법 대공개! 합격서

이영방 합격서
부동산학개론

심정욱 합격서
민법 및 민사특별법

임선정 합격서
공인중개사법령 및 중개실무

김민석 합격서
부동산공시법

한영규 합격서
부동산세법

오시훈 합격서
부동산공법

신대운 합격서
쉬운민법

취약점 보완에 최적화! 저자별 부교재

임선정 그림 암기법
공인중개사법령 및 중개실무

오시훈 키워드 암기장
부동산공법

심정욱 합격패스 암기노트
민법 및 민사특별법

심정욱 핵심체크 OX
민법 및 민사특별법

시험 전, 이론&문제 한 권으로 완벽 정리! 필살키

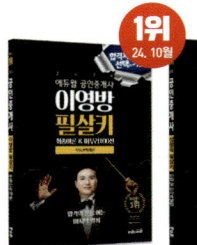
이영방 필살키

심정욱 필살키

임선정 필살키

오시훈 필살키

김민석 필살키

한영규 필살키

신대운 필살키

더 많은
공인중개사 교재

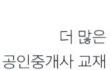

* 해당 교재의 이미지는 변경될 수 있습니다.

eduwill

공인중개사 1위

공인중개사, 에듀윌을 선택해야 하는 이유

9년간 아무도 깨지 못한 기록
합격자 수 1위

합격을 위한 최강 라인업
1타 교수진

공인중개사

합격만 해도 연 최대 300만원 지급
에듀윌 앰배서더

업계 최대 규모의 전국구 네트워크
동문회

* 2023 대한민국 브랜드만족도 공인중개사 교육 1위 (한경비즈니스)
* KRI 한국기록원 2016, 2017, 2019년 공인중개사 최다 합격자 배출 공식 인증 (2025년 현재까지 업계 최고 기록)   * 에듀윌 공인중개사 과목별 온라인 주간반 강사별 수강점유율 기준 (2024년 11월)
* 앰배서더 가입은 에듀윌 공인중개사 수강 후 공인중개사 최종 합격자이면서, 에듀윌 공인중개사 동문회 정회원만 가능합니다. (상세 내용 홈페이지 유의사항 확인 필수)
* 에듀윌 공인중개사 동문회 정회원 가입 시, 가입 비용이 발생할 수 있습니다.   * 앰배서더 서비스는 당사 사정 또는 금융당국의 지도 및 권고에 의해 사전 고지 없이 조기종료될 수 있습니다.

에듀윌 공인중개사

1위 에듀윌만의
체계적인 합격 커리큘럼

합격자 수가 선택의 기준, 완벽한 합격 노하우
온라인 강의

① 전 과목 최신 교재 제공
② 업계 최강 교수진의 전 강의 수강 가능
③ 합격에 최적화 된 1:1 맞춤 학습 서비스

최고의 학습 환경과 빈틈 없는 학습 관리
직영학원

① 현장 강의와 온라인 강의를 한번에
② 시험일까지 온라인 강의 무제한 수강
③ 강의실, 자습실 등 프리미엄 호텔급 학원 시설

쉽고 빠른 합격의 첫걸음 기초용어집 무료 신청

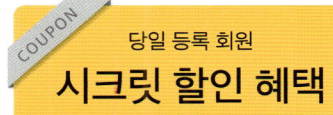 

COUPON 당일 등록 회원
시크릿 할인 혜택

설명회 참석 당일 등록 시 특별 수강 할인권 제공

친구 추천 이벤트

" **친구 추천**하고 한 달 만에
920만원 받았어요 "

친구 1명 추천할 때마다 현금 10만원 제공
추천 참여 횟수 무제한 반복 가능

※ *a*o*h**** 회원의 2021년 2월 실제 리워드 금액 기준
※ 해당 이벤트는 예고 없이 변경되거나 종료될 수 있습니다.

친구 추천 이벤트
바로가기

자세한 내용이 궁금하다면 1600-6700
* 2023 대한민국 브랜드만족도 공인중개사 교육 1위 (한경비즈니스)

공인중개사 1위

합격자 수 1위 에듀윌
7만 건이 넘는 후기

고○희 합격생

부알못, 육아맘도 딱 1년 만에 합격했어요.

저는 부동산에 관심이 전혀 없는 '부알못'이었는데, 부동산에 관심이 많은 남편의 권유로 공부를 시작했습니다. 남편 지인들이 에듀윌을 통해 많이 합격했고, '합격자 수 1위'라는 광고가 좋아 에듀윌을 선택하게 되었습니다. 교수님들이 커리큘럼대로만 하면 된다고 해서 믿고 따라갔는데 정말 반복 학습이 되더라고요. 아이 둘을 키우다 보니 낮에는 시간을 낼 수 없어서 밤에만 공부하는 게 쉽지 않아 포기하고 싶을 때도 있었지만 '에듀윌 지식인'을 통해 합격하신 선배님들과 함께 공부하는 동기들의 위로가 큰 힘이 되었습니다.

이○용 합격생

군복무 중에 에듀윌 커리큘럼만 믿고 공부해 합격

에듀윌이 합격자가 많기도 하고, 교수님이 많아 제가 원하는 강의를 고를 수 있는 점이 좋았습니다. 또, 커리큘럼이 잘 짜여 있어서 잘 따라만 가면 공부를 잘 할 수 있을 것 같아 에듀윌을 선택했습니다. 에듀윌의 커리큘럼대로 꾸준히 따라갔던 게 저만의 합격 비결인 것 같습니다.

안○원 합격생

5개월 만에 동차 합격, 낸 돈 그대로 돌려받았죠!

저는 야쿠르트 프레시매니저를 하다 60세에 도전하여 합격했습니다. 심화 과정부터 시작하다 보니 기본이 부족했는데, 교수님들이 하라는 대로 기본 과정과 책을 더 보면서 정리하며 따라갔던 게 주효했던 것 같습니다. 합격 후 100만 원 가까이 되는 큰 돈을 환급받아 남편이 주택관리사 공부를 한다고 해서 뒷받침해 줄 생각입니다. 저는 소공(소속 공인중개사)으로 활동을 하고 싶은 포부가 있어 최대 규모의 에듀윌 동문회 활동도 기대가 됩니다.

더 많은
합격 비법

다음 합격의 주인공은 당신입니다!

* 에듀윌 홈페이지 게시 건수 기준 (2024년 12월 기준)
* 2023 대한민국 브랜드만족도 공인중개사 교육 1위 (한경비즈니스)

SUBJECT
공인중개사법령 및 중개실무

회독용 정답표

활용방법

- 교재에 정답을 바로 체크하지 말고, 본 정답표를 활용하여 여러 번 풀어보세요.
- 오지선다 뿐만 아니라 보기지문까지 본 정답표에 표기해보세요.
- 체크 칸에는 문제를 풀면서 정확히 알고 풀었으면 ○, 찍었거나 헷갈리면 △, 전혀 모르면 ✕로 표시하세요.
- 파트별 실력점검표와 함께 활용하여 취약 단원을 파악하고, 보완하세요.

  회독용 정답표는 [에듀윌 도서몰 > 도서자료실 > 부가학습자료]에서 다운받아 추가로 사용하실 수 있습니다.

PART 1 공인중개사법령

CHAPTER 01 총칙

번호	오지선다	보기지문	체크	번호	오지선다	보기지문	체크
예시	① ② ③ ● ⑤	㉠ ㉡ ● ● ㉤	○	04	① ② ③ ④ ⑤		
대표 1	① ② ③ ④ ⑤			05	① ② ③ ④ ⑤	㉠ ㉡ ㉢ ㉣	
대표 2	① ② ③ ④ ⑤	㉠ ㉡ ㉢ ㉣		06	① ② ③ ④ ⑤		
01	① ② ③ ④ ⑤			07	① ② ③ ④ ⑤	㉠ ㉡ ㉢ ㉣	
02	① ② ③ ④ ⑤			08	① ② ③ ④ ⑤	㉠ ㉡ ㉢ ㉣	
03	① ② ③ ④ ⑤			09	① ② ③ ④ ⑤	㉠ ㉡ ㉢ ㉣	

CHAPTER 02 공인중개사제도

번호	오지선다	보기지문	체크	번호	오지선다	보기지문	체크
대표 1	① ② ③ ④ ⑤			02	① ② ③ ④ ⑤		
대표 2	① ② ③ ④ ⑤			03	① ② ③ ④ ⑤	㉠ ㉡ ㉢ ㉣	
01	① ② ③ ④ ⑤			04	① ② ③ ④ ⑤	㉠ ㉡ ㉢ ㉣	

CHAPTER 03 중개사무소 개설등록 및 결격사유

번호	오지선다	보기지문	체크	번호	오지선다	보기지문	체크
대표 1	① ② ③ ④ ⑤			06	① ② ③ ④ ⑤		
대표 2	① ② ③ ④ ⑤			07	① ② ③ ④ ⑤	㉠ ㉡ ㉢	
01	① ② ③ ④ ⑤			08	① ② ③ ④ ⑤	㉠ ㉡ ㉢ ㉣	
02	① ② ③ ④ ⑤	㉠ ㉡ ㉢		09	① ② ③ ④ ⑤	㉠ ㉡ ㉢	
03	① ② ③ ④ ⑤			10	① ② ③ ④ ⑤		
04	① ② ③ ④ ⑤	㉠ ㉡ ㉢ ㉣		11	① ② ③ ④ ⑤	㉠ ㉡ ㉢ ㉣	
05	① ② ③ ④ ⑤						

CHAPTER 04 　중개업무

번호	오지선다	보기지문	체크	번호	오지선다	보기지문	체크
대표 1	① ② ③ ④ ⑤			13	① ② ③ ④ ⑤		
대표 2	① ② ③ ④ ⑤			14	① ② ③ ④ ⑤		
대표 3	① ② ③ ④ ⑤			15	① ② ③ ④ ⑤	㉠ ㉡ ㉢ ㉣	
대표 4	① ② ③ ④ ⑤			16	① ② ③ ④ ⑤		
대표 5	① ② ③ ④ ⑤			17	① ② ③ ④ ⑤		
01	① ② ③ ④ ⑤	㉠ ㉡ ㉢		18	① ② ③ ④ ⑤	㉠ ㉡ ㉢ ㉣	
02	① ② ③ ④ ⑤	㉠ ㉡ ㉢		19	① ② ③ ④ ⑤		
03	① ② ③ ④ ⑤			20	① ② ③ ④ ⑤		
04	① ② ③ ④ ⑤	㉠ ㉡ ㉢ ㉣ ㉤		21	① ② ③ ④ ⑤		
05	① ② ③ ④ ⑤	㉠ ㉡ ㉢ ㉣		22	① ② ③ ④ ⑤	㉠ ㉡ ㉢ ㉣	
06	① ② ③ ④ ⑤			23	① ② ③ ④ ⑤		
07	① ② ③ ④ ⑤			24	① ② ③ ④ ⑤		
08	① ② ③ ④ ⑤	㉠ ㉡ ㉢		25	① ② ③ ④ ⑤	㉠ ㉡ ㉢	
09	① ② ③ ④ ⑤			26	① ② ③ ④ ⑤		
10	① ② ③ ④ ⑤			27	① ② ③ ④ ⑤		
11	① ② ③ ④ ⑤			28	① ② ③ ④ ⑤		
12	① ② ③ ④ ⑤						

CHAPTER 05 　중개계약 및 부동산거래정보망

번호	오지선다	보기지문	체크	번호	오지선다	보기지문	체크
대표 1	① ② ③ ④ ⑤			06	① ② ③ ④ ⑤	㉠ ㉡ ㉢ ㉣	
대표 2	① ② ③ ④ ⑤			07	① ② ③ ④ ⑤		
01	① ② ③ ④ ⑤			08	① ② ③ ④ ⑤	㉠ ㉡ ㉢ ㉣	
02	① ② ③ ④ ⑤			09	① ② ③ ④ ⑤	㉠ ㉡ ㉢ ㉣ ㉤	
03	① ② ③ ④ ⑤	㉠ ㉡ ㉢ ㉣		10	① ② ③ ④ ⑤		
04	① ② ③ ④ ⑤	㉠ ㉡ ㉢ ㉣		11	① ② ③ ④ ⑤		
05	① ② ③ ④ ⑤			12	① ② ③ ④ ⑤		

CHAPTER 06 　개업공인중개사의 의무 및 책임

번호	오지선다	보기지문	체크	번호	오지선다	보기지문	체크
대표 1	① ② ③ ④ ⑤	㉠ ㉡ ㉢ ㉣		04	① ② ③ ④ ⑤		
대표 2	① ② ③ ④ ⑤			05	① ② ③ ④ ⑤		
대표 3	① ② ③ ④ ⑤	㉠ ㉡ ㉢ ㉣		06	① ② ③ ④ ⑤		
01	① ② ③ ④ ⑤	㉠ ㉡ ㉢ ㉣		07	① ② ③ ④ ⑤		
02	① ② ③ ④ ⑤			08	① ② ③ ④ ⑤		
03	① ② ③ ④ ⑤						

CHAPTER 07　손해배상책임과 반환채무이행보장

번호	오지선다	보기지문	체크	번호	오지선다	보기지문	체크
대표 1	① ② ③ ④ ⑤			03	① ② ③ ④ ⑤		
대표 2	① ② ③ ④ ⑤			04	① ② ③ ④ ⑤		
01	① ② ③ ④ ⑤			05	① ② ③ ④ ⑤	㉠ ㉡ ㉢ ㉣	
02	① ② ③ ④ ⑤			06	① ② ③ ④ ⑤		

CHAPTER 08　중개보수

번호	오지선다	보기지문	체크	번호	오지선다	보기지문	체크
대표 1	① ② ③ ④ ⑤			03	① ② ③ ④ ⑤		
대표 2	① ② ③ ④ ⑤			04	① ② ③ ④ ⑤	㉠ ㉡ ㉢ ㉣	
01	① ② ③ ④ ⑤			05	① ② ③ ④ ⑤		
02	① ② ③ ④ ⑤	㉠ ㉡ ㉢		06	① ② ③ ④ ⑤		

CHAPTER 09　공인중개사협회 및 교육 · 보칙 · 신고센터 등

번호	오지선다	보기지문	체크	번호	오지선다	보기지문	체크
대표 1	① ② ③ ④ ⑤			06	① ② ③ ④ ⑤		
대표 2	① ② ③ ④ ⑤	㉠ ㉡ ㉢		07	① ② ③ ④ ⑤		
대표 3	① ② ③ ④ ⑤	㉠ ㉡ ㉢		08	① ② ③ ④ ⑤		
대표 4	① ② ③ ④ ⑤			09	① ② ③ ④ ⑤		
01	① ② ③ ④ ⑤	㉠ ㉡ ㉢ ㉣		10	① ② ③ ④ ⑤	㉠ ㉡ ㉢ ㉣	
02	① ② ③ ④ ⑤			11	① ② ③ ④ ⑤		
03	① ② ③ ④ ⑤			12	① ② ③ ④ ⑤		
04	① ② ③ ④ ⑤			13	① ② ③ ④ ⑤	㉠ ㉡ ㉢ ㉣	
05	① ② ③ ④ ⑤						

CHAPTER 10　지도 · 감독 및 행정처분

번호	오지선다	보기지문	체크	번호	오지선다	보기지문	체크
대표 1	① ② ③ ④ ⑤			07	① ② ③ ④ ⑤	㉠ ㉡ ㉢ ㉣	
대표 2	① ② ③ ④ ⑤			08	① ② ③ ④ ⑤		
대표 3	① ② ③ ④ ⑤			09	① ② ③ ④ ⑤		
대표 4	① ② ③ ④ ⑤			10	① ② ③ ④ ⑤	㉠ ㉡ ㉢	
대표 5	① ② ③ ④ ⑤	㉠ ㉡ ㉢ ㉣		11	① ② ③ ④ ⑤		
01	① ② ③ ④ ⑤			12	① ② ③ ④ ⑤	㉠ ㉡ ㉢ ㉣	
02	① ② ③ ④ ⑤	㉠ ㉡ ㉢ ㉣		13	① ② ③ ④ ⑤		
03	① ② ③ ④ ⑤			14	① ② ③ ④ ⑤		
04	① ② ③ ④ ⑤			15	① ② ③ ④ ⑤		
05	① ② ③ ④ ⑤	㉠ ㉡ ㉢ ㉣		16	① ② ③ ④ ⑤	㉠ ㉡ ㉢ ㉣	
06	① ② ③ ④ ⑤	㉠ ㉡ ㉢		17	① ② ③ ④ ⑤	㉠ ㉡ ㉢ ㉣	

CHAPTER 11 　 벌칙(행정벌)

번호	오지선다	보기지문	체크	번호	오지선다	보기지문	체크
대표 1	① ② ③ ④ ⑤			04	① ② ③ ④ ⑤		
대표 2	① ② ③ ④ ⑤			05	① ② ③ ④ ⑤	㉠ ㉡ ㉢ ㉣ ㉤	
01	① ② ③ ④ ⑤			06	① ② ③ ④ ⑤		
02	① ② ③ ④ ⑤	㉠ ㉡ ㉢ ㉣ ㉤		07	① ② ③ ④ ⑤		
03	① ② ③ ④ ⑤						

CHAPTER 12 　 부동산 거래신고 등에 관한 법률

번호	오지선다	보기지문	체크	번호	오지선다	보기지문	체크
대표 1	① ② ③ ④ ⑤			19	① ② ③ ④ ⑤	㉠ ㉡ ㉢ ㉣	
대표 2	① ② ③ ④ ⑤			20	① ② ③ ④ ⑤		
대표 3	① ② ③ ④ ⑤			21	① ② ③ ④ ⑤		
대표 4	① ② ③ ④ ⑤			22	① ② ③ ④ ⑤	㉠ ㉡ ㉢	
01	① ② ③ ④ ⑤			23	① ② ③ ④ ⑤		
02	① ② ③ ④ ⑤			24	① ② ③ ④ ⑤		
03	① ② ③ ④ ⑤			25	① ② ③ ④ ⑤	㉠ ㉡ ㉢	
04	① ② ③ ④ ⑤			26	① ② ③ ④ ⑤		
05	① ② ③ ④ ⑤	㉠ ㉡ ㉢		27	① ② ③ ④ ⑤		
06	① ② ③ ④ ⑤			28	① ② ③ ④ ⑤		
07	① ② ③ ④ ⑤			29	① ② ③ ④ ⑤		
08	① ② ③ ④ ⑤			30	① ② ③ ④ ⑤		
09	① ② ③ ④ ⑤			31	① ② ③ ④ ⑤		
10	① ② ③ ④ ⑤			32	① ② ③ ④ ⑤		
11	① ② ③ ④ ⑤			33	① ② ③ ④ ⑤		
12	① ② ③ ④ ⑤	㉠ ㉡ ㉢ ㉣		34	① ② ③ ④ ⑤		
13	① ② ③ ④ ⑤	㉠ ㉡ ㉢		35	① ② ③ ④ ⑤		
14	① ② ③ ④ ⑤			36	① ② ③ ④ ⑤	㉠ ㉡ ㉢ ㉣ ㉤	
15	① ② ③ ④ ⑤			37	① ② ③ ④ ⑤	㉠ ㉡ ㉢	
16	① ② ③ ④ ⑤	㉠ ㉡ ㉢ ㉣ ㉤		38	① ② ③ ④ ⑤	㉠ ㉡ ㉢	
17	① ② ③ ④ ⑤			39	① ② ③ ④ ⑤		
18	① ② ③ ④ ⑤	㉠ ㉡ ㉢ ㉣					

PART 2 중개실무

CHAPTER 01 중개대상물 조사 및 확인

번호	오지선다	보기지문	체크	번호	오지선다	보기지문	체크
대표 1	① ② ③ ④ ⑤	㉠ ㉡ ㉢		06	① ② ③ ④ ⑤		
대표 2	① ② ③ ④ ⑤			07	① ② ③ ④ ⑤		
01	① ② ③ ④ ⑤	㉠ ㉡ ㉢		08	① ② ③ ④ ⑤	㉠ ㉡ ㉢	
02	① ② ③ ④ ⑤			09	① ② ③ ④ ⑤	㉠ ㉡ ㉢ ㉣	
03	① ② ③ ④ ⑤			10	① ② ③ ④ ⑤		
04	① ② ③ ④ ⑤			11	① ② ③ ④ ⑤	㉠ ㉡ ㉢ ㉣ ㉤	
05	① ② ③ ④ ⑤						

CHAPTER 02 거래계약의 체결

번호	오지선다	보기지문	체크	번호	오지선다	보기지문	체크
대표 1	① ② ③ ④ ⑤	㉠ ㉡ ㉢		01	① ② ③ ④ ⑤	㉠ ㉡ ㉢ ㉣	
대표 2	① ② ③ ④ ⑤	㉠ ㉡ ㉢ ㉣		02	① ② ③ ④ ⑤		

CHAPTER 03 개별적 중개실무

번호	오지선다	보기지문	체크	번호	오지선다	보기지문	체크
대표 1	① ② ③ ④ ⑤			12	① ② ③ ④ ⑤		
대표 2	① ② ③ ④ ⑤	㉠ ㉡ ㉢ ㉣		13	① ② ③ ④ ⑤	㉠ ㉡ ㉢	
대표 3	① ② ③ ④ ⑤			14	① ② ③ ④ ⑤		
대표 4	① ② ③ ④ ⑤			15	① ② ③ ④ ⑤		
대표 5	① ② ③ ④ ⑤			16	① ② ③ ④ ⑤		
01	① ② ③ ④ ⑤	㉠ ㉡ ㉢		17	① ② ③ ④ ⑤		
02	① ② ③ ④ ⑤	㉠ ㉡ ㉢		18	① ② ③ ④ ⑤		
03	① ② ③ ④ ⑤	㉠ ㉡ ㉢		19	① ② ③ ④ ⑤		
04	① ② ③ ④ ⑤			20	① ② ③ ④ ⑤		
05	① ② ③ ④ ⑤	㉠ ㉡ ㉢ ㉣		21	① ② ③ ④ ⑤		
06	① ② ③ ④ ⑤			22	① ② ③ ④ ⑤	㉠ ㉡ ㉢	
07	① ② ③ ④ ⑤			23	① ② ③ ④ ⑤		
08	① ② ③ ④ ⑤	㉠ ㉡ ㉢		24	① ② ③ ④ ⑤		
09	① ② ③ ④ ⑤			25	① ② ③ ④ ⑤		
10	① ② ③ ④ ⑤			26	① ② ③ ④ ⑤		
11	① ② ③ ④ ⑤						

실력점검

CHAPTER별 ○(맞힌 문제), △(헷갈린 문제), ✕(틀린 문제)의 각 문항 수를 적고, 나의 취약 단원을 확인하세요.

PART 1

CHAPTER	○ 문항 수	△ 문항 수	✕ 문항 수	총 문항 수
01 총칙				/11
02 공인중개사제도				/ 6
03 중개사무소 개설등록 및 결격사유				/13
04 중개업무				/33
05 중개계약 및 부동산거래정보망				/14
06 개업공인중개사의 의무 및 책임				/11
07 손해배상책임과 반환채무이행보장				/ 8
08 중개보수				/ 8
09 공인중개사협회 및 교육·보칙·신고센터 등				/17
10 지도·감독 및 행정처분				/22
11 벌칙(행정벌)				/ 9
12 부동산 거래신고 등에 관한 법률				/43

나의 취약 단원 ▶

PART 2

CHAPTER	○ 문항 수	△ 문항 수	✕ 문항 수	총 문항 수
01 중개대상물 조사 및 확인				/13
02 거래계약의 체결				/ 4
03 개별적 중개실무				/31

나의 취약 단원 ▶

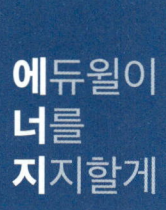

시작하는 방법은
말을 멈추고
즉시 행동하는 것이다.

– 월트 디즈니(Walt Disney)

➕ **합격할 때까지 책임지는 개정법령 원스톱 서비스!**

법령 개정이 잦은 공인중개사 시험. 일일이 찾아보지 마세요!
에듀윌에서는 필요한 개정법령만을 빠르게! 한번에! 제공해 드립니다.

| 에듀윌 도서몰 접속 (book.eduwill.net) | ▶ | 우측 정오표 아이콘 클릭 | ▶ | 카테고리 공인중개사 설정 후 교재 검색 |

개정법령 확인하기

2025
에듀윌 공인중개사
단원별 기출문제집 2차
공인중개사법령 및 중개실무

시험안내

01 시험일정 연 1회, 1·2차 동시 시행

구분	인터넷/모바일(App) 원서 접수기간		시험시행일
2025년도 제36회 제1·2차 시험 (동시접수·시행)	정기(5일간)	8월 2번째 주 월요일 09:00~금요일 18:00	매년 10월 마지막 주 토요일
	빈자리(2일간)	10월 초	

※ 정확한 시험 일정은 큐넷 홈페이지(www.Q-Net.or.kr)에서 확인이 가능합니다.

02 응시자격 제한 없음

※ 단, ①「공인중개사법」제4조의3에 따라 공인중개사 시험 부정행위자로 처분받은 날로부터 시험시행일 전일까지 5년이 경과되지 않은 자, ② 법 제6조에 따라 공인중개사 자격이 취소된 후 시험시행일 전일까지 3년이 경과되지 않은 자, ③ 시행규칙 제2조에 따른 기자격 취득자는 응시할 수 없음

03 시험과목 및 방법

구분	시험과목	문항 수	시험시간	시험방법
제1차 시험 1교시 (2과목)	1. 부동산학개론(부동산감정평가론 포함) 2. 민법 및 민사특별법 중 부동산 중개에 관련되는 규정	과목당 40문항 (1번~80번)	100분 (09:30~11:10)	객관식 5지 선택형
제2차 시험 1교시 (2과목)	1. 공인중개사의 업무 및 부동산 거래신고 등에 관한 법령 및 중개실무 2. 부동산공법 중 부동산 중개에 관련되는 규정	과목당 40문항 (1번~80번)	100분 (13:00~14:40)	
제2차 시험 2교시 (1과목)	부동산공시에 관한 법령(부동산등기법, 공간정보의 구축 및 관리 등에 관한 법률) 및 부동산 관련 세법	40문항 (1번~40번)	50분 (15:30~16:20)	

※ 답안은 시험시행일에 시행되고 있는 법령을 기준으로 작성

04 합격기준

구분	합격결정기준
제1차 시험	매 과목 100점을 만점으로 하여 매 과목 40점 이상, 전 과목 평균 60점 이상 득점한 자
제2차 시험	매 과목 100점을 만점으로 하여 매 과목 40점 이상, 전 과목 평균 60점 이상 득점한 자

※ 1차·2차 시험에 동시 응시는 가능하나, 1차 시험에 불합격하고 2차만 합격한 경우 2차 시험은 무효로 함

05 시험범위 및 출제비율

구분	시험과목	시험범위	출제비율
제1차 시험 1교시 (2과목)	부동산학개론	1. 부동산학개론	85% 내외
		2. 부동산감정평가론	15% 내외
	민법 및 민사특별법 중 부동산 중개에 관련되는 규정	1. 민법	85% 내외
		2. 민사특별법	15% 내외
제2차 시험 1교시 (2과목)	공인중개사의 업무 및 부동산 거래신고 등에 관한 법령 및 중개실무	1. 공인중개사법 2. 부동산 거래신고 등에 관한 법률	70% 내외
		3. 중개실무	30% 내외
	부동산공법 중 부동산 중개에 관련되는 규정	1. 국토의 계획 및 이용에 관한 법률	30% 내외
		2. 도시개발법 3. 도시 및 주거환경정비법	30% 내외
		4. 주택법 5. 건축법 6. 농지법	40% 내외
제2차 시험 2교시 (1과목)	부동산공시에 관한 법령 (부동산등기법, 공간정보의 구축 및 관리 등에 관한 법률) 및 부동산 관련 세법	1. 부동산등기법	30% 내외
		2. 공간정보의 구축 및 관리 등에 관한 법률 제2장 제4절 및 제3장	30% 내외
		3. 부동산 관련 세법 (상속세, 증여세, 법인세, 부가가치세 제외)	40% 내외

단원별 기출문제집 구성과 특징

합격비법 | 기출은 분석이 중요합니다.

합격생 A

기출문제를 풀 때는 시간에 구애받지 않고 꼼꼼하게 모든 지문을 분석해야 합니다. 왜 맞고 틀린 지문인지 생각해 보는 과정이 중요합니다.

합격생 B

저는 기출문제 분석을 통해 출제패턴을 파악했습니다. 긍정형과 부정형 문제의 패턴을 확인하고, 보기와 지문을 확실히 정리했습니다.

8개년 기출분석으로 만든 진짜 기출문제집

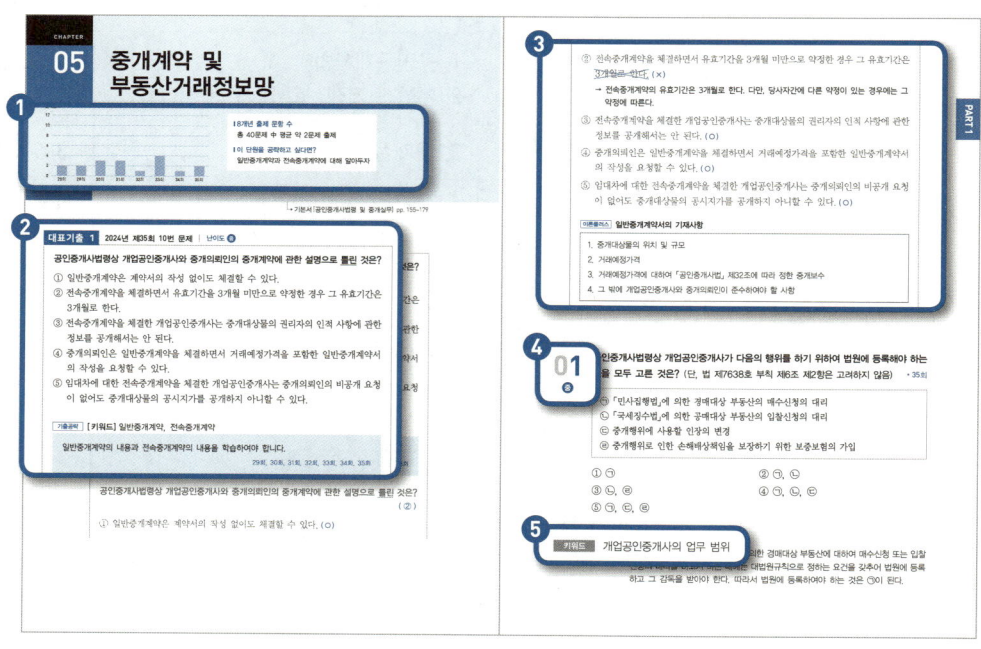

❶ 8개년 출제빈도 분석, 학습방향
❷ 대표기출문제, 기출공략법
❸ 지문별 첨삭 해설, 이론플러스
❹ 난이도 상/중/하 표기
❺ 문항별 키워드

합격비법 | 기출은 회독이 중요합니다.

합격생 C

기출문제 회독을 통해 내가 취약한 부분을 정확하게 확인하고 집중학습하는 것이 가장 중요합니다.

합격생 D

기출은 회독이 가장 중요합니다. 이해가 되지 않는 개념도 회독하다 보면 저절로 이해가 됩니다.

저절로 회독이 되는 기출문제집

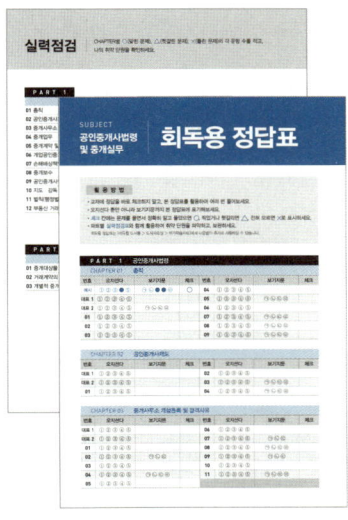

회독용 정답표&실력점검표
회독 수를 늘리고, 취약 부분 확인

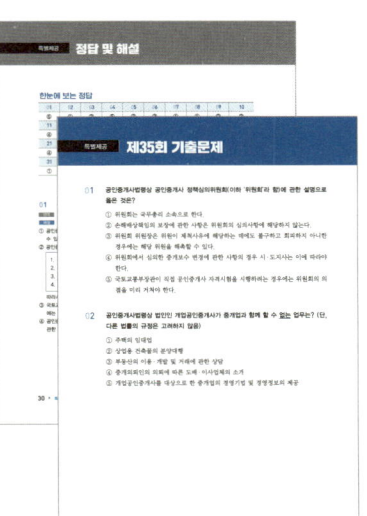

제35회 기출문제
단원별 기출문제를 풀기 전/후 실력 점검

중요 지문 OX
풀었던 기출문제의 중요 지문을 다시 한번 복기

저자의 말

시험 도전을 결심한 수험생들이 본격적인 학습을 시작하기에 앞서 학습의 방향을 판단하기 위해 보는 것이 바로 기출문제일 것입니다. 마찬가지로, 이미 이론을 공부한 수험생들도 자신의 실력을 점검하기 위해 기출문제 풀이를 빼놓지 않습니다. 이렇듯 기출문제 풀이는 모든 수험생들이 거쳐 가는 필수 관문입니다. 필수 관문을 무사히 통과하기 위해, 수험생들은 기출문제를 철저하게 분석하고 이해하고 있어야 하며, 이러한 이해도는 합격의 기준이 될 것입니다.

위와 같은 중요성을 감안하여, 본서는 기본서와 연계 학습이 가능한 단원별 구성의 기출문제를 수록했습니다. 본서를 통해 기출문제에 대한 이해는 물론, 이론을 응용하여 문제를 풀 수 있는 능력을 갖출 수 있기를 기대합니다.

예측가능한 문제를 풀 수 있는 방법 또한 기출문제를 푸는 것입니다. 보통 「공인중개사법」은 2~3년 전의 기출문제가 출제되는 경우가 많습니다. 기출문제집을 통해 단원별로 출제되는 문제가 어떤 문제이고, 어느 파트인지 파악하여 집중적으로 학습한다면 실력향상에 도움이 될 것입니다.

저자 임선정

약력
- 現 에듀윌 공인중개사법령 및 중개실무 전임 교수
- 前 EBS 명품 공인중개사법령 및 중개실무 강사
- 前 방송대학TV, 중소기업청 초빙 강사
- 前 주요 공인중개사학원 공인중개사법령 및 중개실무 강사

저서
에듀윌 공인중개사 공인중개사법령 및 중개실무 기초입문서, 기본서, 단단, 합격서, 단원별/회차별 기출문제집, 기출응용 예상문제집, 실전모의고사, 필살키, 그림 암기법 등 집필

차례

특별제공 제35회 기출문제 ... 12

PART 1 공인중개사법령

CHAPTER 01 | 총칙 ... 44
CHAPTER 02 | 공인중개사제도 ... 55
CHAPTER 03 | 중개사무소 개설등록 및 결격사유 ... 61
CHAPTER 04 | 중개업무 ... 72
CHAPTER 05 | 중개계약 및 부동산거래정보망 ... 100
CHAPTER 06 | 개업공인중개사의 의무 및 책임 ... 113
CHAPTER 07 | 손해배상책임과 반환채무이행보장 ... 124
CHAPTER 08 | 중개보수 ... 132
CHAPTER 09 | 공인중개사협회 및 교육·보칙·신고센터 등 ... 141
CHAPTER 10 | 지도·감독 및 행정처분 ... 160
CHAPTER 11 | 벌칙(행정벌) ... 180
CHAPTER 12 | 부동산 거래신고 등에 관한 법률 ... 188

PART 2 중개실무

CHAPTER 01 | 중개대상물 조사 및 확인 ... 236
CHAPTER 02 | 거래계약의 체결 ... 250
CHAPTER 03 | 개별적 중개실무 ... 255

부록 중요 지문 OX ... 288

특별제공

제35회 기출문제

2024.10.26. 실시

한눈에 보는 제35회 최신 출제경향

출제비중

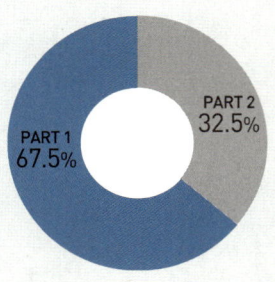

PART 1 67.5%
PART 2 32.5%

☑ **PART 1 공인중개사법령 약 67.5% 출제!**

PART 1 공인중개사법령은 약 67.5%(40문제 중 27문제)가 출제되어 출제비중이 가장 높았습니다. 공인중개사법령에서는 CHAPTER 12 「부동산 거래신고 등에 관한 법률」의 출제비중이 높았습니다.

난이도

☑ **체감 난도는 높은 편!**

PART 1 공인중개사법령은 암기 위주로 학습하면 충분히 좋은 결과가 있었을 것입니다. 그러나 PART 2 중개실무는 「민법」 연계문제가 다수 출제되어 제2차 시험만 준비한 수험생들에게는 다소 어려웠을 것입니다.

제35회 기출문제

01 공인중개사법령상 공인중개사 정책심의위원회(이하 '위원회'라 함)에 관한 설명으로 옳은 것은?

① 위원회는 국무총리 소속으로 한다.
② 손해배상책임의 보장에 관한 사항은 위원회의 심의사항에 해당하지 않는다.
③ 위원회 위원장은 위원이 제척사유에 해당하는 데에도 불구하고 회피하지 아니한 경우에는 해당 위원을 해촉할 수 있다.
④ 위원회에서 심의한 중개보수 변경에 관한 사항의 경우 시·도지사는 이에 따라야 한다.
⑤ 국토교통부장관이 직접 공인중개사 자격시험을 시행하려는 경우에는 위원회의 의결을 미리 거쳐야 한다.

02 공인중개사법령상 법인인 개업공인중개사가 중개업과 함께 할 수 <u>없는</u> 업무는? (단, 다른 법률의 규정은 고려하지 않음)

① 주택의 임대업
② 상업용 건축물의 분양대행
③ 부동산의 이용·개발 및 거래에 관한 상담
④ 중개의뢰인의 의뢰에 따른 도배·이사업체의 소개
⑤ 개업공인중개사를 대상으로 한 중개업의 경영기법 및 경영정보의 제공

03 공인중개사법령상 개업공인중개사의 휴업의 신고 등에 관한 설명으로 틀린 것은?

① 법인인 개업공인중개사가 4개월간 분사무소의 휴업을 하려는 경우 휴업신고서에 그 분사무소설치 신고확인서를 첨부하여 분사무소의 휴업신고를 해야 한다.
② 개업공인중개사가 신고한 휴업기간을 변경하려는 경우 휴업기간 변경신고서에 중개사무소등록증을 첨부하여 등록관청에 미리 신고해야 한다.
③ 관할 세무서장이 「부가가치세법 시행령」에 따라 공인중개사법령상의 휴업신고서를 함께 받아 이를 해당 등록관청에 송부한 경우에는 휴업신고서가 제출된 것으로 본다.
④ 등록관청은 개업공인중개사가 대통령령으로 정하는 부득이한 사유가 없음에도 계속하여 6개월을 초과하여 휴업한 경우 중개사무소의 개설등록을 취소할 수 있다.
⑤ 개업공인중개사가 휴업한 중개업을 재개하고자 등록관청에 중개사무소재개신고를 한 경우 해당 등록관청은 반납받은 중개사무소등록증을 즉시 반환해야 한다.

04 공인중개사법령상 공인중개사인 개업공인중개사 甲과 그에 소속된 소속공인중개사 乙에 관한 설명으로 틀린 것을 모두 고른 것은?

> ㉠ 甲과 乙은 실무교육을 받은 후 2년마다 등록관청이 실시하는 연수교육을 받아야 한다.
> ㉡ 甲이 중개를 의뢰받아 乙의 중개행위로 중개가 완성되어 중개대상물 확인·설명서를 작성하는 경우 乙은 甲과 함께 그 확인·설명서에 서명 또는 날인하여야 한다.
> ㉢ 乙이 甲과의 고용관계를 종료신고 후 1년 이내에 중개사무소의 개설등록을 신청한 경우 개설등록 후 1년 이내에 실무교육을 받아야 한다.

① ㉠
② ㉡
③ ㉠, ㉢
④ ㉡, ㉢
⑤ ㉠, ㉡, ㉢

05 공인중개사법령상 고용인의 신고 등에 관한 설명으로 옳은 것은?

① 등록관청은 중개보조원의 고용신고를 받은 경우 이를 공인중개사협회에 통보하지 않아도 된다.
② 개업공인중개사는 소속공인중개사를 고용한 경우에는 소속공인중개사가 업무를 개시한 날부터 10일 이내에 등록관청에 신고하여야 한다.
③ 개업공인중개사가 고용할 수 있는 중개보조원의 수는 개업공인중개사와 소속공인중개사를 합한 수의 5배를 초과하여서는 아니 된다.
④ 개업공인중개사는 소속공인중개사와의 고용관계가 종료된 때에는 고용관계가 종료된 날부터 30일 이내에 등록관청에 신고하여야 한다.
⑤ 소속공인중개사에 대한 고용신고를 받은 등록관청은 공인중개사협회에게 그 소속공인중개사의 공인중개사 자격 확인을 요청하여야 한다.

06 공인중개사법령상 부동산거래질서교란행위에 해당하지 <u>않는</u> 것은?

① 공인중개사자격증 양도를 알선한 경우
② 중개보조원이 중개업무를 보조하면서 중개의뢰인에게 본인이 중개보조원이라는 사실을 미리 알리지 않은 경우
③ 개업공인중개사가 중개행위로 인한 손해배상책임을 보장하기 위하여 가입해야 하는 보증보험이나 공제에 가입하지 않은 경우
④ 개업공인중개사가 동일한 중개대상물에 대한 하나의 거래를 완성하면서 서로 다른 둘 이상의 거래계약서를 작성한 경우
⑤ 개업공인중개사가 거래당사자 쌍방을 대리한 경우

07 공인중개사법령상 개업공인중개사가 다음의 행위를 하기 위하여 법원에 등록해야 하는 것을 모두 고른 것은? (단, 법 제7638호 부칙 제6조 제2항은 고려하지 않음)

> ㉠ 「민사집행법」에 의한 경매대상 부동산의 매수신청의 대리
> ㉡ 「국세징수법」에 의한 공매대상 부동산의 입찰신청의 대리
> ㉢ 중개행위에 사용할 인장의 변경
> ㉣ 중개행위로 인한 손해배상책임을 보장하기 위한 보증보험의 가입

① ㉠
② ㉠, ㉡
③ ㉡, ㉣
④ ㉠, ㉡, ㉢
⑤ ㉠, ㉢, ㉣

08 공인중개사법령상 소속공인중개사를 둔 개업공인중개사가 중개사무소 안의 보기 쉬운 곳에 게시하여야 하는 것을 모두 고른 것은?

> ㉠ 소속공인중개사의 공인중개사자격증 원본
> ㉡ 보증의 설정을 증명할 수 있는 서류
> ㉢ 소속공인중개사의 고용신고서
> ㉣ 개업공인중개사의 실무교육 수료확인증

① ㉠, ㉡
② ㉠, ㉣
③ ㉡, ㉢
④ ㉢, ㉣
⑤ ㉠, ㉡, ㉣

09 공인중개사법령상 중개사무소의 개설등록에 관한 설명으로 **틀린** 것은?

① 금고 이상의 형의 집행유예를 받고 그 유예기간이 만료된 날부터 2년이 지나지 아니한 자는 개설등록을 할 수 없다.
② 공인중개사협회는 매월 중개사무소의 등록에 관한 사항을 중개사무소등록·행정처분 등 통지서에 기재하여 다음 달 10일까지 시·도지사에게 통보하여야 한다.
③ 외국에 주된 영업소를 둔 법인의 경우에는 「상법」상 외국회사 규정에 따른 영업소의 등기를 증명할 수 있는 서류를 제출하여야 한다.
④ 개설등록의 신청을 받은 등록관청은 개업공인중개사의 종별에 따라 구분하여 개설등록을 하고, 개설등록 신청을 받은 날부터 7일 이내에 등록신청인에게 서면으로 통지하여야 한다.
⑤ 공인중개사인 개업공인중개사가 법인인 개업공인중개사로 업무를 하고자 개설등록신청서를 다시 제출하는 경우 종전의 등록증은 이를 반납하여야 한다.

10 공인중개사법령상 개업공인중개사와 중개의뢰인의 중개계약에 관한 설명으로 틀린 것은?

① 일반중개계약은 계약서의 작성 없이도 체결할 수 있다.
② 전속중개계약을 체결하면서 유효기간을 3개월 미만으로 약정한 경우 그 유효기간은 3개월로 한다.
③ 전속중개계약을 체결한 개업공인중개사는 중개대상물의 권리자의 인적 사항에 관한 정보를 공개해서는 안 된다.
④ 중개의뢰인은 일반중개계약을 체결하면서 거래예정가격을 포함한 일반중개계약서의 작성을 요청할 수 있다.
⑤ 임대차에 대한 전속중개계약을 체결한 개업공인중개사는 중개의뢰인의 비공개 요청이 없어도 중개대상물의 공시지가를 공개하지 아니할 수 있다.

11 공인중개사법령상 부동산거래정보망의 지정 및 이용에 관한 설명으로 옳은 것은?

①「전기통신사업법」의 규정에 의한 부가통신사업자가 아니어도 국토교통부령으로 정하는 요건을 갖추면 거래정보사업자로 지정받을 수 있다.
② 거래정보사업자로 지정받으려는 자는 공인중개사의 자격을 갖추어야 한다.
③ 거짓이나 그 밖의 부정한 방법으로 거래정보사업자로 지정받은 경우 그 지정은 무효이다.
④ 법인인 거래정보사업자의 해산으로 부동산거래정보망의 계속적인 운영이 불가능한 경우 국토교통부장관은 청문 없이 그 지정을 취소할 수 있다.
⑤ 부동산거래정보망에 정보가 공개된 중개대상물의 거래가 완성된 경우 개업공인중개사는 3개월 이내에 해당 거래정보사업자에게 이를 통보하여야 한다.

12 공인중개사법령상 개업공인중개사가 계약금등을 금융기관에 예치하도록 거래당사자에게 권고하는 경우 예치명의자가 될 수 없는 자는?

① 개업공인중개사
② 거래당사자 중 일방
③ 부동산거래계약의 이행을 보장하기 위하여 계약 관련 서류 및 계약금등을 관리하는 업무를 수행하는 전문회사
④ 국토교통부장관의 승인을 얻어 공제사업을 하는 공인중개사협회
⑤「은행법」에 따른 은행

13 공인중개사법령상 누구든지 시세에 부당한 영향을 줄 목적으로 개업공인중개사등의 업무를 방해해서는 <u>아니 되는</u> 행위를 모두 고른 것은?

> ㉠ 중개의뢰인과 직접 거래를 하는 행위
> ㉡ 안내문, 온라인 커뮤니티 등을 이용하여 특정 가격 이하로 중개를 의뢰하지 아니하도록 유도하는 행위
> ㉢ 정당한 사유 없이 개업공인중개사등의 중개대상물에 대한 정당한 표시·광고행위를 방해하는 행위
> ㉣ 단체를 구성하여 특정 중개대상물에 대하여 중개를 제한하거나 단체 구성원 이외의 자와 공동중개를 제한하는 행위

① ㉠, ㉢
② ㉠, ㉣
③ ㉡, ㉢
④ ㉠, ㉡, ㉣
⑤ ㉡, ㉢, ㉣

14 공인중개사법령상 다음의 행위를 한 자에 대하여 3년의 징역에 처할 수 있는 경우는?

① 거짓이나 그 밖의 부정한 방법으로 중개사무소의 개설등록을 한 경우
② 공인중개사가 다른 사람에게 자기의 성명을 사용하여 중개업무를 하게 한 경우
③ 등록관청의 관할구역 안에 2개의 중개사무소를 둔 경우
④ 개업공인중개사가 천막 그 밖에 이동이 용이한 임시 중개시설물을 설치한 경우
⑤ 공인중개사가 아닌 자로서 공인중개사 또는 이와 유사한 명칭을 사용한 경우

15 공인중개사법령상 중개보수 등에 관한 설명으로 틀린 것은?

① 개업공인중개사의 중개업무상 과실로 인하여 중개의뢰인간의 거래행위가 무효가 된 경우 개업공인중개사는 중개의뢰인으로부터 소정의 보수를 받을 수 없다.
② 주택의 중개에 대한 보수는 중개의뢰인 쌍방으로부터 각각 받되, 그 금액은 시·도의 조례로 정하는 요율한도 이내에서 중개의뢰인과 개업공인중개사가 서로 협의하여 결정한다.
③ 중개보수의 지급시기는 개업공인중개사와 중개의뢰인간의 약정에 따르되, 약정이 없을 때에는 중개대상물의 거래대금 지급이 완료된 날로 한다.
④ 중개대상물인 주택의 소재지와 중개사무소의 소재지가 다른 경우 중개보수는 중개대상물의 소재지를 관할하는 시·도의 조례에서 정한 기준에 따라야 한다.
⑤ 개업공인중개사는 중개의뢰인으로부터 중개대상물의 권리관계 등의 확인에 소요되는 실비를 받을 수 있다.

16 공인중개사법령상 개업공인중개사 업무정지의 기준에서 개별기준에 따른 업무정지기간이 6개월인 것은?

① 인장등록을 하지 않거나 등록하지 않은 인장을 사용한 경우
② 거래정보사업자에게 공개를 의뢰한 중개대상물의 거래가 완성된 사실을 그 거래정보사업자에 통보하지 않은 경우
③ 부동산거래정보망에 중개대상물에 관한 정보를 거짓으로 공개한 경우
④ 중개대상물 확인·설명서를 보존기간 동안 보존하지 않은 경우
⑤ 법령상의 전속중개계약서 서식에 따르지 않고 전속중개계약을 체결한 경우

17 공인중개사법령상 공인중개사인 개업공인중개사의 중개사무소 개설등록 취소사유에 해당하지 않는 경우는?

① 중개대상물 확인·설명서를 교부하지 아니한 경우
② 거짓으로 중개사무소의 개설등록을 한 경우
③ 업무정지기간 중에 중개업무를 한 경우
④ 공인중개사인 개업공인중개사가 개업공인중개사인 법인의 사원·임원이 된 경우
⑤ 개업공인중개사가 사망한 경우

18 공인중개사법령상 국토교통부장관이 공인중개사협회의 공제사업 운영에 대한 개선조치로서 명할 수 있는 것이 아닌 것은?

① 가치가 없다고 인정되는 자산의 손실 처리
② 공제사업의 양도
③ 불건전한 자산에 대한 적립금의 보유
④ 업무집행방법의 변경
⑤ 자산의 장부가격의 변경

19 공인중개사법령상 개업공인중개사가 중개를 완성한 때에 작성하는 거래계약서에 기재하여야 하는 사항을 모두 고른 것은?

> ㉠ 권리이전의 내용
> ㉡ 물건의 인도일시
> ㉢ 계약의 조건이나 기한이 있는 경우에는 그 조건 또는 기한
> ㉣ 중개대상물 확인·설명서 교부일자

① ㉠, ㉣
② ㉡, ㉢
③ ㉠, ㉡, ㉢
④ ㉠, ㉡, ㉣
⑤ ㉠, ㉡, ㉢, ㉣

20 공인중개사법령상 중개대상물 확인·설명서[Ⅱ](비주거용 건축물)에서 개업공인중개사 기본 확인사항이 아닌 것은?

① 토지의 소재지, 면적 등 대상물건의 표시
② 소유권 외의 권리사항 등 등기부 기재사항
③ 관리비
④ 입지조건
⑤ 거래예정금액

21 공인중개사법령상 공인중개사협회의 업무에 해당하는 것을 모두 고른 것은?

> ㉠ 회원의 윤리헌장 제정 및 그 실천에 관한 업무
> ㉡ 부동산 정보제공에 관한 업무
> ㉢ 인터넷을 이용한 중개대상물에 대한 표시·광고 모니터링 업무
> ㉣ 회원의 품위유지를 위한 업무

① ㉠, ㉣
② ㉡, ㉢
③ ㉠, ㉡, ㉢
④ ㉠, ㉡, ㉣
⑤ ㉠, ㉡, ㉢, ㉣

22 부동산 거래신고 등에 관한 법령상 토지거래허가구역(이하 '허가구역'이라 함)의 지정에 관한 설명으로 옳은 것은?

① 허가구역이 둘 이상의 시·도의 관할구역에 걸쳐 있는 경우 해당 시·도지사가 공동으로 지정한다.
② 토지의 투기적인 거래 성행으로 지가가 급격히 상승하는 등의 특별한 사유가 있으면 7년 이내의 기간을 정하여 허가구역을 지정할 수 있다.
③ 허가구역의 지정은 시장·군수 또는 구청장이 허가구역 지정의 통지를 받은 날부터 5일 후에 그 효력이 발생한다.
④ 허가구역 지정에 관한 공고내용의 통지를 받은 시장·군수 또는 구청장은 지체 없이 그 공고내용을 관할 등기소의 장에게 통지해야 한다.
⑤ 허가구역 지정에 관한 공고내용의 통지를 받은 시장·군수 또는 구청장은 그 사실을 7일 이상 공고해야 하고, 그 공고내용을 30일간 일반이 열람할 수 있도록 해야 한다.

23 부동산 거래신고 등에 관한 법령상 부동산거래계약의 변경신고사항이 <u>아닌</u> 것은?

① 거래가격
② 공동매수의 경우 매수인의 추가
③ 거래 지분 비율
④ 거래대상 부동산의 면적
⑤ 거래 지분

24 부동산 거래신고 등에 관한 법령상 주택 임대차계약의 신고에 관한 설명으로 옳은 것은? (단, 다른 법률에 따른 신고의 의제는 고려하지 않음)

① A특별자치시 소재 주택으로서 보증금이 6천만원이고 월 차임이 30만원으로 임대차계약을 신규 체결한 경우 신고대상이다.
② B시 소재 주택으로서 보증금이 5천만원이고 월 차임이 40만원으로 임대차계약을 신규 체결한 경우 신고대상이 아니다.
③ 자연인 甲과 「지방공기업법」에 따른 지방공사 乙이 신고대상인 주택 임대차계약을 체결한 경우 甲과 乙은 관할 신고관청에 공동으로 신고하여야 한다.
④ C광역시 D군 소재 주택으로서 보증금이 1억원이고 월 차임이 100만원으로 신고된 임대차계약에서 보증금 및 차임의 증감 없이 임대차 기간만 연장하는 갱신계약은 신고대상이 아니다.
⑤ 개업공인중개사가 신고대상인 주택 임대차계약을 중개한 경우 해당 개업공인중개사가 신고하여야 한다.

25 부동산 거래신고 등에 관한 법령상 부동산 거래신고에 관한 설명으로 틀린 것은?

① 거래당사자 또는 개업공인중개사는 부동산거래계약 신고내용 중 거래 지분 비율이 잘못 기재된 경우 신고관청에 신고내용의 정정을 신청할 수 있다.
② 자연인 甲이 단독으로 「주택법」상 투기과열지구 외에 소재하는 주택을 실제 거래가격 6억원으로 매수한 경우 입주 예정 시기 등 그 주택의 이용계획은 신고사항이다.
③ 법인이 주택의 매수자로서 거래계약을 체결한 경우 임대 등 주택의 이용계획은 신고사항이다.
④ 부동산의 매수인은 신고인이 부동산거래계약 신고필증을 발급받은 때에 「부동산등기 특별조치법」에 따른 검인을 받은 것으로 본다.
⑤ 개업공인중개사가 신고한 후 해당 거래계약이 해제된 경우 그 계약을 해제한 거래당사자는 해제가 확정된 날부터 30일 이내에 해당 신고관청에 단독으로 신고하여야 한다.

26 부동산 거래신고 등에 관한 법령상 외국인등의 대한민국 안의 부동산(이하 '국내 부동산'이라 함) 취득에 관한 설명으로 <u>틀린</u> 것은? (단, 상호주의에 따른 제한은 고려하지 않음)

① 정부간 기구는 외국인등에 포함된다.
② 외국의 법령에 따라 설립된 법인이 건축물의 신축으로 국내 부동산을 취득한 때에는 부동산을 취득한 날부터 60일 이내에 신고관청에 취득신고를 하여야 한다.
③ 외국인이 국내 부동산을 취득하는 교환계약을 체결하였을 때에는 계약체결일부터 60일 이내에 신고관청에 취득신고를 하여야 한다.
④ 외국인이 국내 부동산을 매수하기 위하여 체결한 매매계약은 부동산 거래신고의 대상이다.
⑤ 국내 부동산을 가지고 있는 대한민국국민이 외국인으로 변경된 경우 그 외국인이 해당 부동산을 계속보유하려는 때에는 외국인으로 변경된 날부터 6개월 이내에 신고관청에 계속보유신고를 하여야 한다.

27 부동산 거래신고 등에 관한 법령상 '허가구역 내 토지거래에 대한 허가'의 규정이 적용되지 <u>않는</u> 경우를 모두 고른 것은?

㉠ 「부동산 거래신고 등에 관한 법률」에 따라 외국인이 토지취득의 허가를 받은 경우
㉡ 「공익사업을 위한 토지 등의 취득 및 보상에 관한 법률」에 따라 토지를 환매하는 경우
㉢ 「한국농어촌공사 및 농지관리기금법」에 따라 한국농어촌공사가 농지의 매매를 하는 경우

① ㉠
② ㉡
③ ㉠, ㉢
④ ㉡, ㉢
⑤ ㉠, ㉡, ㉢

28 부동산 거래신고 등에 관한 법령상 부동산 거래신고의 대상이 아닌 것은?

① 「주택법」에 따른 조정대상지역에 소재하는 주택의 증여계약
② 「공공주택 특별법」에 따른 부동산의 공급계약
③ 토지거래허가를 받은 토지의 매매계약
④ 「택지개발촉진법」에 따른 부동산 공급계약을 통하여 부동산을 공급받는 자로 선정된 지위의 매매계약
⑤ 「빈집 및 소규모주택 정비에 관한 특례법」에 따른 사업시행계획인가로 취득한 입주자로 선정된 지위의 매매계약

29 甲의 저당권이 설정되어 있는 乙 소유의 X주택을 丙이 임차하려고 한다. 개업공인중개사가 중개의뢰인 丙에게 임대차계약 체결 후 발생할 수 있는 상황에 관하여 설명한 내용으로 옳은 것은? (다툼이 있으면 판례에 따름)

① 丙이 X주택을 인도받고 그 주소로 동거하는 자녀의 주민등록을 이전하면 대항력이 인정되지 않는다.
② 丙이 부동산임대차 등기를 한 때에도 X주택을 인도받고 주민등록의 이전을 하지 않으면 대항력이 인정되지 않는다.
③ 乙이 보증금반환채권을 담보하기 위하여 丙에게 전세권을 설정해 준 경우, 乙은 丙의 전세권을 양수한 선의의 제3자에게 연체차임의 공제 주장으로 대항할 수 있다.
④ 丙이 「주택임대차보호법」상 최우선변제권이 인정되는 소액임차인인 때에도 甲의 저당권이 실행되면 丙의 임차권은 소멸한다.
⑤ 丙이 임대차계약을 체결한 후 丁이 X주택에 저당권을 설정받았는데, 丁이 채권을 변제받지 못하자 X주택을 경매한 경우 甲의 저당권과 丙의 임차권은 매각으로 소멸하지 않는다.

30 개업공인중개사가 「민사집행법」에 따른 강제경매에 관하여 중개의뢰인에게 설명한 내용으로 **틀린** 것은?

① 법원이 경매절차를 개시하는 결정을 할 때에는 동시에 그 부동산의 압류를 명하여야 한다.
② 압류는 부동산에 대한 채무자의 관리·이용에 영향을 미치지 아니한다.
③ 제3자는 권리를 취득할 때에 경매신청 또는 압류가 있다는 것을 알았을 경우에도 압류에 대항할 수 있다.
④ 경매개시결정이 등기된 뒤에 가압류를 한 채권자는 배당요구를 할 수 있다.
⑤ 이해관계인은 매각대금이 모두 지급될 때까지 법원에 경매개시결정에 대한 이의신청을 할 수 있다.

31 개업공인중개사 甲은 「공인중개사의 매수신청대리인 등록 등에 관한 규칙」에 따라 매수신청대리인으로 등록한 후 乙과 매수신청대리에 관한 위임계약을 체결하였다. 이에 관한 설명으로 옳은 것은?

① 甲이 법인이고 분사무소를 1개 둔 경우 매수신청대리에 따른 손해배상책임을 보장하기 위하여 설정해야 하는 보증의 금액은 6억원 이상이다.
② 甲은 매수신청대리 사건카드에 乙에게서 위임받은 사건에 관한 사항을 기재하고 서명날인한 후 이를 3년간 보존해야 한다.
③ 甲은 매수신청대리 대상물에 대한 확인·설명 사항을 서면으로 작성하여 사건카드에 철하여 3년간 보존해야 하며 乙에게 교부할 필요는 없다.
④ 등기사항증명서는 甲이 乙에게 제시할 수 있는 매수신청대리 대상물에 대한 설명의 근거자료에 해당하지 않는다.
⑤ 甲이 중개사무소를 이전한 경우 14일 이내에 乙에게 통지하고 지방법원장에게 그 사실을 신고해야 한다.

32 개업공인중개사가 구분소유권의 목적인 건물을 매수하려는 중개의뢰인에게 「집합건물의 소유 및 관리에 관한 법률」에 관하여 설명한 내용으로 옳은 것은?

① 일부의 구분소유자만이 공용하도록 제공되는 것임이 명백한 공용부분도 구분소유자 전원의 공유에 속한다.
② 대지의 공유자는 그 대지에 구분소유권의 목적인 1동의 건물이 있을 때에도 그 건물 사용에 필요한 범위의 대지에 대해 분할을 청구할 수 있다.
③ 구분소유자는 공용부분을 개량하기 위해서 필요한 범위에서 다른 구분소유자의 전유부분의 사용을 청구할 수 있다.
④ 전유부분이 속하는 1동의 건물의 설치 또는 보전의 흠으로 인하여 다른 자에게 손해를 입힌 경우에는 그 흠은 전유부분에 존재하는 것으로 추정한다.
⑤ 대지사용권이 없는 구분소유자는 대지사용권자에게 대지사용권을 시가(時價)로 매도할 것을 청구할 수 있다.

33 개업공인중개사가 중개의뢰인에게 건물의 소유를 목적으로 한 토지임대차를 중개하면서 임대인을 상대로 지상건물에 대한 매수청구권을 행사할 수 있는 임차인에 대하여 설명하였다. 이에 해당하는 자를 모두 고른 것은? (다툼이 있으면 판례에 따르며, 특별한 사정은 고려하지 않음)

> ㉠ 종전 임차인이 신축한 건물을 매수한 임차인
> ㉡ 차임연체를 이유로 계약을 해지당한 임차인
> ㉢ 건물을 신축하였으나 행정관청의 허가를 받지 않은 임차인
> ㉣ 토지에 지상권이 설정된 경우 지상권자로부터 그 토지를 임차하여 건물을 신축한 임차인

① ㉠, ㉡
② ㉡, ㉢
③ ㉢, ㉣
④ ㉠, ㉡, ㉣
⑤ ㉠, ㉢, ㉣

34 개업공인중개사가 소유자 甲으로부터 X주택을 임차한 「주택임대차보호법」상 임차인 乙에게 임차권등기명령과 그에 따른 임차권등기에 대하여 설명한 내용으로 옳은 것을 모두 고른 것은? (다툼이 있으면 판례에 따름)

> ㉠ 법원의 임차권등기명령이 甲에게 송달되어야 임차권등기명령을 집행할 수 있다.
> ㉡ 乙이 임차권등기를 한 이후에 甲으로부터 X주택을 임차한 임차인은 최우선변제권을 가지지 못한다.
> ㉢ 乙이 임차권등기를 한 이후 대항요건을 상실하더라도, 乙이 이미 취득한 대항력이나 우선변제권을 잃지 않는다.
> ㉣ 乙이 임차권등기를 한 이후에는 이행지체에 빠진 甲의 보증금반환의무가 乙의 임차권등기 말소의무보다 먼저 이행되어야 한다.

① ㉡, ㉢
② ㉠, ㉡, ㉣
③ ㉠, ㉢, ㉣
④ ㉡, ㉢, ㉣
⑤ ㉠, ㉡, ㉢, ㉣

35 개업공인중개사가 X토지를 공유로 취득하고자 하는 甲, 乙에게 설명한 내용으로 옳은 것을 모두 고른 것은? (다툼이 있으면 판례에 따름)

> ㉠ 甲의 지분이 1/2, 乙의 지분이 1/2인 경우, 乙과 협의 없이 X토지 전체를 사용·수익하는 甲에 대하여 乙은 X토지의 인도를 청구할 수 있다.
> ㉡ 甲의 지분이 2/3, 乙의 지분이 1/3인 경우, 甲이 X토지를 임대하였다면 乙은 그 임대차의 무효를 주장할 수 없다.
> ㉢ 甲의 지분이 1/3, 乙의 지분이 2/3인 경우, 乙은 甲의 동의 없이 X토지를 타인에게 매도할 수 없다.

① ㉠
② ㉡
③ ㉠, ㉢
④ ㉡, ㉢
⑤ ㉠, ㉡, ㉢

36 甲이 乙로부터 乙 소유의 X주택을 2020.1. 매수하면서 그 소유권이전등기는 자신의 친구인 丙에게로 해 줄 것을 요구하였다(이에 대한 丙의 동의가 있었음). 乙로부터 X주택의 소유권이전등기를 받은 丙은 甲의 허락을 얻지 않고 X주택을 丁에게 임대하였고, 丁은 X주택을 인도받은 후 주민등록을 이전하였다. 그런데 丁은 임대차계약 체결 당시에 甲의 허락이 없었음을 알고 있었다. 이에 대하여 개업공인중개사가 丁에게 설명한 내용으로 틀린 것은? (다툼이 있으면 판례에 따름)

① 丙은 X주택의 소유권을 취득할 수 없다.
② 乙은 丙을 상대로 진정명의 회복을 위한 소유권이전등기를 청구할 수 있다.
③ 甲은 乙과의 매매계약을 기초로 乙에게 X주택의 소유권이전등기를 청구할 수 있다.
④ 丁은 甲 또는 乙에 대하여 임차권을 주장할 수 있다.
⑤ 丙은 丁을 상대로 임대차계약의 무효를 주장할 수 없지만, 甲은 그 계약의 무효를 주장할 수 있다.

37 개업공인중개사가 중개의뢰인에게 「주택임대차보호법」상 계약갱신요구권에 관하여 설명한 것으로 옳은 것은?

① 임차인은 최초의 임대차기간을 포함한 전체 임대차기간이 10년을 초과하지 아니하는 범위에서 계약갱신요구권을 행사할 수 있다.
② 임차인뿐만 아니라 임대인도 계약갱신요구권을 행사할 수 있다.
③ 임차인이 계약갱신요구권을 행사하여 임대차계약이 갱신된 경우 임차인은 언제든지 임대인에게 계약해지를 통지할 수 있다.
④ 임차인이 계약갱신요구권을 행사하여 임대차계약이 갱신된 경우 임대인은 차임을 증액할 수 없다.
⑤ 임차인이 계약갱신요구권을 행사하려는 경우 계약기간이 끝난 후 즉시 이를 행사하여야 한다.

38 개업공인중개사가 상가건물을 임차하려는 중개의뢰인 甲에게 「상가건물 임대차보호법」의 내용에 관하여 설명한 것으로 틀린 것은?

① 甲이 건물을 인도받고 「부가가치세법」에 따른 사업자 등록을 신청하면 그 다음 날부터 대항력이 생긴다.
② 확정일자는 건물의 소재지 관할 세무서장이 부여한다.
③ 임대차계약을 체결하려는 甲은 임대인의 동의를 받아 관할 세무서장에게 건물의 확정일자 부여일 등 관련 정보의 제공을 요청할 수 있다.
④ 甲이 거짓이나 그 밖의 부정한 방법으로 임차한 경우 임대인은 甲의 계약갱신요구를 거절할 수 있다.
⑤ 건물의 경매 시 甲은 환가대금에서 우선변제권에 따른 보증금을 지급받은 이후에 건물을 양수인에게 인도하면 된다.

39 개업공인중개사가 토지를 매수하려는 중개의뢰인에게 분묘기지권에 관하여 설명한 내용으로 옳은 것을 모두 고른 것은? (다툼이 있으면 판례에 따름)

> ㉠ 분묘기지권을 시효취득한 사람은 시효취득한 때부터 지료를 지급할 의무가 발생한다.
> ㉡ 특별한 사정이 없는 한 분묘기지권자가 분묘의 수호와 봉사를 계속하는 한 그 분묘가 존속하는 동안은 분묘기지권이 존속한다.
> ㉢ 분묘기지권을 취득한 자는 그 분묘기지권의 등기 없이도 그 분묘가 설치된 토지의 매수인에게 대항할 수 있다.

① ㉡
② ㉠, ㉡
③ ㉠, ㉢
④ ㉡, ㉢
⑤ ㉠, ㉡, ㉢

40 토지를 매수하여 사설묘지를 설치하려는 중개의뢰인에게 개업공인중개사가 장사 등에 관한 법령에 관하여 설명한 내용으로 옳은 것은?

① 개인묘지를 설치하려면 그 묘지를 설치하기 전에 해당 묘지를 관할하는 시장등에게 신고해야 한다.
② 가족묘지를 설치하려면 해당 묘지를 관할하는 시장등의 허가를 받아야 한다.
③ 개인묘지나 가족묘지의 면적은 제한을 받지만, 분묘의 형태나 봉분의 높이는 제한을 받지 않는다.
④ 분묘의 설치기간은 원칙적으로 30년이지만, 개인묘지의 경우에는 3회에 한하여 그 기간을 연장할 수 있다.
⑤ 설치기간이 끝난 분묘의 연고자는 그 끝난 날부터 1개월 이내에 해당 분묘에 설치된 시설물을 철거하고 매장된 유골을 화장하거나 봉안해야 한다.

한눈에 보는 정답

01	02	03	04	05	06	07	08	09	10
⑤	①	②	⑤	③	③	①	①	②	②
11	12	13	14	15	16	17	18	19	20
④	②	③	①	④	③	①	②	⑤	③
21	22	23	24	25	26	27	28	29	30
④	④	②	④	⑤	②	⑤	①	④	③
31	32	33	34	35	36	37	38	39	40
①	③	⑤	④	④	⑤	③	⑤	④	②

01 ⑤

영역 공인중개사법령 > 공인중개사제도

해설

① 공인중개사의 업무에 관한 사항을 심의하기 위하여 국토교통부에 공인중개사 정책심의위원회를 둘 수 있다. 따라서 국무총리 소속으로 한다는 지문은 틀린 지문이 된다.

② 공인중개사 정책심의위원회의 심의사항은 다음과 같다.

> 1. 공인중개사의 시험 등 공인중개사의 자격취득에 관한 사항
> 2. 부동산중개업의 육성에 관한 사항
> 3. 중개보수 변경에 관한 사항
> 4. 손해배상책임의 보장 등에 관한 사항

따라서 손해배상책임의 보장 등에 관한 사항은 심의사항에 해당한다.

③ 국토교통부장관은 위원이 제척사유의 어느 하나에 해당하는 데에도 불구하고 회피하지 아니한 경우에는 해당 위원을 해촉할 수 있다.

④ 공인중개사 정책심의위원회에서 심의한 사항 중 '공인중개사의 시험 등 공인중개사의 자격취득에 관한 사항'의 경우에는 특별시장·광역시장·도지사·특별자치도지사는 이에 따라야 한다.

02 ①

영역 공인중개사법령 > 중개업무

해설
법인인 개업공인중개사는 다른 법률에 규정된 경우를 제외하고는 중개업 및 다음에 규정된 업무 외에 다른 업무를 함께 할 수 없다.

> 1. 상업용 건축물 및 주택의 임대관리 등 부동산의 관리대행
> 2. 부동산의 이용·개발 및 거래에 관한 상담
> 3. 개업공인중개사를 대상으로 한 중개업의 경영기법 및 경영정보의 제공
> 4. 상업용 건축물 및 주택의 분양대행
> 5. 그 밖에 중개업에 부수되는 업무로서 대통령령이 정하는 업무인 중개의뢰인의 의뢰에 따른 도배·이사업체의 소개 등 주거이전에 부수되는 용역의 알선
> 6. 「민사집행법」에 의한 경매 및 「국세징수법」, 그 밖의 법령에 의한 공매대상 부동산에 대한 권리분석 및 취득의 알선과 매수신청 또는 입찰신청의 대리

따라서 주택의 임대업은 겸업가능한 업무에 해당하지 않는다.

03 ②

영역 공인중개사법령 > 중개업무

해설
개업공인중개사는 국토교통부령으로 정하는 신고서에 중개사무소등록증을 첨부(3개월을 초과하여 휴업하려는 경우, 중개사무소의 개설등록 후 3개월을 초과하여 업무를 개시하지 않는 경우, 폐업하려는 경우)하여 등록관청에 미리 신고하여야 한다. 따라서 휴업기간의 변경신고 시에는 등록증을 첨부하지 아니한다.

04 ⑤

영역 공인중개사법령 > 공인중개사협회 및 교육·보칙·신고센터 등

해설
㉠ 실무교육을 받은 개업공인중개사 및 소속공인중개사는 실무교육을 받은 후 2년마다 시·도지사가 실시하는 연수교육을 받아야 한다. 따라서 연수교육의 주체는 등록관청이 될 수 없다.
㉡ 개업공인중개사 甲과 해당 중개업무를 수행한 소속공인중개사 乙은 함께 확인·설명서에 서명 및 날인하여야 한다.
㉢ 중개사무소의 개설등록을 신청하려는 자(법인의 경우에는 사원·임원을 말하며, 분사무소의 설치신고를 하려는 경우에는 분사무소의 책임자를 말한다)는 등록신청일(분사무소 설치신고의 경우에는 신고일을 말한다) 전 1년 이내에 시·도지사가 실시하는 실무교육(실무수습을 포함한다)을 받아야 한다. 다만, 소속공인중개사로서 고용관계 종료신고 후 1년 이내에 중개사무소의 개설등록을 신청하려는 자는 실무교육 대상에 포함되지 않는다.

05 ③

영역 공인중개사법령 > 중개업무

해설
① 등록관청은 중개보조원의 고용신고를 받은 경우 이를 다음 달 10일까지 공인중개사협회에 통보하여야 한다.
② 개업공인중개사는 소속공인중개사 또는 중개보조원을 고용한 경우에는 교육을 받도록 한 후 업무개시 전까지 등록관청에 신고(전자문서에 의한 신고를 포함한다)하여야 한다.
④ 개업공인중개사는 소속공인중개사와의 고용관계가 종료된 때에는 고용관계가 종료된 날부터 10일 이내에 등록관청에 신고하여야 한다.
⑤ 고용신고를 받은 등록관청은 공인중개사자격증을 발급한 시·도지사에게 그 소속공인중개사의 공인중개사 자격 확인을 요청하여야 한다.

06 ③

영역 공인중개사법령 > 공인중개사협회 및 교육·보칙·신고센터 등

해설
개업공인중개사가 중개행위로 인한 손해배상책임을 보장하기 위하여 가입해야 하는 보증보험이나 공제에 가입하지 않은 경우는 부동산거래질서교란행위에 해당하지 않는다.

07 ①

영역 공인중개사법령 > 중개업무

해설
개업공인중개사가 「민사집행법」에 의한 경매대상 부동산에 대하여 매수신청 또는 입찰신청의 대리를 하고자 하는 때에는 대법원규칙으로 정하는 요건을 갖추어 법원에 등록하고 그 감독을 받아야 한다. 따라서 법원에 등록하여야 하는 것은 ㉠이 된다.

08 ①

영역 공인중개사법령 > 중개사무소 개설등록 및 결격사유

해설
개업공인중개사는 중개사무소등록증·중개보수표 그 밖에 국토교통부령으로 정하는 다음의 사항을 해당 중개사무소 안의 보기 쉬운 곳에 게시하여야 한다.

> 1. 중개사무소등록증 원본(법인인 개업공인중개사의 분사무소의 경우에는 분사무소설치 신고확인서 원본을 말한다)
> 2. 중개보수·실비의 요율 및 한도액표
> 3. 개업공인중개사 및 소속공인중개사의 공인중개사자격증 원본(해당되는 자가 있는 경우로 한정한다)

4. 보증의 설정을 증명할 수 있는 서류
5. 사업자등록증

따라서 ㉠㉡이 게시사항에 해당한다.

09 ②

영역 공인중개사법령 > 중개사무소 개설등록 및 결격사유

해설
등록관청은 매월 중개사무소등록·행정처분 및 신고 등에 관한 사항을 중개사무소등록·행정처분 등 통지서에 의하여 다음 달 10일까지 공인중개사협회에 통보하여야 한다. 등록관청이 공인중개사협회에 통보하여야 할 사항은 다음과 같다.

1. 중개사무소등록증 교부사항
2. 분사무소 설치신고사항
3. 중개업의 휴·폐업 또는 재개업, 휴업기간의 변경신고사항
4. 중개사무소 이전신고사항
5. 소속공인중개사 또는 중개보조원의 고용 및 고용관계 종료신고사항
6. 개업공인중개사에 대한 행정처분(등록취소·업무정지)사항

따라서 공인중개사협회가 다음 달 10일까지 시·도지사에게 통보하는 것이 아니라 등록관청이 다음 달 10일까지 공인중개사협회에 통보하여야 한다.

10 ②

영역 공인중개사법령 > 중개계약 및 부동산거래정보망

해설
전속중개계약의 유효기간은 3개월로 한다. 다만, 당사자간에 다른 약정이 있는 경우에는 그 약정에 따른다. 따라서 유효기간을 3개월 미만으로 약정한 경우 그 유효기간을 3개월로 한다는 지문은 틀린 지문이 된다.

11 ④

영역 공인중개사법령 > 중개계약 및 부동산거래정보망

해설

① 거래정보사업자로 지정을 받을 수 있는 자는 「전기통신사업법」의 규정에 의한 부가통신사업자로서 국토교통부령으로 정하는 요건을 갖춘 자로 한다. 따라서 부가통신사업자가 아닌 자는 국토교통부령으로 정하는 요건을 갖추어도 거래정보사업자로 지정을 받을 수 없다.
② 거래정보사업자로 지정받으려는 자는 공인중개사 1명 이상을 확보하면 된다. 따라서 거래정보사업자로 지정을 받으려는 자가 공인중개사의 자격을 갖추어야 하는 것은 아니다.
③ 국토교통부장관은 거래정보사업자가 거짓이나 그 밖의 부정한 방법으로 지정을 받은 경우 그 지정을 취소할 수 있다. 따라서 거짓이나 그 밖의 부정한 방법으로 지정을 받은 경우 그 지정 자체가 무효라는 내용은 「공인중개사법」상 규정이 없다.
⑤ 개업공인중개사는 부동산거래정보망에 중개대상물에 관한 정보를 거짓으로 공개하여서는 아니 되며, 공개한 중개대상물의 거래가 완성된 때에는 그 사실을 지체 없이 해당 거래정보사업자에게 통보하여야 한다. 따라서 개업공인중개사는 3개월 이내에 해당 거래정보사업자에게 이를 통보하는 것이 아니라, '지체 없이' 통보하여야 한다.

12 ②

영역 공인중개사법령 > 손해배상책임과 반환채무이행보장

해설

「공인중개사법」상 예치명의자가 될 수 있는 자는 다음에 규정된 자로 한정되어 있다.

> 1. 개업공인중개사
> 2. 「은행법」에 따른 은행
> 3. 「보험업법」에 따른 보험회사
> 4. 「자본시장과 금융투자업에 관한 법률」에 따른 신탁업자
> 5. 「우체국예금·보험에 관한 법률」에 따른 체신관서
> 6. 법 제42조의 규정에 따라 공제사업을 하는 자
> 7. 부동산거래계약의 이행을 보장하기 위하여 계약금·중도금 또는 잔금(이하 '계약금등'이라 한다) 및 계약 관련 서류를 관리하는 업무를 수행하는 전문회사

따라서 거래당사자 중 일방은 예치명의자가 될 수 없다.

13 ③

영역 공인중개사법령 > 개업공인중개사의 의무 및 책임

해설

누구든지 시세에 부당한 영향을 줄 목적으로 다음의 방법으로 개업공인중개사등의 업무를 방해해서는 아니 된다(법 제33조 제2항).

> 1. 안내문, 온라인 커뮤니티 등을 이용하여 특정 개업공인중개사등에 대한 중개의뢰를 제한하거나 제한을 유도하는 행위
> 2. 안내문, 온라인 커뮤니티 등을 이용하여 중개대상물에 대하여 시세보다 현저하게 높게 표시·광고 또는 중개하는 특정 개업공인중개사등에게만 중개의뢰를 하도록 유도함으로써 다른 개업공인중개사등을 부당하게 차별하는 행위
> 3. 안내문, 온라인 커뮤니티 등을 이용하여 특정 가격 이하로 중개를 의뢰하지 아니하도록 유도하는 행위
> 4. 정당한 사유 없이 개업공인중개사등의 중개대상물에 대한 정당한 표시·광고행위를 방해하는 행위
> 5. 개업공인중개사등에게 중개대상물을 시세보다 현저하게 높게 표시·광고하도록 강요하거나 대가를 약속하고 시세보다 현저하게 높게 표시·광고하도록 유도하는 행위

따라서 정답은 ⓒⓔ이 된다.

14 ①

영역 공인중개사법령 > 벌칙(행정벌)

해설
① 3년 이하의 징역 또는 3천만원 이하의 벌금사유에 해당한다.
②③④⑤ 1년 이하의 징역 또는 1천만원 이하의 벌금사유에 해당한다.

15 ④

영역 공인중개사법령 > 중개보수

해설
중개대상물의 소재지와 중개사무소의 소재지가 다른 경우에는 그 사무소의 소재지를 관할하는 시·도의 조례로 정한 기준에 따라 중개보수를 받아야 한다. 따라서 중개대상물의 소재지를 관할하는 시·도의 조례에서 정한 기준에 따라야 하는 것이 아니다.

16 ③

영역 공인중개사법령 > 지도·감독 및 행정처분

해설
①②④⑤ 업무정지기간 3개월에 해당한다.
③ 업무정지기간 6개월에 해당한다.

17 ①
영역 공인중개사법령 > 지도·감독 및 행정처분

해설
① 업무정지사유에 해당한다.
②③④⑤ 등록관청이 중개사무소의 개설등록을 취소하여야 하는 사유에 해당한다.

18 ②
영역 공인중개사법령 > 공인중개사협회 및 교육·보칙·신고센터 등

해설
공제사업의 양도는 공제사업 운영에 관한 개선조치로서 명할 수 있는 사항에 해당하지 않는다.

19 ⑤
영역 공인중개사법령 > 개업공인중개사의 의무 및 책임

해설
㉠㉡㉢㉣ 모두 거래계약서에 기재하여야 하는 사항에 해당한다.

20 ③
영역 중개실무 > 중개대상물 조사 및 확인

해설
관리비에 관한 사항은 확인·설명서[I]의 관리에 관한 사항에는 포함되지만, 확인·설명서[II]의 관리에 관한 사항에는 포함되지 않는다.

21 ④
영역 공인중개사법령 > 공인중개사협회 및 교육·보칙·신고센터 등

해설
협회는 협회 설립목적을 달성하기 위하여 다음의 업무를 수행할 수 있다.

1. 회원의 품위유지를 위한 업무
2. 부동산중개제도의 연구·개선에 관한 업무
3. 회원의 자질향상을 위한 지도 및 교육·연수에 관한 업무
4. 회원의 윤리헌장 제정 및 그 실천에 관한 업무
5. 부동산 정보제공에 관한 업무
6. 법 제42조의 규정에 따른 공제사업
7. 그 밖에 협회의 설립목적 달성을 위하여 필요한 업무

따라서 ㉠㉡㉣이 공인중개사협회의 업무에 해당한다.

22 ④

■영역 공인중개사법령 > 부동산 거래신고 등에 관한 법률

■해설
① 허가구역이 둘 이상의 시·도의 관할구역에 걸쳐 있는 경우 국토교통부장관이 지정할 수 있다.
② 국토교통부장관 또는 시·도지사는 국토의 이용 및 관리에 관한 계획의 원활한 수립과 집행, 합리적인 토지이용 등을 위하여 토지의 투기적인 거래가 성행하거나 지가(地價)가 급격히 상승하는 지역과 그러한 우려가 있는 지역으로서 대통령령으로 정하는 지역에 대해서는 5년 이내의 기간을 정하여 토지거래계약에 관한 허가구역으로 지정할 수 있다.
③ 허가구역의 지정은 허가구역의 지정을 공고한 날부터 5일 후에 그 효력이 발생한다.
⑤ 허가구역 지정에 관한 공고내용의 통지를 받은 시장·군수 또는 구청장은 지체 없이 그 공고내용을 그 허가구역을 관할하는 등기소의 장에게 통지하여야 하며, 지체 없이 그 사실을 7일 이상 공고하고, 그 공고내용을 15일간 일반이 열람할 수 있도록 하여야 한다.

23 ②

■영역 공인중개사법령 > 부동산 거래신고 등에 관한 법률

■해설
공동매수의 경우 매수인 중 일부가 추가되는 경우가 아닌, 매수인 중 일부가 제외되는 경우가 변경신고 사항에 해당한다.

24 ④

■영역 공인중개사법령 > 부동산 거래신고 등에 관한 법률

■해설
① 임대차계약당사자가 주택에 대하여 보증금이 6천만원을 초과하거나 월차임이 30만원을 초과하는 주택 임대차계약을 체결한 경우 신고대상이 된다. 따라서 보증금이 6천만원이고 월차임이 30만원으로 임대차계약을 체결한 경우 신고대상이 아니다.
② 임대차계약당사자가 주택에 대하여 보증금이 6천만원을 초과하거나 월차임이 30만원을 초과하는 주택 임대차계약을 체결한 경우 신고대상이 된다. 따라서 보증금이 5천만원이고 월차임이 40만원으로 임대차계약을 체결한 경우 신고대상에 해당한다.
③ 임대차계약당사자 중 일방이 국가등인 경우에는 국가등이 신고하여야 한다. 국가등이 주택 임대차계약을 신고하려는 경우에는 임대차 신고서에 단독으로 서명 또는 날인해 신고관청에 제출해야 한다.
④ 임대차계약당사자가 주택 임대차계약을 갱신하는 경우로서 보증금 및 차임의 증감 없이 임대차 기간만 연장하는 계약은 신고사항에 해당하지 않는다.
⑤ 주택 임대차계약을 신고하려는 임대차계약당사자는 주택 임대차계약 신고서에 공동으로 서명 또는 날인해 신고관청에 제출해야 한다. 부동산 거래신고제도와는 달리 주택임대차신고제도에서는 개업공인중개사가 개입한 경우 개업공인중개사가 신고하여야 하는 규정은 없다.

25 ⑤

영역 공인중개사법령 > 부동산 거래신고 등에 관한 법률

해설

개업공인중개사가 거래계약서를 작성·교부하여 부동산 거래신고를 개업공인중개사가 한 경우에는 개업공인중개사가 30일 이내에 해제등의 신고(공동으로 중개를 한 경우에는 해당 개업공인중개사가 공동으로 신고하는 것을 말한다)를 할 수 있다.

26 ②

영역 공인중개사법령 > 부동산 거래신고 등에 관한 법률

해설

외국인등이 상속·경매 그 밖에 다음에 해당하는 계약 외의 원인으로 대한민국 안의 부동산등을 취득한 때에는 부동산등을 취득한 날부터 6개월 이내에 신고관청에 신고하여야 한다.

> 1. 「공익사업을 위한 토지 등의 취득 및 보상에 관한 법률」 및 그 밖의 법률에 따른 환매권의 행사
> 2. 법원의 확정판결
> 3. 법인의 합병
> 4. 건축물의 신축·증축·개축·재축

27 ⑤

영역 공인중개사법령 > 부동산 거래신고 등에 관한 법률

해설

㉠㉡㉢ 모두 부동산 거래신고 등에 관한 법령상 허가구역 내 토지거래에 대한 허가의 규정이 적용되지 않는다.

28 ①

영역 공인중개사법령 > 부동산 거래신고 등에 관한 법률

해설

주택의 증여계약은 부동산 거래신고대상에 해당하지 않는다.

29 ④

영역 중개실무 > 개별적 중개실무

해설

① 丙이 X주택을 인도받고 그 주소로 동거하는 자녀의 주민등록을 이전하여도 동거가족의 주민등록을 인정하므로 대항력은 인정된다.
② 丙이 부동산임대차 등기를 한 경우 X주택을 인도받고 주민등록의 이전을 하지 않아도 대항력은 인정된다.

③ 乙이 보증금반환채권을 담보하기 위하여 丙에게 전세권을 설정해 준 경우, 乙은 丙의 전세권을 양수한 선의의 제3자에게 연체차임의 공제 주장으로 대항할 수 없다.
⑤ 丙이 임대차계약을 체결한 후 丁이 X주택에 저당권을 설정받았는데, 丁이 채권을 변제받지 못하자 X주택을 경매한 경우 甲의 저당권과 丙의 임차권은 매각으로 소멸한다.

30 ③

영역 중개실무 > 개별적 중개실무

해설

「민사집행법」제92조 제1항의 규정에 의하면 제3자는 권리를 취득할 때에 경매신청 또는 압류가 있다는 것을 알았을 경우 압류에 대항하지 못한다.

> 「민사집행법」제92조【제3자와 압류의 효력】① 제3자는 권리를 취득할 때에 경매신청 또는 압류가 있다는 것을 알았을 경우에는 압류에 대항하지 못한다.
> ② 부동산이 압류채권을 위하여 의무를 진 경우에는 압류한 뒤 소유권을 취득한 제3자가 소유권을 취득할 때에 경매신청 또는 압류가 있다는 것을 알지 못하였더라도 경매절차를 계속하여 진행하여야 한다.

31 ①

영역 중개실무 > 개별적 중개실무

해설

② 甲은 매수신청대리 사건카드에 乙에게서 위임받은 사건에 관한 사항을 기재하고 서명날인한 후 이를 5년간 보존해야 한다.
③ 甲은 매수신청대리 대상물에 대한 확인·설명 사항을 서면으로 작성하여 서명날인한 후 그 사본은 사건카드에 철하여 5년간 보존해야 하며 乙에게 교부하여야 한다.
④ 등기사항증명서는 甲이 乙에게 제시할 수 있는 매수신청대리 대상물에 대한 설명의 근거자료에 해당한다.
⑤ 甲이 중개사무소를 이전한 경우 10일 이내에 지방법원장에게 그 사실을 신고해야 한다.

32 ③

영역 중개실무 > 개별적 중개실무

해설

① 일부의 구분소유자만이 공용하도록 제공되는 것임이 명백한 공용부분은 구분소유자 전원의 공유에 속하지 않는다.
② 대지의 공유자는 그 대지에 구분소유권의 목적인 1동의 건물이 있을 때에는 그 건물 사용에 필요한 범위의 대지에 대해 분할을 청구할 수 없다.
④ 전유부분이 속하는 1동의 건물의 설치 또는 보전의 흠으로 인하여 다른 자에게 손해를 입힌 경우에는 그 흠은 공용부분에 존재하는 것으로 추정한다.
⑤ 대지사용권을 가지지 아니한 구분소유자가 있을 때에는 그 전유부분의 철거를 청구할 권리를 가진 자는 그 구분소유자에 대하여 구분소유권을 시가(時價)로 매도할 것을 청구할 수 있다.

33 ⑤

영역 중개실무 > 거래계약의 체결

해설

ⓒ 차임연체를 이유로 계약을 해지당한 임차인은 지상건물에 대한 매수청구권을 가지지 못한다.

34 ④

영역 중개실무 > 개별적 중개실무

해설

㉠ 임차권등기명령의 집행은 소유자 甲에게 송달하기 전에도 집행할 수 있다(주택임대차보호법 제3조의3 제3항, 민사집행법 제292조 제3항).

35 ④

영역 중개실무 > 거래계약의 체결

해설

㉠ 공유물의 소수지분권자인 피고가 다른 공유자와 협의하지 않고 공유물의 전부 또는 일부를 독점적으로 점유하는 경우 다른 소수지분권자인 원고가 피고를 상대로 공유물의 인도를 청구할 수는 없다고 보아야 한다. 일부 공유자가 공유물의 전부나 일부를 독점적으로 점유한다면 이는 다른 공유자의 지분권에 기초한 사용·수익권을 침해하는 것이다. 공유자는 자신의 지분권 행사를 방해하는 행위에 대해서 「민법」 제214조에 따른 방해배제청구권을 행사할 수 있고, 공유물에 대한 지분권은 공유자 개개인에게 귀속되는 것이므로 공유자 각자가 행사할 수 있다(대판 전합체 2020.5.21, 2018다287522).

36 ⑤

영역 중개실무 > 개별적 중개실무

해설

명의신탁약정은 무효이고, 이에 따른 등기로 이루어진 부동산에 관한 물권변동도 무효이다. 그러나 이러한 무효는 제3자에게 대항하지 못한다. 따라서 甲은 丁을 상대로 그 계약의 무효를 주장할 수 없다.

37 ③

영역 중개실무 > 개별적 중개실무

해설

① 임차인은 임대인을 대상으로 계약갱신요구권을 1회에 한하여 행사할 수 있다. 이 경우 갱신되는 임대차의 존속기간은 2년으로 본다.
② 임대인은 계약갱신요구권을 행사할 수 없다.

④ 갱신되는 임대차는 전 임대차와 동일한 조건으로 다시 계약된 것으로 본다. 다만, 차임과 보증금은 약정한 차임이나 보증금의 20분의 1의 범위에서 증액할 수 있다.
⑤ 임차인은 임대차기간이 끝나기 6개월 전부터 2개월 전까지의 기간 이내에 계약갱신을 요구할 수 있다.

38 ⑤
영역 중개실무 > 개별적 중개실무
해설
건물의 경매 시 환가대금에서 우선변제권에 따른 보증금을 지급받기 위하여 甲은 건물을 양수인에게 인도하였다는 증명을 하여야 한다.

39 ④
영역 중개실무 > 중개대상물 조사 및 확인
해설
㉠ 「장사 등에 관한 법률」의 시행일 이전에 타인의 토지에 분묘를 설치한 다음 20년간 평온·공연하게 그 분묘의 기지를 점유함으로써 분묘기지권을 시효·취득하였더라도 분묘기지권자는 토지소유자가 분묘기지에 관한 지료를 청구하면 그 청구한 날부터의 지료를 지급할 의무가 있다고 보아야 한다 (대판 전합체 2021.4.29, 2017다228007).

40 ②
영역 중개실무 > 중개대상물 조사 및 확인
해설
① 개인묘지는 설치 후 30일 이내에 그 사실을 특별자치시장·특별자치도지사·시장·군수·구청장에게 신고하여야 한다.
③ 개인묘지나 가족묘지의 면적은 제한을 받으며, 분묘의 형태는 봉분, 평분 또는 평장으로 하되, 봉분의 높이는 지면으로부터 1m, 평분의 높이는 50cm 이하여야 한다.
④ 공설묘지 및 사설묘지에 설치된 분묘의 설치기간은 30년으로 한다. 다만, 설치기간이 경과한 분묘의 연고자가 시·도지사, 시장·군수·구청장 또는 법인묘지의 설치·관리를 허가받은 자에게 해당 설치기간의 연장을 신청하는 경우에는 1회에 한하여 그 설치기간을 30년으로 하여 연장하여야 한다.
⑤ 분묘의 연고자는 설치기간이 끝난 날부터 1년 이내에 해당 분묘에 설치된 시설물을 철거하고 매장된 유골을 화장 또는 봉안하여야 한다.

PART 1 공인중개사법령

		3회독 체크
CHAPTER 01	총칙	☑ ☐ ☐
CHAPTER 02	공인중개사제도	☐ ☐ ☐
CHAPTER 03	중개사무소 개설등록 및 결격사유	☐ ☐ ☐
CHAPTER 04	중개업무	☐ ☐ ☐
CHAPTER 05	중개계약 및 부동산거래정보망	☐ ☐ ☐
CHAPTER 06	개업공인중개사의 의무 및 책임	☐ ☐ ☐
CHAPTER 07	손해배상책임과 반환채무이행보장	☐ ☐ ☐
CHAPTER 08	중개보수	☐ ☐ ☐
CHAPTER 09	공인중개사협회 및 교육·보칙·신고센터 등	☐ ☐ ☐
CHAPTER 10	지도·감독 및 행정처분	☐ ☐ ☐
CHAPTER 11	벌칙(행정벌)	☐ ☐ ☐
CHAPTER 12	부동산 거래신고 등에 관한 법률	☐ ☐ ☐

각 단원의 회독 수를 체크해보세요.

80.3%
(약 32문제)

PART 1 최근 8개년 출제비중

제35회 출제경향

제35회 시험에서는 PART 1 공인중개사법령에서 27문제가 출제되었고, 그중 CHAPTER 12 「부동산 거래신고 등에 관한 법률」에서 7문제가 출제되었습니다.

8개년 회차별 출제빈도 분석표

회차	28회	29회	30회	31회	32회	33회	34회	35회	비중(%)
CHAPTER 01	2	2	2	1	1	2	2		4.7
CHAPTER 02	2		2		1	2	1	1	3.5
CHAPTER 03	3	3	1	3	1	2	2	2	6.6
CHAPTER 04	7	6	6	10	8	1	7	4	19.1
CHAPTER 05	2	2	3	3	1	4	1	2	7
CHAPTER 06	3	4	2	3	2	1	2	2	7.4
CHAPTER 07	1	1	1	1	2	1	2	1	3.9
CHAPTER 08	2	2		2		3	1	1	4.3
CHAPTER 09	2	2	5	1	2	2	2	4	7.8
CHAPTER 10	3	5	3	3	8	3	3	2	11.6
CHAPTER 11	2	2	1	2	1	1	1	1	4.3
CHAPTER 12	5	4	7	5	6	9	8	7	19.8

* 복합문제이거나, 법률이 개정 및 제정된 경우 분류 기준에 따라 위 수치와 달라질 수 있습니다.

CHAPTER 01 총칙

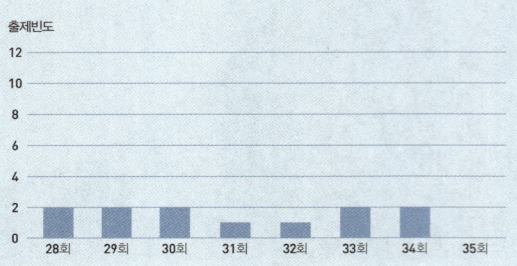

■ 8개년 출제 문항 수
총 40문제 중 평균 약 1.5문제 출제

■ 이 단원을 공략하고 싶다면?
전체적인 용어의 정의와 중개대상물, 중개행위를 이해하자

↳ 기본서 [공인중개사법령 및 중개실무] pp. 16~43

대표기출 1 2023년 제34회 3번 문제 | 난이도 하

공인중개사법령상 용어에 관한 설명으로 옳은 것은?

① 중개대상물을 거래당사자간에 교환하는 행위는 '중개'에 해당한다.
② 다른 사람의 의뢰에 의하여 중개를 하는 경우는 그에 대한 보수를 받지 않더라도 '중개업'에 해당한다.
③ 개업공인중개사인 법인의 임원으로서 공인중개사인 자가 중개업무를 수행하는 경우에는 '개업공인중개사'에 해당한다.
④ 공인중개사가 개업공인중개사에 소속되어 개업공인중개사의 중개업무와 관련된 단순한 업무를 보조하는 경우에는 '중개보조원'에 해당한다.
⑤ 공인중개사자격을 취득한 자는 중개사무소의 개설등록 여부와 관계없이 '공인중개사'에 해당한다.

기출공략 [키워드] 용어의 정의

「공인중개사법」상 용어의 정의 부분을 학습하여야 하며, 관련 판례도 학습하여야 합니다.
★ 8개년 기출회차: 28회, 29회, 30회, 32회, 33회, 34회

공인중개사법령상 용어에 관한 설명으로 옳은 것은? (⑤)

① 중개대상물을 거래당사자간에 ~~교환하는 행위는~~ '중개'에 해당한다. (×)
→ 중개대상물을 거래당사자간에 교환하는 행위를 알선하는 것이 '중개'에 해당한다.

② 다른 사람의 의뢰에 의하여 중개를 하는 경우는 그에 대한 보수를 받지 않더라도 '중개업'에 ~~해당한다.~~ (×)
→ '중개업'이란 다른 사람의 의뢰에 의하여 일정한 보수를 받고 중개를 업으로 하는 행위를 말한다. 따라서 다른 사람의 의뢰에 의하여 중개를 하는 경우에 그에 대한 보수를 받지 않았다면 이는 '중개업'에 해당하지 않는다.

③ 개업공인중개사인 법인의 임원으로서 공인중개사인 자가 중개업무를 수행하는 경우에는 '~~개업공인중개사~~'에 해당한다. (×)
→ 개업공인중개사인 법인의 임원으로서 공인중개사인 자가 중개업무를 수행하는 경우 '소속공인중개사'에 해당한다.

④ ~~공인중개사가~~ 개업공인중개사에 소속되어 개업공인중개사의 중개업무와 관련된 단순한 업무를 보조하는 경우에는 '중개보조원'에 해당한다. (×)
→ 공인중개사가 아닌 자로서 개업공인중개사에 소속되어 개업공인중개사의 중개업무와 관련된 단순한 업무를 보조하는 경우에는 '중개보조원'에 해당한다.

⑤ 공인중개사자격을 취득한 자는 중개사무소의 개설등록 여부와 관계없이 '공인중개사'에 해당한다. (O)

이론플러스 공인중개사

공인중개사라 함은 「공인중개사법」에 의하여 공인중개사자격을 취득한 자를 말한다.

대표기출 2 2023년 제34회 6번 문제 | 난이도 하

공인중개사법령상 중개대상물에 해당하는 것을 모두 고른 것은? (다툼이 있으면 판례에 따름)

- ㉠ 근저당권이 설정되어 있는 피담보채권
- ㉡ 아직 완성되기 전이지만 동·호수가 특정되어 분양계약이 체결된 아파트
- ㉢ 「입목에 관한 법률」에 따른 입목
- ㉣ 점포 위치에 따른 영업상의 이점 등 무형의 재산적 가치

① ㉠, ㉣
② ㉡, ㉢
③ ㉡, ㉣
④ ㉠, ㉡, ㉢
⑤ ㉠, ㉢, ㉣

기출공략 [키워드] 중개대상물

중개대상물의 범위와 내용에 대해 학습하여야 합니다.

28회, 29회, 30회, 31회, 32회, 33회, 34회

공인중개사법령상 중개대상물에 해당하는 것을 모두 고른 것은? (다툼이 있으면 판례에 따름) (②)

- ㉠ 근저당권이 설정되어 있는 피담보채권 (×)
  → 근저당권이 설정되어 있는 피담보채권은 중개대상물에 해당하지 않는다.
- ㉡ 아직 완성되기 전이지만 동·호수가 특정되어 분양계약이 체결된 아파트 (○)
- ㉢ 「입목에 관한 법률」에 따른 입목 (○)
- ㉣ 점포 위치에 따른 영업상의 이점 등 무형의 재산적 가치 (×)
  → 거래처, 신용 또는 점포 위치에 따른 영업상의 이점 등 무형물은 권리금의 형태로 거래되므로 중개대상물에 해당하지 않는다.

이론플러스 중개대상물의 범위(법 제3조, 영 제2조)

1. 토지
2. 건축물 그 밖의 토지의 정착물
3. 「입목에 관한 법률」에 따른 입목
4. 「공장 및 광업재단 저당법」에 따른 공장재단 및 광업재단

01 공인중개사법령상 용어의 설명으로 틀린 것은?

• 33회

① 중개는 중개대상물에 대하여 거래당사자간의 매매·교환·임대차 그 밖의 권리의 득실변경에 관한 행위를 알선하는 것을 말한다.
② 개업공인중개사는 이 법에 의하여 중개사무소의 개설등록을 한 자를 말한다.
③ 중개업은 다른 사람의 의뢰에 의하여 일정한 보수를 받고 중개를 업으로 행하는 것을 말한다.
④ 개업공인중개사인 법인의 사원 또는 임원으로서 공인중개사인 자는 소속공인중개사에 해당하지 않는다.
⑤ 중개보조원은 공인중개사가 아닌 자로서 개업공인중개사에 소속되어 개업공인중개사의 중개업무와 관련된 단순한 업무를 보조하는 자를 말한다.

키워드 용어의 정의

해설 소속공인중개사는 개업공인중개사에 소속된 공인중개사(개업공인중개사인 법인의 사원 또는 임원으로서 공인중개사인 자를 포함한다)로서 중개업무를 수행하거나 개업공인중개사의 중개업무를 보조하는 자를 말한다. 따라서 개업공인중개사인 법인의 사원 또는 임원으로서 공인중개사인 자는 소속공인중개사에 해당한다.

이론플러스 소속공인중개사

> 개업공인중개사에 소속된 공인중개사(개업공인중개사인 법인의 사원 또는 임원으로서 공인중개사인 자를 포함한다)로서 중개업무를 수행하거나 개업공인중개사의 중개업무를 보조하는 자를 말한다.

정답 01 ④

02 공인중개사법령상 중개행위 등에 관한 설명으로 옳은 것은? (다툼이 있으면 판례에 따름)

• 32회

① 중개행위에 해당하는지 여부는 개업공인중개사의 행위를 객관적으로 보아 판단할 것이 아니라 개업공인중개사의 주관적 의사를 기준으로 판단해야 한다.
② 임대차계약을 알선한 개업공인중개사가 계약 체결 후에도 목적물의 인도 등 거래당사자의 계약상 의무의 실현에 관여함으로써 계약상 의무가 원만하게 이행되도록 주선할 것이 예정되어 있는 경우, 그러한 개업공인중개사의 행위는 사회통념상 중개행위의 범주에 포함된다.
③ 소속공인중개사는 자신의 중개사무소 개설등록을 신청할 수 있다.
④ 개업공인중개사는 거래계약서를 작성하는 경우 거래계약서에 서명하거나 날인하면 된다.
⑤ 개업공인중개사가 국토교통부장관이 정한 거래계약서 표준서식을 사용하지 않는 경우 과태료부과처분을 받게 된다.

키워드 용어의 정의

해설 ① 중개행위에 해당하는지 여부는 개업공인중개사의 행위를 객관적으로 보아 사회통념상 거래의 알선·중개를 위한 행위라고 인정되는지 여부에 의하여 결정하여야 한다(대판 2005.10.7, 2005다32197).
② 판례에 의하면 이행업무라 하더라도 거래계약을 알선한 개업공인중개사가 계약 체결 후에도 중도금 및 잔금의 지급, 목적물의 인도와 같은 거래당사자의 이행의 문제에 관여함으로써 계약상 의무가 원만하게 이행되도록 주선할 것이 예정되어 있는 때에는 그러한 개업공인중개사의 행위는 객관적·외형적으로 보아 사회통념상 거래의 알선·중개를 위한 행위로서 중개행위의 범주에 포함된다고 한다(대판 2007.2.8, 2005다55008).
③ 소속공인중개사는 자신의 중개사무소 개설등록을 신청할 수 없다.
④ 개업공인중개사는 거래계약서를 작성하는 경우 거래계약서에 서명 및 날인하여야 한다.
⑤ 국토교통부장관은 거래계약서 표준서식을 정하고 있지 않다. 만약 정하고 있다고 하더라도 거래계약서 표준서식 사용 여부는 임의사항이므로, 이를 사용하지 않은 경우의 제재는 「공인중개사법」상 규정이 없다.

03 공인중개사법령에 관한 내용으로 틀린 것은? (다툼이 있으면 판례에 따름) • 30회

① 개업공인중개사에 소속된 공인중개사로서 중개업무를 수행하거나 개업공인중개사의 중개업무를 보조하는 자는 소속공인중개사이다.
② 개업공인중개사인 법인의 사원으로서 중개업무를 수행하는 공인중개사는 소속공인중개사이다.
③ 무등록 중개업자에게 중개를 의뢰한 거래당사자는 무등록 중개업자의 중개행위에 대하여 무등록 중개업자와 공동정범으로 처벌된다.
④ 개업공인중개사는 다른 개업공인중개사의 중개보조원 또는 개업공인중개사인 법인의 사원·임원이 될 수 없다.
⑤ 거래당사자간 지역권의 설정과 취득을 알선하는 행위는 중개에 해당한다.

키워드 용어의 정의

해설 무등록 중개업자에게 중개를 의뢰한 거래당사자는 무등록 중개업자의 중개행위에 대하여 무등록 중개업자와 공동정범으로 처벌되지 않는다.

이론플러스 무등록 중개업자에게 중개를 의뢰한 행위의 위법 여부

> 「공인중개사법」에서 '중개'는 중개행위자가 아닌 거래당사자 사이의 거래를 알선하는 것이고 '중개업'은 거래당사자로부터 의뢰를 받아 중개를 업으로 행하는 것이므로, 중개를 의뢰하는 거래당사자, 즉 중개의뢰인과 중개를 의뢰받아 거래를 알선하는 중개업자는 서로 구별되어 동일인일 수 없고, 결국 중개는 그 개념상 중개의뢰에 대응하여 이루어지는 별개의 행위로서 서로 병존하며 중개의뢰행위가 중개행위에 포함되어 흡수될 수 없다. 따라서 비록 거래당사자가 무등록 중개업자에게 중개를 의뢰하거나 미등기 부동산의 전매에 대하여 중개를 의뢰하였다고 하더라도, 「공인중개사법」 제48조 제1호, 제9조와 제48조 제3호, 제33조 제1항 제7호의 처벌규정들이 중개행위를 처벌 대상으로 삼고 있을 뿐이므로 그 중개의뢰행위 자체는 위 처벌규정들의 처벌 대상이 될 수 없으며, 또한 위와 같이 중개행위가 중개의뢰행위에 대응하여 서로 구분되어 존재하여야 하는 이상, 중개의뢰인의 중개의뢰행위를 중개업자의 중개행위와 동일시하여 중개행위에 관한 공동정범 행위로 처벌할 수도 없다(대판 2013.6.27, 2013도3246).

정답 02 ② 03 ③

04 공인중개사법령상 용어의 정의로 <u>틀린</u> 것은? • 29회

① 개업공인중개사라 함은 공인중개사자격을 가지고 중개를 업으로 하는 자를 말한다.
② 중개업이라 함은 다른 사람의 의뢰에 의하여 일정한 보수를 받고 중개를 업으로 행하는 것을 말한다.
③ 소속공인중개사라 함은 개업공인중개사에 소속된 공인중개사(개업공인중개사인 법인의 사원 또는 임원으로서 공인중개사인 자 포함)로서 중개업무를 수행하거나 개업공인중개사의 중개업무를 보조하는 자를 말한다.
④ 공인중개사라 함은 공인중개사자격을 취득한 자를 말한다.
⑤ 중개라 함은 중개대상물에 대하여 거래당사자간의 매매·교환·임대차 그 밖의 권리의 득실변경에 관한 행위를 알선하는 것을 말한다.

키워드 용어의 정의

해설 개업공인중개사라 함은 이 법에 의하여 중개사무소의 개설등록을 한 자를 말한다.

이론플러스 용어의 정의

1. 공인중개사: 「공인중개사법」에 의한 공인중개사자격을 취득한 자를 말한다.
2. 개업공인중개사: 「공인중개사법」에 의하여 중개사무소의 개설등록을 한 자를 말한다.
3. 소속공인중개사: 개업공인중개사에 소속된 공인중개사(개업공인중개사인 법인의 사원 또는 임원으로서 공인중개사인 자를 포함한다)로서 중개업무를 수행하거나 개업공인중개사의 중개업무를 보조하는 자를 말한다.
4. 중개보조원: 공인중개사가 아닌 자로서 개업공인중개사에 소속되어 중개대상물에 대한 현장 안내 및 일반서무 등 개업공인중개사의 중개업무와 관련된 단순한 업무를 보조하는 자를 말한다.

05
중

공인중개사법령상 중개대상물에 해당하는 것을 모두 고른 것은? (다툼이 있으면 판례에 따름)
• 33회

> ㉠ 동·호수가 특정되어 분양계약이 체결된 아파트분양권
> ㉡ 기둥과 지붕 그리고 주벽이 갖추어진 신축 중인 미등기상태의 건물
> ㉢ 아파트 추첨기일에 신청하여 당첨되면 아파트의 분양예정자로 선정될 수 있는 지위인 입주권
> ㉣ 주택이 철거될 경우 일정한 요건 하에 택지개발지구 내에 이주자택지를 공급받을 지위인 대토권

① ㉠, ㉡
② ㉡, ㉢
③ ㉢, ㉣
④ ㉠, ㉡, ㉣
⑤ ㉠, ㉡, ㉢, ㉣

키워드 중개대상물

해설 ㉢ 아파트의 분양예정자로 선정될 수 있는 지위를 의미하는 데 불과한 입주권은 중개대상물이 될 수 없다(대판 1991.4.23, 90도1287). 그러나 특정 동·호수에 대하여 피분양자로 선정되거나 분양계약이 체결되지 아니하였다고 하더라도 아파트 전체의 건축이 완료됨으로써 분양대상이 될 세대 등이 객관적으로 존재하여 분양 목적물로의 현실적인 제공 또는 가능한 상태의 입주권은 중개대상물이 될 수 있다(대판 2013.1.24, 2010다16519).

㉣ 대토권은 주택이 철거될 경우 일정한 요건 하에 택지개발지구 내에 이주자택지를 공급받을 지위에 불과하고 특정한 토지나 건물 기타 정착물 또는 법 시행령이 정하는 재산권 및 물건에 해당한다고 볼 수 없으므로 중개대상물에 해당하지 않는다고 볼 것이다. 또한 대토권이 중개대상물에서 제외되는 이상 대토권의 매매 등을 알선한 행위가 공제사업자를 상대로 개업공인중개사의 손해배상책임을 물을 수 있는 중개행위에 해당한다고 할 수 없다(대판 2011.5.26, 2011다23682).

이론플러스 중개대상물이 되기 위한 요건

1. 법정중개대상물일 것(토지, 건축물 그 밖의 토지의 정착물, 입목, 공장재단 및 광업재단)
2. 사적 소유물로서 거래가 가능한 물건일 것
3. 중개행위의 개입이 필요하거나 개입이 가능한 물건일 것

정답 04 ① 05 ①

06 공인중개사법령상 중개대상물에 해당하는 것은? (다툼이 있으면 판례에 따름) • 32회

① 토지에서 채굴되지 않은 광물
② 영업상 노하우 등 무형의 재산적 가치
③ 토지로부터 분리된 수목
④ 지목(地目)이 양어장인 토지
⑤ 주택이 철거될 경우 일정한 요건 하에 택지개발지구 내 이주자택지를 공급받을 수 있는 지위

키워드 중개대상물

해설 중개대상물이 되기 위한 요건은 다음과 같다.

> 1. 법정중개대상물일 것(토지, 건축물 그 밖의 토지의 정착물, 입목, 공장재단 및 광업재단)
> 2. 사적 소유물로서 거래가 가능한 물건일 것
> 3. 중개행위의 개입이 필요하거나 개입이 가능한 물건일 것

따라서 위의 요건을 모두 충족한 중개대상물은 ④ 지목(地目)이 양어장인 토지이다.

07 공인중개사법령상 중개대상에 해당하는 것을 모두 고른 것은? (다툼이 있으면 판례에 따름) • 31회

> ㉠ 「공장 및 광업재단 저당법」에 따른 공장재단
> ㉡ 영업용 건물의 영업시설·비품 등 유형물이나 거래처, 신용 등 무형의 재산적 가치
> ㉢ 가압류된 토지
> ㉣ 토지의 정착물인 미등기 건축물

① ㉠
② ㉠, ㉡
③ ㉠, ㉢, ㉣
④ ㉡, ㉢, ㉣
⑤ ㉠, ㉡, ㉢, ㉣

키워드 중개대상물

해설 ㉡ 판례에 의하면 영업용 건물의 영업시설·비품 등 유형물이나 거래처, 신용, 영업상의 노하우 또는 점포 위치에 따른 영업상의 이점 등 무형의 재산적 가치는 중개대상물이라 할 수 없다고 한다(대판 2009.1.15, 2008도9427).

08 공인중개사법령상 중개대상물에 해당하지 않는 것을 모두 고른 것은? • 30회

㉠ 미채굴광물 ㉡ 온천수
㉢ 금전채권 ㉣ 점유

① ㉠, ㉡
② ㉢, ㉣
③ ㉠, ㉡, ㉣
④ ㉡, ㉢, ㉣
⑤ ㉠, ㉡, ㉢, ㉣

키워드 중개대상물

해설 ㉠ 채굴되지 아니한 광물의 채굴할 권리는 국가가 부여한다. 따라서 미채굴광물은 토지소유자라 하더라도 소유권의 효력이 미치지 못한다.

㉡ 온천권이 토지소유권과 독립되는 물권이나 준물권으로 볼만한 관습이 있음을 인정할 만한 증거는 없는 데다가 온천수도 지하수의 일종이고 온천수의 용출 및 인수에 관한 시설이 그 토지 위의 건물에 상용되는 것인 이상 그 토지 및 건물과 함께 운명을 같이 하는 종물로서 그 토지와 건물의 소유권을 취득한 자는 온천수와 그 용출 및 인수시설에 관한 지배권도 아울러 취득하는 것이다.

㉢ 금전채권은 「공인중개사법」 제3조, 같은 법 시행령 제2조에서 정한 중개대상물이 아니다. 금전채권 매매계약을 중개한 것은 (구)「공인중개사법」이 규율하고 있는 중개행위에 해당하지 않으므로, 「공인중개사법」이 규정하고 있는 중개수수료의 한도액은 금전채권 매매계약의 중개행위에는 적용되지 않는다(대판 2019.7.11, 2017도13559).

㉣ 점유에 관하여 학설상 이견의 여지는 있지만, 일반적으로 중개의 대상이 되지 않는 것으로 본다. 점유 내지 점유권은 '점유하는 사실'로 취득하는 것이므로 중개의 대상이 아니라고 본다.

09 공인중개사법령상 중개대상물에 해당하는 것을 모두 고른 것은? (다툼이 있으면 판례에 따름)
• 29회

㈜ 특정 동·호수에 대하여 수분양자가 선정된 장차 건축될 아파트
㈑ 「입목에 관한 법률」의 적용을 받지 않으나 명인방법을 갖춘 수목의 집단
㈒ 콘크리트 지반 위에 볼트조립방식으로 철제파이프 기둥을 세우고 3면에 천막을 설치하여 주벽이라고 할 만한 것이 없는 세차장구조물
㈔ 토지거래허가구역 내의 토지

① ㈜
② ㈜, ㈔
③ ㈑, ㈒
④ ㈜, ㈑, ㈔
⑤ ㈑, ㈒, ㈔

키워드 중개대상물

해설 ㈒ 판례에 따르면, 세차장구조물은 주벽이라 할 만한 것이 없고 볼트만 해체하면 쉽게 토지로부터 분리철거가 가능하므로, 이를 토지의 정착물이라 볼 수는 없고 중개대상물이 되지 못한다.

정답 09 ④

CHAPTER 02 공인중개사제도

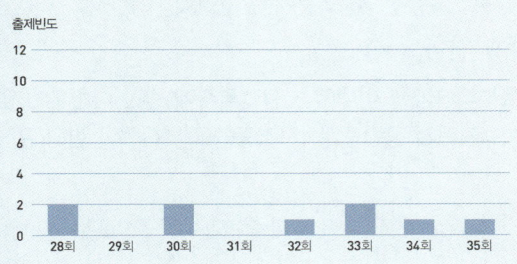

■ 8개년 출제 문항 수
총 40문제 中 평균 약 1문제 출제

■ 이 단원을 공략하고 싶다면?
공인중개사 정책심의위원회, 공인중개사 자격시험에 대하 알아두자

↳ 기본서 [공인중개사법령 및 중개실무] pp. 44~64

대표기출 1 | 2022년 제33회 4번 문제 | 난이도 하

공인중개사법령상 공인중개사자격증에 관한 설명으로 틀린 것은?

① 시·도지사는 공인중개사 자격시험합격자의 결정 공고일부터 2개월 이내에 시험합격자에게 공인중개사자격증을 교부해야 한다.
② 공인중개사자격증의 재교부를 신청하는 자는 재교부신청서를 자격증을 교부한 시·도지사에게 제출해야 한다.
③ 공인중개사자격증의 재교부를 신청하는 자는 해당 지방자치단체의 조례로 정하는 바에 따라 수수료를 납부해야 한다.
④ 공인중개사는 유·무상 여부를 불문하고 자기의 공인중개사자격증을 양도해서는 아니 된다.
⑤ 공인중개사가 아닌 자로서 공인중개사 명칭을 사용한 자는 1년 이하의 징역 또는 1천만원 이하의 벌금에 처한다.

기출공략 [키워드] 공인중개사 자격시험

공인중개사 자격시험에 관해 전반적으로 학습하여야 합니다.

30회, 32회, 33회

공인중개사법령상 공인중개사자격증에 관한 설명으로 틀린 것은? (①)

① 시·도지사는 공인중개사 자격시험합격자의 결정 공고일부터 ~~2개월~~ 이내에 시험합격자에게 공인중개사자격증을 교부해야 한다. (✕)

→ 시·도지사는 시험합격자의 결정 공고일로부터 1개월 이내에 시험합격자에 관한 사항을 공인중개사자격증교부대장에 기재한 후 시험합격자에게 공인중개사자격증을 교부하여야 한다(규칙 제3조 제1항).

② 공인중개사자격증의 재교부를 신청하는 자는 재교부신청서를 자격증을 교부한 시·도지사에게 제출해야 한다. (O)

③ 공인중개사자격증의 재교부를 신청하는 자는 해당 지방자치단체의 조례로 정하는 바에 따라 수수료를 납부해야 한다. (O)

④ 공인중개사는 유·무상 여부를 불문하고 자기의 공인중개사자격증을 양도해서는 아니 된다. (O)

⑤ 공인중개사가 아닌 자로서 공인중개사 명칭을 사용한 자는 1년 이하의 징역 또는 1천만원 이하의 벌금에 처한다. (O)

이론플러스 시험 관련 내용

1. 시험시행기관장 ⇨ 시험 공고 ⇨ 개략적인 공고 ⇨ 2월 말 / 구체적인 공고 ⇨ 90일 전
2. 시험시행기관장 ⇨ 합격자 공고 ⇨ 기간 규정 ✕
3. 시·도지사 ⇨ 자격증 교부 ⇨ 1개월 이내

대표기출 2 | 2024년 제35회 1번 문제 | 난이도 중

공인중개사법령상 공인중개사 정책심의위원회(이하 '위원회'라 함)에 관한 설명으로 옳은 것은?

① 위원회는 국무총리 소속으로 한다.
② 손해배상책임의 보장에 관한 사항은 위원회의 심의사항에 해당하지 않는다.
③ 위원회 위원장은 위원이 제척사유에 해당하는 데에도 불구하고 회피하지 아니한 경우에는 해당 위원을 해촉할 수 있다.
④ 위원회에서 심의한 중개보수 변경에 관한 사항의 경우 시·도지사는 이에 따라야 한다.
⑤ 국토교통부장관이 직접 공인중개사 자격시험을 시행하려는 경우에는 위원회의 의결을 미리 거쳐야 한다.

> **기출공략** [**키워드**] 공인중개사 정책심의위원회
>
> 공인중개사 정책심의위원회의 심의사항, 업무내용에 관해 학습하여야 합니다.
>
> 30회, 32회, 33회, 34회, 35회

공인중개사법령상 공인중개사 정책심의위원회(이하 '위원회'라 함)에 관한 설명으로 옳은 것은? (⑤)

① 위원회는 ~~국무총리 소속~~으로 한다. (✕)
  → 공인중개사의 업무에 관한 사항을 심의하기 위하여 국토교통부에 공인중개사 정책심의위원회를 둘 수 있다.

② 손해배상책임의 보장에 관한 사항은 위원회의 심의사항에 ~~해당하지 않는다~~. (✕)
  → 손해배상책임의 보장 등에 관한 사항은 심의사항에 해당한다.

③ ~~위원회 위원장~~은 위원이 제척사유에 해당하는 데에도 불구하고 회피하지 아니한 경우에는 해당 위원을 해촉할 수 있다. (✕)
  → 국토교통부장관은 위원이 제척사유의 어느 하나에 해당하는 데에도 불구하고 회피하지 아니한 경우에는 해당 위원을 해촉할 수 있다.

④ 위원회에서 심의한 ~~중개보수 변경에 관한 사항~~의 경우 시·도지사는 이에 따라야 한다. (✕)
  → 공인중개사 정책심의위원회에서 심의한 사항 중 '공인중개사의 시험 등 공인중개사의 자격취득에 관한 사항'의 경우에는 특별시장·광역시장·도지사·특별자치도지사는 이에 따라야 한다.

⑤ 국토교통부장관이 직접 공인중개사 자격시험을 시행하려는 경우에는 위원회의 의결을 미리 거쳐야 한다. (○)

> **이론플러스** 공인중개사 정책심의위원회
>
> 1. 위원장 ⇨ 국토교통부 제1차관
> 2. 위원 ⇨ 국토교통부장관이 임명, 위촉
>   ㉠ 국토교통부의 4급 이상 또는 이에 상당하는 공무원이나 고위 공무원단에 속하는 일반직공무원
>   ㉡ 「고등교육법」에 따른 학교에서 부교수 이상의 직(職)에 재직하고 있는 사람
>   ㉢ 변호사 또는 공인회계사의 자격이 있는 사람
>   ㉣ 공인중개사협회에서 추천하는 사람
>   ㉤ 공인중개사 자격시험의 시행에 관한 업무를 위탁받은 기관의 장이 추천하는 사람
>   ㉥ 「비영리민간단체 지원법」에 따라 등록한 비영리민간단체에서 추천한 사람
>   ㉦ 「소비자기본법」에 따라 등록한 소비자단체 또는 한국소비자원의 임직원으로 재직하고 있는 사람
>   ㉧ 그 밖에 부동산·금융 관련 분야에 학식과 경험이 풍부한 사람

01 공인중개사법령상 공인중개사 자격시험 등에 관한 설명으로 옳은 것은? • 30회

① 국토교통부장관이 직접 시험을 시행하려는 경우에는 미리 공인중개사 정책심의위원회의 의결을 거치지 않아도 된다.
② 공인중개사자격증의 재교부를 신청하는 자는 재교부신청서를 국토교통부장관에게 제출해야 한다.
③ 국토교통부장관은 공인중개사시험의 합격자에게 공인중개사자격증을 교부해야 한다.
④ 시험시행기관장은 시험에서 부정한 행위를 한 응시자에 대하여는 그 시험을 무효로 하고, 그 처분이 있은 날부터 5년간 시험응시자격을 정지한다.
⑤ 시험시행기관장은 시험을 시행하려는 때에는 시험시행에 관한 개략적인 사항을 전년도 12월 31일까지 일간신문, 관보, 방송 중 하나 이상에 공고하고, 인터넷 홈페이지에도 공고해야 한다.

키워드 공인중개사 자격시험

해설 ① 국토교통부장관이 직접 공인중개사 자격시험의 시험문제를 출제하거나 시험을 시행하려는 경우에는 심의위원회의 의결을 미리 거쳐야 한다(영 제3조).
② 공인중개사자격증의 재교부를 신청하는 자는 재교부신청서를 시·도지사에게 제출하여야 한다.
③ 시·도지사는 공인중개사시험의 합격자에게 공인중개사자격증을 교부해야 한다.
⑤ 시험시행기관장은 시험을 시행하려는 때에는 예정 시험일시·시험방법 등 시험시행에 관한 개략적인 사항을 매년 2월 말일까지 일간신문, 관보, 방송 중 하나 이상에 공고하고 인터넷 홈페이지 등에도 이를 공고해야 한다(영 제7조 제2항).

이론플러스 공인중개사 자격시험의 부정행위자

시험시행기관장은 시험에서 부정한 행위를 한 응시자에 대하여는 그 시험을 무효로 하고, 그 처분이 있은 날부터 5년간 시험응시자격을 정지한다. 시험에서 부정행위를 한 자는 5년간 응시자격이 정지될 뿐 등록 등의 결격사유를 구성하는 것은 아니므로, 중개보조원이나 법인인 개업공인중개사의 임원·사원으로 중개업무에는 종사할 수 있다.

02 공인중개사법령상 공인중개사 정책심의위원회(이하 '위원회'라 함)에 관한 설명으로 틀린 것은?
• 34회

① 위원은 위원장이 임명하거나 위촉한다.
② 심의사항에는 중개보수 변경에 관한 사항이 포함된다.
③ 위원회에서 심의한 사항 중 공인중개사의 자격취득에 관한 사항의 경우 시·도지사는 이에 따라야 한다.
④ 위원장 1명을 포함하여 7명 이상 11명 이내의 위원으로 구성한다.
⑤ 위원이 속한 법인이 해당 안건의 당사자의 대리인이었던 경우 그 위원은 위원회의 심의·의결에서 제척된다.

키워드 공인중개사 정책심의위원회

해설 심의위원회 위원장은 국토교통부 제1차관이 되고, 위원은 국토교통부장관이 임명하거나 위촉한다.

03 공인중개사법령상 공인중개사 정책심의위원회(이하 '위원회'라 함)에 관한 설명으로 옳은 것을 모두 고른 것은?
• 32회

㉠ 위원회는 중개보수 변경에 관한 사항을 심의할 수 있다.
㉡ 위원회는 위원장 1명을 포함하여 7명 이상 11명 이내의 위원으로 구성한다.
㉢ 위원장은 국토교통부장관이 된다.
㉣ 위원장이 부득이한 사유로 직무를 수행할 수 없을 때에는 위원 중에서 호선된 자가 그 직무를 대행한다.

① ㉠, ㉡
② ㉠, ㉢
③ ㉢, ㉣
④ ㉠, ㉡, ㉢
⑤ ㉠, ㉡, ㉣

키워드 공인중개사 정책심의위원회

해설 ㉢ 위원장은 국토교통부 제1차관이 된다.
㉣ 위원장이 부득이한 사유로 직무를 수행할 수 없을 때에는 위원장이 미리 지명한 위원이 그 직무를 대행한다.

정답 01 ④ 02 ① 03 ①

04 ⓗ 공인중개사법령상 공인중개사 정책심의위원회의 공인중개사 업무에 관한 심의사항에 해당하는 것을 모두 고른 것은?

• 33회

> ㉠ 공인중개사의 시험 등 공인중개사의 자격취득에 관한 사항
> ㉡ 부동산중개업의 육성에 관한 사항
> ㉢ 중개보수 변경에 관한 사항
> ㉣ 손해배상책임의 보장 등에 관한 사항

① ㉠
② ㉡, ㉢
③ ㉡, ㉣
④ ㉠, ㉢, ㉣
⑤ ㉠, ㉡, ㉢, ㉣

키워드 공인중개사 정책심의위원회

해설 ㉠㉡㉢㉣ 모두 심의사항에 해당한다.

이론플러스 공인중개사 정책심의위원회의 심의사항

공인중개사의 업무에 관한 다음의 사항을 심의하기 위하여 국토교통부에 공인중개사 정책심의위원회를 둘 수 있다(법 제2조의2 제1항).

1. 공인중개사의 시험 등 공인중개사의 자격취득에 관한 사항
2. 부동산중개업의 육성에 관한 사항
3. 중개보수 변경에 관한 사항
4. 손해배상책임의 보장 등에 관한 사항

정답 04 ⑤

CHAPTER 03 중개사무소 개설등록 및 결격사유

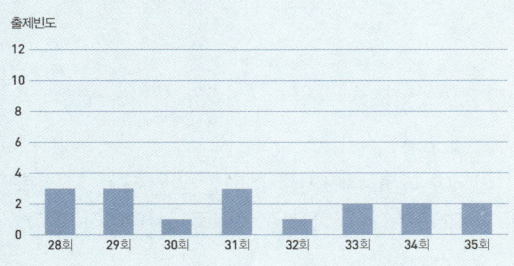

■ 8개년 출제 문항 수
총 40문제 중 평균 약 2문제 출제

■ 이 단원을 공략하고 싶다면?
법인의 중개사무소 등록기준, 등록의 결격사유에 대해 알아두자

→ 기본서 [공인중개사법령 및 중개실무] pp. 65~101

대표기출 1 | 2023년 제34회 5번 문제 | 난이도 중

공인중개사법령상 법인의 중개사무소 개설등록의 기준으로 <u>틀린</u> 것은? (단, 다른 법령의 규정은 고려하지 않음)

① 대표자는 공인중개사일 것
② 대표자를 포함한 임원 또는 사원(합명회사 또는 합자회사의 무한책임사원을 말함)의 3분의 1 이상은 공인중개사일 것
③ 「상법」상 회사인 경우 자본금은 5천만원 이상일 것
④ 대표자, 임원 또는 사원(합명회사 또는 합자회사의 무한책임사원을 말함) 전원이 실무교육을 받았을 것
⑤ 분사무소를 설치하려는 경우 분사무소의 책임자가 실무교육을 받았을 것

기출공략 [키워드] 법인의 중개사무소 등록기준

법인의 중개사무소 등록기준에 관해 학습하여야 합니다.

28회, 29회, 30회, 31회, 33회, 34회

공인중개사법령상 법인의 중개사무소 개설등록의 기준으로 틀린 것은? (단, 다른 법령의 규정은 고려하지 않음) (②)

① 대표자는 공인중개사일 것 (O)
② 대표자를 ~~포함한~~ 임원 또는 사원(합명회사 또는 합자회사의 무한책임사원을 말함)의 3분의 1 이상은 공인중개사일 것 (×)
   → 법인의 등록기준으로 대표자는 공인중개사이어야 하며, 대표자를 제외한 임원 또는 사원(합명회사 또는 합자회사의 무한책임사원을 말함)의 3분의 1 이상은 공인중개사이어야 한다.
③ 「상법」상 회사인 경우 자본금은 5천만원 이상일 것 (O)
④ 대표자, 임원 또는 사원(합명회사 또는 합자회사의 무한책임사원을 말함) 전원이 실무교육을 받았을 것 (O)
⑤ 분사무소를 설치하려는 경우 분사무소의 책임자가 실무교육을 받았을 것 (O)

이론플러스 중개법인 설립 내용

1. 최소 설립 인원
   - 대표자 ⇨ 자격증 O, 대표자 제외 ⇨ 3분의 1 이상 ⇨ 자격증 O
   - 「상법」상 주식회사 ⇨ 자본금(10억원 미만) ⇨ 감사는 임의기관이므로 최소 설립 인원은 1인
2. - 사원 ⇨ 무한책임사원 ⇨ 합자·합명회사
   - 직원 ⇨ 소속공인중개사, 중개보조원

대표기출 2 2024년 제35회 9번 문제 | 난이도 중

공인중개사법령상 중개사무소의 개설등록에 관한 설명으로 틀린 것은?

① 금고 이상의 형의 집행유예를 받고 그 유예기간이 만료된 날부터 2년이 지나지 아니한 자는 개설등록을 할 수 없다.
② 공인중개사협회는 매월 중개사무소의 등록에 관한 사항을 중개사무소등록·행정처분등통지서에 기재하여 다음 달 10일까지 시·도지사에게 통보하여야 한다.
③ 외국에 주된 영업소를 둔 법인의 경우에는 「상법」상 외국회사 규정에 따른 영업소의 등기를 증명할 수 있는 서류를 제출하여야 한다.
④ 개설등록의 신청을 받은 등록관청은 개업공인중개사의 종별에 따라 구분하여 개설등록을 하고, 개설등록 신청을 받은 날부터 7일 이내에 등록신청인에게 서면으로 통지하여야 한다.
⑤ 공인중개사인 개업공인중개사가 법인인 개업공인중개사로 업무를 하고자 개설등록 신청서를 다시 제출하는 경우 종전의 등록증은 이를 반납하여야 한다.

> **기출공략** [**키워드**] 결격사유
>
> 중개사무소의 개설등록 중 결격사유에 대해 묻는 문제가 주로 출제되므로, 개설등록의 결격사유에 대한 내용을 정확하게 숙지하여야 합니다.
>
> 28회, 29회, 30회, 31회, 33회

공인중개사법령상 중개사무소의 개설등록에 관한 설명으로 틀린 것은? (②)

① 금고 이상의 형의 집행유예를 받고 그 유예기간이 만료된 날부터 2년이 지나지 아니한 자는 개설등록을 할 수 없다. (O)

② ~~공인중개사협회~~는 매월 중개사무소의 등록에 관한 사항을 중개사무소등록·행정처분등통지서에 기재하여 다음 달 10일까지 ~~시·도지사~~에게 통보하여야 한다. (×)

→ 공인중개사협회가 다음 달 10일까지 시·도지사에게 통보하는 것이 아니라, 등록관청이 다음 달 10일까지 공인중개사협회에 통보하여야 한다.

③ 외국에 주된 영업소를 둔 법인의 경우에는 「상법」상 외국회사 규정에 따른 영업소의 등기를 증명할 수 있는 서류를 제출하여야 한다. (O)

④ 개설등록의 신청을 받은 등록관청은 개업공인중개사의 종별에 따라 구분하여 개설등록을 하고, 개설등록 신청을 받은 날부터 7일 이내에 등록신청인에게 서면으로 통지하여야 한다. (O)

⑤ 공인중개사인 개업공인중개사가 법인인 개업공인중개사로 업무를 하고자 개설등록 신청서를 다시 제출하는 경우 종전의 등록증은 이를 반납하여야 한다. (O)

> **이론플러스** **등록의 결격사유 등**(법 제10조 제1항)
>
> 1. 미성년자
> 2. 피성년후견인 또는 피한정후견인
> 3. 파산선고를 받고 복권되지 아니한 자
> 4. 금고 이상의 실형의 선고를 받고 그 집행이 종료(집행이 종료된 것으로 보는 경우를 포함)되거나 집행이 면제된 날부터 3년이 지나지 아니한 자
> 5. 금고 이상의 형의 집행유예를 받고 그 유예기간이 만료된 날부터 2년이 지나지 아니한 자
> 6. 이 법을 위반하여 공인중개사의 자격이 취소된 후 3년이 지나지 아니한 자
> 7. 이 법을 위반하여 공인중개사의 자격이 정지된 자로서 자격정지기간 중에 있는 자
> 8. 법 제38조 제1항 제2호·제4호부터 제8호까지, 같은 조 제2항 제2호부터 제11호까지에 해당하는 사유로 중개사무소의 개설등록이 취소된 후 3년(제40조 제3항에 따라 등록이 취소된 경우에는 3년에서 같은 항 제1호에 따른 폐업기간을 공제한 기간을 말한다)이 지나지 아니한 자

9. 이 법을 위반하여 업무정지처분을 받고 폐업신고를 한 자로서 업무정지기간(폐업에도 불구하고 진행되는 것으로 본다)이 지나지 아니한 자
10. 이 법을 위반하여 업무정지처분을 받은 개업공인중개사인 법인의 업무정지의 사유가 발생한 당시의 사원 또는 임원이었던 자로서 해당 개업공인중개사에 대한 업무정지기간이 지나지 아니한 자
11. 이 법을 위반하여 300만원 이상의 벌금형의 선고를 받고 3년이 지나지 아니한 자
12. 사원 또는 임원 중 앞의 1.~11.의 어느 하나에 해당하는 자가 있는 법인

01 공인중개사법령상 중개사무소의 개설등록을 위한 제출서류에 관한 설명으로 틀린 것은?

• 34회

① 공인중개사자격증 사본을 제출하여야 한다.
② 사용승인을 받았으나 건축물대장에 기재되지 아니한 건물에 중개사무소를 확보하였을 경우에는 건축물대장 기재가 지연되는 사유를 적은 서류를 제출하여야 한다.
③ 여권용 사진을 제출하여야 한다.
④ 실무교육을 위탁받은 기관이 실무교육 수료 여부를 등록관청이 전자적으로 확인할 수 있도록 조치한 경우에는 실무교육의 수료확인증 사본을 제출하지 않아도 된다.
⑤ 외국에 주된 영업소를 둔 법인의 경우에는 「상법」상 외국회사 규정에 따른 영업소의 등기를 증명할 수 있는 서류를 제출하여야 한다.

키워드 중개사무소의 개설등록

해설 「공인중개사법 시행규칙」 별지 제5호 서식(부동산중개사무소 개설등록신청서)에 의하면 시장·군수·구청장은 「공인중개사법」 제5조 제2항에 따라 공인중개사자격증을 발급한 시·도지사에게 개설등록을 하려는 자(법인의 경우에는 대표자를 포함한 공인중개사인 임원 또는 사원을 말한다)의 공인중개사 자격확인을 요청하여야 하므로 별도의 공인중개사자격증 사본은 제출하지 않는다.

02 중

공인중개사법령상 법인이 중개사무소를 개설하려는 경우 개설등록기준에 부합하는 것을 모두 고른 것은? (단, 다른 법률의 규정은 고려하지 않음) • 33회

> ㉠ 대표자가 공인중개사이다.
> ㉡ 건축물대장(건축법에 따른 가설건축물대장은 제외)에 기재된 건물에 전세로 중개사무소를 확보하였다.
> ㉢ 중개사무소를 개설하려는 법인이 자본금 5천만원 이상인 「협동조합 기본법」상 사회적 협동조합이다.

① ㉠
② ㉢
③ ㉠, ㉡
④ ㉡, ㉢
⑤ ㉠, ㉡, ㉢

키워드 법인의 중개사무소 등록기준

해설 ㉢ 법인의 등록기준은 「상법」상 회사 또는 「협동조합 기본법」에 따른 협동조합(사회적 협동조합은 제외)으로서 자본금이 5천만원 이상이어야 한다. 따라서 자본금 5천만원 이상인 「협동조합 기본법」상 사회적 협동조합은 등록기준에 부합하지 않는다.

이론플러스 법인의 중개사무소 등록기준

1. 「상법」상 회사 또는 「협동조합 기본법」에 따른 협동조합(사회적 협동조합은 제외)으로서 자본금이 5천만원 이상일 것
2. 법 제14조에 규정된 업무만을 영위할 목적으로 설립된 법인일 것
3. 대표자는 공인중개사이어야 하며, 대표자를 제외한 임원 또는 사원(합명회사 또는 합자회사의 무한책임사원을 말한다)의 3분의 1 이상은 공인중개사일 것
4. 대표자, 임원 또는 사원 전원 및 분사무소의 책임자(분사무소를 설치하려는 경우에만 해당)가 실무교육을 받았을 것
5. 건축물대장에 기재된 건물에 중개사무소를 확보할 것

정답 01 ① 02 ③

03 공인중개사법령상 중개사무소의 개설등록에 관한 설명으로 옳은 것은? (단, 다른 법률의 규정은 고려하지 않음)
• 31회

① 합명회사가 개설등록을 하려면 사원 전원이 실무교육을 받아야 한다.
② 자본금이 1,000만원 이상인 「협동조합 기본법」상 협동조합은 개설등록을 할 수 있다.
③ 합명회사가 개설등록을 하려면 대표자는 공인중개사이어야 하며, 대표자를 포함하여 임원 또는 사원의 3분의 1 이상이 공인중개사이어야 한다.
④ 법인 아닌 사단은 개설등록을 할 수 있다.
⑤ 개설등록을 하려면 소유권에 의하여 사무소의 사용권을 확보하여야 한다.

키워드 중개사무소의 개설등록

해설 ② 법인의 등록기준은 「상법」상 회사 또는 「협동조합 기본법」에 따른 협동조합(사회적 협동조합은 제외)으로서 자본금이 5천만원 이상이어야 한다. 따라서 자본금이 1천만원 이상인 「협동조합 기본법」상 협동조합은 개설등록을 할 수 없다.

③ 합명회사가 개설등록을 하려면 대표자는 공인중개사이어야 하고, 대표자를 제외한 임원 또는 사원의 3분의 1 이상이 공인중개사이어야 한다.

④ 공인중개사나 법인이 개설등록을 할 수 있으므로 법인 아닌 사단은 개설등록을 할 수 없다.

⑤ 중개사무소를 확보하려면 소유·전세·임대차 또는 사용대차 등의 방법에 의하여 사용권을 확보하여야 한다. 따라서 개설등록을 하려면 소유권에 의하여 사무소의 사용권을 확보하여야 하는 것은 아니다.

04 공인중개사법령상 소속공인중개사를 둔 개업공인중개사가 중개사무소 안의 보기 쉬운 곳에 게시하여야 하는 것을 모두 고른 것은?
• 35회

> ㉠ 소속공인중개사의 공인중개사자격증 원본
> ㉡ 보증의 설정을 증명할 수 있는 서류
> ㉢ 소속공인중개사의 고용신고서
> ㉣ 개업공인중개사의 실무교육 수료확인증

① ㉠, ㉡
② ㉠, ㉣
③ ㉡, ㉢
④ ㉢, ㉣
⑤ ㉠, ㉡, ㉣

키워드 중개사무소등록증 등의 게시

해설 개업공인중개사는 중개사무소등록증·중개보수표 그 밖에 국토교통부령으로 정하는 다음의 사항을 해당 중개사무소 안의 보기 쉬운 곳에 게시하여야 한다.

> 1. 중개사무소등록증 원본(법인인 개업공인중개사의 분사무소의 경우에는 분사무소 설치 신고확인서 원본을 말한다)
> 2. 중개보수·실비의 요율 및 한도액표
> 3. 개업공인중개사 및 소속공인중개사의 공인중개사자격증 원본(해당되는 자가 있는 경우로 한정한다)
> 4. 보증의 설정을 증명할 수 있는 서류
> 5. 사업자등록증

따라서 ㉠㉡이 게시사항에 해당한다.

정답 03 ① 04 ①

05 공인중개사법령상 개업공인중개사가 중개사무소 안의 보기 쉬운 곳에 게시해야 하는 것은?
• 31회 수정

① 개업공인중개사의 실무교육 수료확인증 원본
② 소속공인중개사가 있는 경우 소속공인중개사의 실무교육 수료확인증 사본
③ 사업자등록증
④ 소속공인중개사가 있는 경우 소속공인중개사의 공인중개사자격증 사본
⑤ 분사무소의 경우 분사무소설치 신고확인서 사본

키워드 중개사무소등록증 등의 게시

해설 ①② 실무교육 관련 수료증 원본, 사본은 게시사항에 해당하지 않는다.
④ 공인중개사자격증은 원본을 게시하여야 한다.
⑤ 분사무소설치 신고확인서 원본을 게시하여야 한다.

06 공인중개사법령상 등록관청이 공인중개사협회에 통보해야 하는 경우로 틀린 것은?
• 29회

① 중개사무소등록증을 교부한 때
② 중개사무소등록증을 재교부한 때
③ 휴업기간변경신고를 받은 때
④ 중개보조원 고용신고를 받은 때
⑤ 업무정지처분을 한 때

키워드 등록관청이 협회에 통보하는 내용

해설 등록관청이 협회에 다음 달 10일까지 통보하여야 하는 사항은 다음과 같다.

> 1. 중개사무소등록증 교부사항
> 2. 분사무소설치 신고사항
> 3. 휴업·폐업·재개업·휴업기간변경 신고사항
> 4. 개업공인중개사에 대한 행정처분(등록취소·업무정지)사항
> 5. 중개사무소 이전신고사항
> 6. 소속공인중개사 또는 중개보조원의 고용 및 고용관계종료 신고사항

07 공인중개사법령상 중개사무소 개설등록에 관한 설명으로 옳은 것을 모두 고른 것은?

• 32회 수정

㉠ 피특정후견인은 중개사무소의 등록을 할 수 없다.
㉡ 금고 이상의 형의 집행유예를 받고 그 유예기간이 만료된 날부터 2년이 지나지 아니한 자는 중개사무소의 등록을 할 수 없다.
㉢ 자본금이 5천만원 이상인 「협동조합 기본법」상 사회적 협동조합은 중개사무소의 등록을 할 수 있다.

① ㉠ ② ㉡ ③ ㉠, ㉡
④ ㉠, ㉢ ⑤ ㉡, ㉢

키워드 중개사무소의 개설등록

해설 ㉠ 피성년후견인 또는 피한정후견인은 법 제10조 결격사유에 해당하므로 중개사무소의 개설등록을 할 수 없다. 하지만 피특정후견인은 결격사유에 해당하지 아니하므로 중개사무소의 등록을 할 수 있다.
㉢ 자본금이 5천만원 이상인 「협동조합 기본법」상 사회적 협동조합은 중개사무소의 등록을 할 수 없다.

08 공인중개사법령상 중개사무소 개설등록의 결격사유를 모두 고른 것은?

• 31회

㉠ 파산선고를 받고 복권되지 아니한 자
㉡ 피특정후견인
㉢ 공인중개사자격이 취소된 후 3년이 지나지 아니한 임원이 있는 법인
㉣ 개업공인중개사인 법인의 해산으로 중개사무소 개설등록이 취소된 후 3년이 지나지 않은 경우 그 법인의 대표이었던 자

① ㉠ ② ㉠, ㉢ ③ ㉡, ㉢
④ ㉡, ㉣ ⑤ ㉠, ㉢, ㉣

키워드 등록의 결격사유

해설 ㉡ 피성년후견인과 피한정후견인은 결격사유에 해당하지만, 피특정후견인은 결격사유에 해당하지 않는다.
㉣ 법인의 해산의 경우 등록이 취소되어도 3년의 결격사유기간의 규정은 적용되지 아니하므로 3년이 지나지 않은 경우라도 중개사무소의 개설등록은 가능하다.

정답 05 ③ 06 ② 07 ② 08 ②

09 공인중개사법령상 중개사무소 개설등록의 결격사유가 있는 자를 모두 고른 것은?

• 33회 수정

> ㉠ 금고 이상의 실형의 선고를 받고 그 집행이 면제된 날부터 2년이 된 자
> ㉡ 「공인중개사법」을 위반하여 200만원의 벌금형의 선고를 받고 2년이 된 자
> ㉢ 사원 중 금고 이상의 형의 집행유예를 받고 그 유예기간이 만료된 날부터 2년이 지나지 아니한 자가 있는 법인

① ㉠
② ㉡
③ ㉠, ㉢
④ ㉡, ㉢
⑤ ㉠, ㉡, ㉢

키워드 등록의 결격사유

해설
㉠ 금고 이상의 실형의 선고를 받고 그 집행이 종료(집행이 종료된 것으로 보는 경우를 포함)되거나 집행이 면제된 날부터 3년이 지나지 아니한 자는 결격사유에 해당한다. 따라서 금고 이상의 실형의 선고를 받고 그 집행이 면제된 날부터 2년이 된 자는 결격사유에 해당한다.
㉡ 결격사유에 해당하지 않는다.
㉢ 금고 이상의 형의 집행유예를 받고 그 유예기간이 만료된 날부터 2년이 지나지 아니한 자는 결격사유에 해당한다. 따라서 사원 중 금고 이상의 형의 집행유예를 받고 그 유예기간이 만료된 날부터 2년이 지나지 아니한 자가 있는 법인은 결격사유에 해당한다.

10 공인중개사법령상 중개사무소 개설등록의 결격사유에 해당하지 않는 자는?

• 30회

① 「공인중개사법」을 위반하여 200만원의 벌금형의 선고를 받고 3년이 지나지 아니한 자
② 금고 이상의 실형의 선고를 받고 그 집행이 종료되거나 집행이 면제된 날부터 3년이 지나지 아니한 자
③ 공인중개사의 자격이 취소된 후 3년이 지나지 아니한 자
④ 업무정지처분을 받은 개업공인중개사인 법인의 업무정지의 사유가 발생한 당시의 사원 또는 임원이었던 자로서 해당 개업공인중개사에 대한 업무정지기간이 지나지 아니한 자
⑤ 공인중개사의 자격이 정지된 자로서 자격정지기간 중에 있는 자

키워드	등록의 결격사유
해설	「공인중개사법」을 위반하여 300만원 이상의 벌금형의 선고를 받고 3년이 지나지 아니한 자는 결격사유에 해당한다(법 제10조 제1항 제11호). 따라서 「공인중개사법」을 위반하여 200만원의 벌금형의 선고를 받고 3년이 지나지 아니한 자는 결격사유에 해당하지 않는다.

11 (중)

공인중개사법령상 중개사무소 개설등록의 결격사유에 해당하는 자를 모두 고른 것은?

• 29회 수정

> ㄱ. 피특정후견인
> ㄴ. 형의 선고유예를 받고 3년이 지나지 아니한 자
> ㄷ. 금고 이상의 형의 집행유예를 받고 그 유예기간이 만료된 날부터 2년이 지나지 아니한 자
> ㄹ. 공인중개사자격증을 대여하여 그 자격이 취소된 후 3년이 지나지 아니한 자

① ㄱ, ㄴ
② ㄱ, ㄷ
③ ㄴ, ㄷ
④ ㄴ, ㄹ
⑤ ㄷ, ㄹ

키워드	등록의 결격사유
해설	ㄱ. 피한정후견인과 피성년후견인은 결격사유에 해당하지만, 피특정후견인은 결격사유에 해당하지 않는다. ㄴ. 집행유예를 받은 자는 그 유예기간이 만료된 날부터 2년이 지나야 결격사유에 해당하지 않는다. 하지만 선고유예는 결격사유에 해당하지 않는다.

정답 09 ③ 10 ① 11 ⑤

CHAPTER 04 중개업무

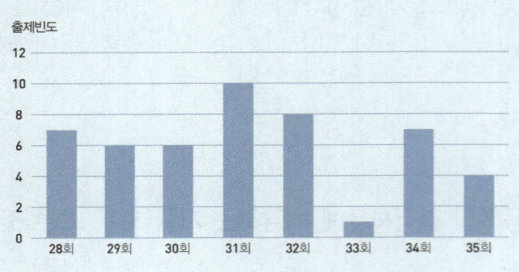

■ 8개년 출제 문항 수
총 40문제 中 평균 약 6문제 출제

■ 이 단원을 공략하고 싶다면?
법인의 겸업가능 범위, 고용인 고용 및 종료신고, 분사무소 설치규정에 대해 알아두자

↳ 기본서 [공인중개사법령 및 중개실무] pp. 102~154

대표기출 1 | 2024년 제35회 2번 문제 | 난이도 중

공인중개사법령상 법인인 개업공인중개사가 중개업과 함께 할 수 <u>없는</u> 업무는? (단, 다른 법률의 규정은 고려하지 않음)

① 주택의 임대업
② 상업용 건축물의 분양대행
③ 부동산의 이용·개발 및 거래에 관한 상담
④ 중개의뢰인의 의뢰에 따른 도배·이사업체의 소개
⑤ 개업공인중개사를 대상으로 한 중개업의 경영기법 및 경영정보의 제공

기출공략 [키워드] 법인의 겸업가능 범위

법인의 겸업가능한 업무(법 제14조)의 범위를 학습하여야 합니다.
28회, 29회, 30회, 31회, 32회, 34회, 35회

공인중개사법령상 법인인 개업공인중개사가 중개업과 함께 할 수 <u>없는</u> 업무는? (단, 다른 법률의 규정은 고려하지 않음) (①)

① 주택의 임대업 (×)
  → 주택의 임대업은 겸업가능한 업무에 해당하지 않는다.
② 상업용 건축물의 분양대행 (○)
③ 부동산의 이용·개발 및 거래에 관한 상담 (○)
④ 중개의뢰인의 의뢰에 따른 도배·이사업체의 소개 (○)

⑤ 개업공인중개사를 대상으로 한 중개업의 경영기법 및 경영정보의 제공 (O)

> **이론플러스** 법인인 개업공인중개사의 업무(겸업가능한 업무)
>
> 1. 중개업
> 2. 상업용 건축물 및 주택의 임대관리 등 부동산의 관리대행
> 3. 부동산의 이용·개발 및 거래에 관한 상담 ⇨ 컨설팅
> 4. 개업공인중개사를 대상으로 한 중개업의 경영기법 및 경영정보의 제공 ⇨ 프랜차이즈
> 5. 상업용 건축물 및 주택의 분양대행
> 6. 그 밖에 중개업에 부수되는 업무로서 대통령령이 정하는 업무인 중개의뢰인의 의뢰에 따른 도배·이사업체의 소개 등 주거이전에 부수되는 용역의 알선
> 7. 「민사집행법」에 의한 경매 및 「국세징수법」 그 밖의 법령에 의한 공매대상 부동산에 대한 권리분석 및 취득의 알선과 매수신청 또는 입찰신청의 대리

대표기출 2 2024년 제35회 5번 문제 | 난이도 중

공인중개사법령상 고용인의 신고 등에 관한 설명으로 옳은 것은?

① 등록관청은 중개보조원의 고용신고를 받은 경우 이를 공인중개사협회에 통보하지 않아도 된다.
② 개업공인중개사는 소속공인중개사를 고용한 경우에는 소속공인중개사가 업무를 개시한 날부터 10일 이내에 등록관청에 신고하여야 한다.
③ 개업공인중개사가 고용할 수 있는 중개보조원의 수는 개업공인중개사와 소속공인중개사를 합한 수의 5배를 초과하여서는 아니 된다.
④ 개업공인중개사는 소속공인중개사와의 고용관계가 종료된 때에는 고용관계가 종료된 날부터 30일 이내에 등록관청에 신고하여야 한다.
⑤ 소속공인중개사에 대한 고용신고를 받은 등록관청은 공인중개사협회에게 그 소속공인중개사의 공인중개사 자격 확인을 요청하여야 한다.

기출공략 [키워드] 고용인 고용 및 종료신고

고용인의 고용·종료신고 내용과 절차에 관해 학습하여야 합니다.

28회, 32회, 34회, 35회

공인중개사법령상 고용인의 신고 등에 관한 설명으로 옳은 것은? (③)

① 등록관청은 중개보조원의 고용신고를 받은 경우 이를 공인중개사협회에 ~~통보하지 않아도 된다.~~ (×)
   → 등록관청은 중개보조원의 고용신고를 받은 경우 이를 다음 달 10일까지 공인중개사협회에 통보하여야 한다.

② 개업공인중개사는 소속공인중개사를 고용한 경우에는 소속공인중개사가 ~~업무를 개시한 날부터 10일~~ 이내에 등록관청에 신고하여야 한다. (×)
   → 개업공인중개사는 소속공인중개사 또는 중개보조원을 고용한 경우에는 교육을 받도록 한 후 업무개시 전까지 등록관청에 신고(전자문서에 의한 신고를 포함한다)하여야 한다.

③ 개업공인중개사가 고용할 수 있는 중개보조원의 수는 개업공인중개사와 소속공인중개사를 합한 수의 5배를 초과하여서는 아니 된다. (O)

④ 개업공인중개사는 소속공인중개사와의 고용관계가 종료된 때에는 고용관계가 종료된 날부터 ~~30~~일 이내에 등록관청에 신고하여야 한다. (×)
   → 개업공인중개사는 소속공인중개사와의 고용관계가 종료된 때에는 고용관계가 종료된 날부터 10일 이내에 등록관청에 신고하여야 한다.

⑤ 소속공인중개사에 대한 고용신고를 받은 등록관청은 ~~공인중개사협회~~에게 그 소속공인중개사의 공인중개사 자격 확인을 요청하여야 한다. (×)
   → 고용신고를 받은 등록관청은 공인중개사자격증을 발급한 시·도지사에게 그 소속공인중개사의 공인중개사 자격 확인을 요청하여야 한다.

> **이론플러스** **고용인의 고용 및 종료**
>
> 1. 고용신고 ⇨ 업무개시 전, 종료신고 ⇨ 고용관계가 종료된 날부터 10일 이내에 신고하여야 한다.
> 2. 개업공인중개사가 고용할 수 있는 중개보조원의 수는 개업공인중개사와 소속공인중개사를 합한 수의 5배를 초과하여서는 아니 된다.
> 3. 중개보조원은 현장안내 등 중개업무를 보조하는 경우 중개의뢰인에게 본인이 중개보조원이라는 사실을 미리 알려야 한다.

대표기출 3 2023년 제34회 11번 문제 | 난이도 중

공인중개사법령상 개업공인중개사의 중개사무소 이전신고 등에 관한 설명으로 틀린 것은?

① 개업공인중개사가 중개사무소를 등록관청의 관할지역 외의 지역으로 이전한 경우에는 이전 후의 중개사무소를 관할하는 시장·군수 또는 구청장에게 신고하여야 한다.
② 개업공인중개사가 등록관청에 중개사무소의 이전사실을 신고한 경우에는 지체 없이 사무소의 간판을 철거하여야 한다.
③ 분사무소의 이전신고를 하려는 경우에는 주된 사무소의 소재지를 관할하는 등록관청에 중개사무소이전신고서를 제출해야 한다.
④ 업무정지기간 중에 있는 개업공인중개사는 중개사무소의 이전신고를 하는 방법으로 다른 개업공인중개사의 중개사무소를 공동으로 사용할 수 없다.
⑤ 공인중개사인 개업공인중개사가 중개사무소이전신고서를 제출할 때 중개사무소등록증을 첨부하지 않아도 된다.

기출공략 [키워드] 중개사무소의 이전신고

중개사무소의 이전신고에 관해 학습하여야 합니다.

34회

공인중개사법령상 개업공인중개사의 중개사무소 이전신고 등에 관한 설명으로 틀린 것은?
(⑤)

① 개업공인중개사가 중개사무소를 등록관청의 관할지역 외의 지역으로 이전한 경우에는 이전 후의 중개사무소를 관할하는 시장·군수 또는 구청장에게 신고하여야 한다. (O)
② 개업공인중개사가 등록관청에 중개사무소의 이전사실을 신고한 경우에는 지체 없이 사무소의 간판을 철거하여야 한다. (O)
③ 분사무소의 이전신고를 하려는 경우에는 주된 사무소의 소재지를 관할하는 등록관청에 중개사무소이전신고서를 제출해야 한다. (O)
④ 업무정지기간 중에 있는 개업공인중개사는 중개사무소의 이전신고를 하는 방법으로 다른 개업공인중개사의 중개사무소를 공동으로 사용할 수 없다. (O)
⑤ 공인중개사인 개업공인중개사가 중개사무소이전신고서를 제출할 때 중개사무소등록증을 ~~첨부하지 않아도 된다~~. (×)
→ 중개사무소이전신고서를 제출할 때 중개사무소등록증을 첨부하여야 한다.

이론플러스 **중개사무소의 이전신고**(규칙 제11조 제1항)

개업공인중개사는 중개사무소이전신고서(별지 제12호 서식)에 다음의 서류를 첨부하여 신고하여야 한다.

1. 중개사무소등록증(분사무소의 경우에는 분사무소설치 신고확인서를 말한다)
2. 건축물대장에 기재된 건물에 중개사무소를 확보(소유·전세·임대차 또는 사용대차 등의 방법에 의하여 사용권을 확보하여야 한다)하였음을 증명하는 서류. 다만, 건축물대장에 기재되지 아니한 건물에 중개사무소를 확보하였을 경우에는 건축물대장 기재가 지연되는 사유를 적은 서류도 함께 내야 한다.

대표기출 4 2023년 제34회 10번 문제 | 난이도 하

공인중개사법령상 인장등록 등에 관한 설명으로 틀린 것은?

① 개업공인중개사는 중개사무소 개설등록 후에도 업무를 개시하기 전이라면 중개행위에 사용할 인장을 등록할 수 있다.
② 소속공인중개사의 인장등록은 소속공인중개사에 대한 고용신고와 같이 할 수 있다.
③ 분사무소에서 사용할 인장의 경우에는 「상업등기규칙」에 따라 법인의 대표자가 보증하는 인장을 등록할 수 있다.
④ 소속공인중개사가 등록하여야 할 인장의 크기는 가로·세로 각각 7mm 이상 30mm 이내이어야 한다.
⑤ 소속공인중개사가 등록한 인장을 변경한 경우에는 변경일부터 10일 이내에 그 변경된 인장을 등록해야 한다.

기출공략 [**키워드**] 인장등록

> 인장등록에 관해 학습하여야 합니다.
>
> 34회

공인중개사법령상 인장등록 등에 관한 설명으로 틀린 것은? (⑤)

① 개업공인중개사는 중개사무소 개설등록 후에도 업무를 개시하기 전이라면 중개행위에 사용할 인장을 등록할 수 있다. (O)
② 소속공인중개사의 인장등록은 소속공인중개사에 대한 고용신고와 같이 할 수 있다. (O)
③ 분사무소에서 사용할 인장의 경우에는 「상업등기규칙」에 따라 법인의 대표자가 보증하는 인장을 등록할 수 있다. (O)

④ 소속공인중개사가 등록하여야 할 인장의 크기는 가로·세로 각각 7mm 이상 30mm 이내이어야 한다. (○)
⑤ 소속공인중개사가 등록한 인장을 변경한 경우에는 변경일부터 ~~10일~~ 이내에 그 변경된 인장을 등록해야 한다. (×)
→ 개업공인중개사 및 소속공인중개사는 등록한 인장을 변경한 경우에는 변경일부터 7일 이내에 그 변경된 인장을 등록관청에 등록(전자문서에 의한 등록을 포함한다)하여야 한다(규칙 제9조 제2항).

이론플러스 인장등록 절차

1. 개인(소속공인중개사) ⇨ 크기(7~30mm)
2. 법인 ⇨ 갈음(인감증명서 제출)
3. 분사무소 ⇨ 대표자 보증 인장 ⇨ 등록할 수 있다.
4. 주사무소 ⇨ 법인 인장 ⇨ 등록하여야 한다.

대표기출 5 2024년 제35회 3번 문제 | 난이도 중

공인중개사법령상 개업공인중개사의 휴업의 신고 등에 관한 설명으로 틀린 것은?

① 법인인 개업공인중개사가 4개월간 분사무소의 휴업을 하려는 경우 휴업신고서에 그 분사무소설치 신고확인서를 첨부하여 분사무소의 휴업신고를 해야 한다.
② 개업공인중개사가 신고한 휴업기간을 변경하려는 경우 휴업기간 변경신고서에 중개사무소등록증을 첨부하여 등록관청에 미리 신고해야 한다.
③ 관할 세무서장이「부가가치세법 시행령」에 따라 공인중개사법령상의 휴업신고서를 함께 받아 이를 해당 등록관청에 송부한 경우에는 휴업신고서가 제출된 것으로 본다.
④ 등록관청은 개업공인중개사가 대통령령으로 정하는 부득이한 사유가 없음에도 계속하여 6개월을 초과하여 휴업한 경우 중개사무소의 개설등록을 취소할 수 있다.
⑤ 개업공인중개사가 휴업한 중개업을 재개하고자 등록관청에 중개사무소재개신고를 한 경우 해당 등록관청은 반납받은 중개사무소등록증을 즉시 반환해야 한다.

> **기출공략** [키워드] 휴업 및 폐업
>
> 휴업 및 폐업에 관해 학습하여야 합니다.
>
> 34회, 35회

공인중개사법령상 개업공인중개사의 휴업의 신고 등에 관한 설명으로 틀린 것은? (②)

① 법인인 개업공인중개사가 4개월간 분사무소의 휴업을 하려는 경우 휴업신고서에 그 분사무소설치 신고확인서를 첨부하여 분사무소의 휴업신고를 해야 한다. (O)

② 개업공인중개사가 신고한 휴업기간을 변경하려는 경우 휴업기간 변경신고서에 ~~중개사무소등록증을 첨부하여~~ 등록관청에 미리 신고해야 한다. (×)

→ 개업공인중개사는 국토교통부령으로 정하는 신고서에 중개사무소등록증을 첨부(3개월을 초과하여 휴업하려는 경우, 중개사무소의 개설등록 후 3개월을 초과하여 업무를 개시하지 않는 경우, 폐업하려는 경우)하여 등록관청에 미리 신고하여야 한다. 따라서 휴업기간의 변경신고 시에는 등록증을 첨부하지 아니한다.

③ 관할 세무서장이 「부가가치세법 시행령」에 따라 공인중개사법령상의 휴업신고서를 함께 받아 이를 해당 등록관청에 송부한 경우에는 휴업신고서가 제출된 것으로 본다. (O)

④ 등록관청은 개업공인중개사가 대통령령으로 정하는 부득이한 사유가 없음에도 계속하여 6개월을 초과하여 휴업한 경우 중개사무소의 개설등록을 취소할 수 있다. (O)

⑤ 개업공인중개사가 휴업한 중개업을 재개하고자 등록관청에 중개사무소재개신고를 한 경우 해당 등록관청은 반납받은 중개사무소등록증을 즉시 반환해야 한다. (O)

이론플러스 휴업과 업무정지

구분	휴업	업무정지
기간	원칙 6개월	최대 6개월
등록증 반납	반납 O(3개월 초과 시)	반납 ×
가중 또는 경감	규정 ×	2분의 1 범위 내
위반 시	신고의무 위반 ⇨ 100만원 이하 과태료	업무정지기간 중 중개업무 ⇨ 절대적 등록취소
제척기간	규정 ×	3년 적용
이중소속	불가능	불가능

01 ⓒ

공인중개사법령상 개업공인중개사가 다음의 행위를 하기 위하여 법원에 등록해야 하는 것을 모두 고른 것은? (단, 법 제7638호 부칙 제6조 제2항은 고려하지 않음) • 35회

> ㉠ 「민사집행법」에 의한 경매대상 부동산의 매수신청의 대리
> ㉡ 「국세징수법」에 의한 공매대상 부동산의 입찰신청의 대리
> ㉢ 중개행위에 사용할 인장의 변경
> ㉣ 중개행위로 인한 손해배상책임을 보장하기 위한 보증보험의 가입

① ㉠
② ㉠, ㉡
③ ㉡, ㉣
④ ㉠, ㉡, ㉢
⑤ ㉠, ㉢, ㉣

키워드 개업공인중개사의 업무 범위

해설 개업공인중개사가 「민사집행법」에 의한 경매대상 부동산에 대하여 매수신청 또는 입찰신청의 대리를 하고자 하는 때에는 대법원규칙으로 정하는 요건을 갖추어 법원에 등록하고 그 감독을 받아야 한다. 따라서 법원에 등록하여야 하는 것은 ㉠이 된다.

정답 01 ①

02 공인중개사법령상 금지되는 행위를 모두 고른 것은? (단, 다른 법령의 규정은 고려하지 않음)
• 34회

> ㉠ 법인인 개업공인중개사가 중개업과 함께 주택의 분양대행을 겸업하는 행위
> ㉡ 다른 사람의 중개사무소등록증을 양수하여 이를 사용하는 행위
> ㉢ 공인중개사로 하여금 그의 공인중개사자격증을 다른 사람에게 대여하도록 알선하는 행위

① ㉡
② ㉠, ㉡
③ ㉠, ㉢
④ ㉡, ㉢
⑤ ㉠, ㉡, ㉢

키워드 법인의 겸업가능 범위

해설 ㉠ 법 제14조 겸업내용에 의하면 법인인 개업공인중개사는 상업용 건축물 및 주택의 분양대행업무를 할 수 있으므로 중개업과 함께 주택의 분양대행을 겸업하는 행위는 금지되는 행위에 해당하지 않는다.
㉡ 누구든지 다른 사람의 성명 또는 상호를 사용하여 중개업무를 하거나 다른 사람의 중개사무소등록증을 양수 또는 대여받아 이를 사용하는 행위를 하여서는 아니 된다. 이를 위반한 자는 등록이 취소되고, 1년 이하의 징역 또는 1천만원 이하의 벌금형에 처해진다.
㉢ 공인중개사는 다른 사람에게 자기의 성명을 사용하여 중개업무를 하게 하거나 자기의 공인중개사자격증을 양도 또는 대여하여서는 아니 된다. 이를 위반한 자는 자격이 취소되고 1년 이하의 징역이나 1천만원 이하의 벌금형에 처해진다. 또한 누구든지 자격증의 양도 또는 대여를 알선하여서는 아니 된다.

03 공인중개사법령상 법인인 개업공인중개사의 업무범위에 해당하지 <u>않는</u> 것은? (단, 다른 법령의 규정은 고려하지 않음)
• 32회

① 주택의 임대관리
② 부동산 개발에 관한 상담 및 주택의 분양대행
③ 개업공인중개사를 대상으로 한 공제업무의 대행
④ 「국세징수법」상 공매대상 부동산에 대한 취득의 알선
⑤ 중개의뢰인의 의뢰에 따른 이사업체의 소개

키워드 법인의 겸업가능 범위

해설 개업공인중개사를 대상으로 하는 공제업무의 대행은 법인인 개업공인중개사의 겸업 가능한 업무에 해당하지 않는다.

04 공인중개사법령상 법인인 개업공인중개사가 겸업할 수 있는 것을 모두 고른 것은? (단, 다른 법률의 규정은 고려하지 않음)
• 31회

> ㉠ 주택용지의 분양대행
> ㉡ 주상복합 건물의 분양 및 관리의 대행
> ㉢ 부동산의 거래에 관한 상담 및 금융의 알선
> ㉣ 「국세징수법」상 공매대상 동산에 대한 입찰신청의 대리
> ㉤ 법인인 개업공인중개사를 대상으로 한 중개업의 경영기법 제공

① ㉠, ㉡
② ㉡, ㉤
③ ㉢, ㉣
④ ㉠, ㉡, ㉤
⑤ ㉡, ㉢, ㉣, ㉤

키워드 법인의 겸업가능 범위

해설 ㉠ 분양대행은 상업용 건축물 및 주택의 경우 가능하다. 따라서 주택용지는 분양대행의 대상이 되지 못한다.

㉢ 부동산의 이용·개발 및 거래에 관한 상담업무는 겸업가능한 업무에 해당한다. 하지만 금융의 알선은 겸업가능한 업무에 해당하지 않는다.

㉣ 「민사집행법」에 의한 경매 및 「국세징수법」 그 밖의 법령에 의한 공매대상 부동산에 대한 권리분석 및 취득의 알선과 매수신청 또는 입찰신청의 대리업무는 겸업가능한 업무에 해당한다. 하지만 동산의 경우 겸업가능한 업무에 해당하지 않는다.

정답 02 ④ 03 ③ 04 ②

05 공인중개사법령상 법인인 개업공인중개사가 겸업할 수 있는 것을 모두 고른 것은? (단, 다른 법률의 규정은 고려하지 않음)

• 30회

> ㉠ 상업용 건축물 및 주택의 분양대행
> ㉡ 부동산의 이용·개발 및 거래에 관한 상담
> ㉢ 개업공인중개사를 대상으로 한 중개업의 경영기법 및 경영정보의 제공
> ㉣ 중개의뢰인의 의뢰에 따른 도배·이사업체의 소개 등 주거이전에 부수되는 용역의 알선

① ㉠, ㉡
② ㉠, ㉢
③ ㉠, ㉢, ㉣
④ ㉡, ㉢, ㉣
⑤ ㉠, ㉡, ㉢, ㉣

키워드 법인의 겸업가능 범위

해설 법인인 개업공인중개사는 ㉠㉡㉢㉣ 모두 겸업할 수 있다.

06 공인중개사법령상 개업공인중개사의 고용인에 관한 설명으로 옳은 것은?

• 34회

① 중개보조원의 업무상 행위는 그를 고용한 개업공인중개사의 행위로 보지 아니한다.
② 소속공인중개사를 고용하려는 개업공인중개사는 고용 전에 미리 등록관청에 신고해야 한다.
③ 개업공인중개사는 중개보조원과의 고용관계가 종료된 때에는 고용관계가 종료된 날부터 10일 이내에 등록관청에 신고하여야 한다.
④ 개업공인중개사가 소속공인중개사의 고용신고를 할 때에는 해당 소속공인중개사의 실무교육 수료확인증을 제출하여야 한다.
⑤ 개업공인중개사는 외국인을 중개보조원으로 고용할 수 없다.

키워드 고용인 고용 및 종료신고

해설 ① 소속공인중개사 또는 중개보조원의 업무상 행위는 그를 고용한 개업공인중개사의 행위로 본다.
② 개업공인중개사는 소속공인중개사 또는 중개보조원을 고용한 경우에는 업무개시 전까지 등록관청에 신고(전자문서에 의한 신고 포함)하여야 한다.
④ 고용신고를 받은 등록관청은 결격사유 해당 여부와 실무교육 수료 여부를 확인하여야 한다(규칙 제8조 제3항). 따라서 별도로 실무교육 수료확인증을 제출하지 않아도 된다.
⑤ 개업공인중개사는 외국인도 중개보조원으로 고용할 수 있다.

07 공인중개사법령상 개업공인중개사의 고용인에 관한 설명으로 틀린 것은? • 32회

① 개업공인중개사는 중개보조원과 고용관계가 종료된 경우 그 종료일부터 10일 이내에 등록관청에 신고해야 한다.
② 소속공인중개사의 고용신고를 받은 등록관청은 공인중개사자격증을 발급한 시·도지사에게 그 소속공인중개사의 공인중개사자격 확인을 요청해야 한다.
③ 중개보조원뿐만 아니라 소속공인중개사의 업무상 행위는 그를 고용한 개업공인중개사의 행위로 본다.
④ 개업공인중개사는 중개보조원을 고용한 경우, 등록관청에 신고한 후 업무개시 전까지 등록관청이 실시하는 직무교육을 받도록 해야 한다.
⑤ 중개보조원의 고용신고를 받은 등록관청은 그 사실을 공인중개사협회에 통보해야 한다.

키워드 고용인 고용 및 종료신고

해설 개업공인중개사는 중개보조원을 고용한 경우, 시·도지사 또는 등록관청이 실시하는 직무교육을 받도록 한 후 업무개시 전까지 등록관청에 신고하여야 한다(규칙 제8조 제1항).

이론플러스 **고용 및 고용관계종료 신고의무**

> 개업공인중개사는 소속공인중개사 또는 중개보조원을 고용하거나 고용관계가 종료된 때에는 국토교통부령으로 정하는 바에 따라 등록관청에 신고하여야 한다(법 제15조 제1항). 따라서 개업공인중개사는 소속공인중개사 또는 중개보조원을 고용한 경우에는 교육을 받도록 한 후 업무개시 전까지 등록관청에 신고(전자문서에 의한 신고를 포함)하여야 하며(규칙 제8조 제1항), 고용관계가 종료된 때에는 고용관계가 종료된 날부터 10일 이내에 등록관청에 신고하여야 한다(규칙 제8조 제4항). 이를 위반한 경우에는 업무정지처분을 할 수 있다.

정답 05 ⑤ 06 ③ 07 ④

08 개업공인중개사 甲은 소속공인중개사 乙과 중개보조원 丙을 고용하고자 한다. 공인중개사법령상 이에 관한 설명으로 옳은 것을 모두 고른 것은?   • 31회

> ㉠ 丙은 외국인이어도 된다.
> ㉡ 乙에 대한 고용신고를 받은 등록관청은 乙의 직무교육 수료 여부를 확인하여야 한다.
> ㉢ 甲은 乙의 업무개시 후 10일 이내에 등록관청에 고용신고를 하여야 한다.

① ㉠
② ㉠, ㉡
③ ㉠, ㉢
④ ㉡, ㉢
⑤ ㉠, ㉡, ㉢

키워드 고용인 고용 및 종료신고
해설 ㉡ 乙에 대한 고용신고를 받은 등록관청은 乙의 실무교육 수료 여부를 확인하여야 한다.
㉢ 甲은 乙의 업무개시 전까지 등록관청에 고용신고(전자문서에 의한 신고를 포함)를 하여야 한다.

---

09 공인중개사인 개업공인중개사 甲의 소속공인중개사 乙의 중개행위로 중개가 완성되었다. 공인중개사법령상 이에 관한 설명으로 틀린 것은?   • 31회

① 乙의 업무상 행위는 甲의 행위로 본다.
② 중개대상물 확인·설명서에는 甲과 乙이 함께 서명 및 날인하여야 한다.
③ 乙은 甲의 위임을 받아 부동산거래계약 신고서의 제출을 대행할 수 있다.
④ 乙의 중개행위가 금지행위에 해당하여 乙이 징역형의 선고를 받았다는 이유로 甲도 해당 조(條)에 규정된 징역형을 선고받는다.
⑤ 甲은 거래당사자에게 손해배상책임의 보장에 관한 사항을 설명하고 관계 증서의 사본을 교부하거나 관계 증서에 관한 전자문서를 제공하여야 한다.

키워드 업무상 책임
해설 乙의 중개행위가 금지행위에 해당하여 乙이 징역형의 선고를 받은 경우 甲은 양벌규정에 의하여 해당 조(條)에 규정된 벌금형을 과한다. 다만, 甲이 그 위반행위를 방지하기 위하여 해당 업무에 관하여 상당한 주의와 감독을 게을리 하지 아니한 경우에는 그러하지 아니하다.

10 공인중개사법령상 개업공인중개사의 고용인에 관한 설명으로 **틀린** 것은? (다툼이 있으면 판례에 따름)
• 30회

① 중개보조원의 업무상 행위는 그를 고용한 개업공인중개사의 행위로 본다.
② 개업공인중개사는 중개보조원과의 고용관계가 종료된 때에는 고용관계가 종료된 날부터 14일 이내에 등록관청에 신고하여야 한다.
③ 중개보조원이 중개업무와 관련된 행위를 함에 있어서 과실로 거래당사자에게 손해를 입힌 경우, 그를 고용한 개업공인중개사 뿐만 아니라 중개보조원도 손해배상책임이 있다.
④ 개업공인중개사가 소속공인중개사를 고용한 경우에는 개업공인중개사 및 소속공인중개사의 공인중개사자격증 원본을 중개사무소에 게시하여야 한다.
⑤ 중개보조원의 고용신고는 전자문서에 의해서도 할 수 있다.

키워드 고용인 고용 및 종료신고

해설 개업공인중개사는 소속공인중개사 또는 중개보조원과의 고용관계가 종료된 때에는 고용관계가 종료된 날부터 10일 이내에 등록관청에 신고하여야 한다(규칙 제8조 제4항).

정답 08 ① 09 ④ 10 ②

11 공인중개사법령상 중개사무소의 설치에 관한 설명으로 틀린 것은?
• 32회

① 법인이 아닌 개업공인중개사는 그 등록관청의 관할구역 안에 1개의 중개사무소만 둘 수 있다.
② 다른 법률의 규정에 따라 중개업을 할 수 있는 법인의 분사무소에는 공인중개사를 책임자로 두지 않아도 된다.
③ 개업공인중개사가 중개사무소를 공동으로 사용하려면 중개사무소의 개설등록 또는 이전신고를 할 때 그 중개사무소를 사용할 권리가 있는 다른 개업공인중개사의 승낙서를 첨부해야 한다.
④ 법인인 개업공인중개사가 분사무소를 두려는 경우 소유·전세·임대차 또는 사용대차 등의 방법으로 사용권을 확보해야 한다.
⑤ 법인인 개업공인중개사가 그 등록관청의 관할구역 외의 지역에 둘 수 있는 분사무소는 시·도별로 1개소를 초과할 수 없다.

키워드 중개사무소의 설치
해설 분사무소는 주된 사무소의 소재지가 속한 시·군·구를 제외한 시·군·구별로 설치하되, 시·군·구별로 1개소를 초과할 수 없다(영 제15조 제1항).

12 공인중개사법령상 분사무소의 설치에 관한 설명으로 옳은 것은?
• 31회

① 군(郡)에 주된 사무소가 설치된 경우 동일 군(郡)에 분사무소를 둘 수 있다.
② 개업공인중개사가 분사무소를 설치하기 위해서는 등록관청으로부터 인가를 받아야 한다.
③ 공인중개사인 개업공인중개사는 분사무소를 설치할 수 없다.
④ 다른 법률의 규정에 따라 중개업을 할 수 있는 법인의 분사무소에도 공인중개사를 책임자로 두어야 한다.
⑤ 분사무소의 책임자인 공인중개사는 등록관청이 실시하는 실무교육을 받아야 한다.

> **키워드** 분사무소의 설치

> **해설** ① 분사무소는 주된 사무소의 소재지가 속한 시·군·구를 제외한 시·군·구별로 설치가 가능하다. 따라서 군(郡)에 주된 사무소가 설치된 경우 동일 군(郡)에 분사무소를 둘 수 없다.
> ② 법인인 개업공인중개사가 분사무소를 설치하고자 하는 경우에는 인가를 받는 것이 아니라 신고하여야 한다.
> ④ 다른 법률의 규정에 따라 중개업을 할 수 있는 법인의 분사무소에는 공인중개사를 책임자로 두지 않아도 된다.
> ⑤ 분사무소의 책임자인 공인중개사는 시·도지사가 실시하는 실무교육을 받아야 한다.

13 중

공인중개사법령상 법인인 개업공인중개사의 중개사무소등록증 원본 또는 사본이 첨부되어야 하는 경우에 해당하지 않는 것은? • 31회

① 중개사무소 이전신고
② 중개사무소 폐업신고
③ 분사무소 설치신고
④ 분사무소 폐업신고
⑤ 3개월을 초과하는 중개사무소 휴업신고

> **키워드** 분사무소의 설치 및 폐업

> **해설** ③ 분사무소의 설치신고를 하는 경우 첨부되어야 하는 서류는 다음과 같다.
> > 1. 분사무소 설치신고서
> > 2. 분사무소 책임자의 실무교육의 수료확인증 사본
> > 3. 보증의 설정을 증명하는 서류
> > 4. 건축물대장에 기재된 건물에 분사무소를 확보(소유·전세·임대차 또는 사용대차 등의 방법에 의하여 사용권을 확보하여야 한다)하였음을 증명하는 서류
>
> ④ 주된 사무소는 중개사무소의 개설등록을 하므로 중개사무소등록증 원본을 첨부하여 폐업신고를 하여야 한다. 하지만 분사무소의 경우 중개사무소의 개설등록을 하는 것이 아닌 설치신고를 하므로 등록증과는 무관하다. 따라서 중개사무소등록증 원본 또는 사본이 첨부되어야 하는 경우에 해당하지 않는다.

정답 11 ⑤ 12 ③ 13 ③, ④

14 공인중개사법령상 중개사무소의 설치 등에 관한 설명으로 **틀린** 것은? • 30회

① 개업공인중개사는 그 등록관청의 관할구역 안에 1개의 중개사무소만을 둘 수 있다.
② 개업공인중개사는 천막 그 밖에 이동이 용이한 임시 중개시설물을 설치하여서는 아니 된다.
③ 법인이 아닌 개업공인중개사는 분사무소를 둘 수 없다.
④ 개업공인중개사는 등록관청의 관할구역 외의 지역에 있는 중개대상물을 중개할 수 없다.
⑤ 법인인 개업공인중개사는 등록관청에 신고하고 그 관할구역 외의 지역에 분사무소를 둘 수 있다.

키워드 중개사무소의 설치 등

해설 개업공인중개사는 등록관청의 관할구역 외의 지역에 있는 중개대상물을 중개할 수 있다.

이론플러스 **업무지역의 범위**

> 법인 및 공인중개사인 개업공인중개사는 전국에 소재한 중개대상물에 대하여 중개업을 할 수 있다. 또한 법 부칙 제6조 제2항에 규정된 개업공인중개사의 업무지역은 해당 사무소가 소재하는 특별시·광역시·도 관할구역으로 하며, 그 관할구역 안에 있는 중개대상물에 한하여 중개행위를 할 수 있다. 다만, 부동산거래정보망에 가입하고 이를 이용하여 중개하는 경우에는 해당 정보망에 공개된 관할구역 외의 중개대상물에 대하여도 이를 중개할 수 있다(법 부칙 제6조 제6항 단서).

15 공인중개사법령상 공인중개사인 개업공인중개사가 중개사무소를 등록관청의 관할지역 내로 이전한 경우에 관한 설명으로 **틀린** 것을 모두 고른 것은? • 32회

㉠ 중개사무소를 이전한 날부터 10일 이내에 신고해야 한다.
㉡ 등록관청이 이전신고를 받은 경우, 중개사무소등록증에 변경사항만을 적어 교부할 수 없고 재교부해야 한다.
㉢ 이전신고를 할 때 중개사무소등록증을 제출하지 않아도 된다.
㉣ 건축물대장에 기재되지 않은 건물로 이전신고를 하는 경우, 건축물대장 기재가 지연되는 사유를 적은 서류도 제출해야 한다.

① ㉠, ㉡   ② ㉠, ㉣   ③ ㉡, ㉢
④ ㉢, ㉣   ⑤ ㉡, ㉢, ㉣

키워드 중개사무소의 이전

해설 ⓒ 중개사무소를 등록관청의 관할지역 내로 이전한 경우로서, 등록관청이 이전신고를 받은 경우 중개사무소등록증에 변경사항만을 기재한 후 교부할 수 있다.
ⓒ 개업공인중개사가 이전신고를 할 때 중개사무소이전신고서(별지 제12호 서식)에 다음의 서류를 첨부하여 신고하여야 한다.

> 1. 중개사무소등록증(분사무소의 경우에는 분사무소설치 신고확인서)
> 2. 건축물대장에 기재된 건물에 중개사무소를 확보(소유·전세·임대차 또는 사용대차 등의 방법에 의하여 사용권을 확보하여야 한다)하였음을 증명하는 서류

16 중

공인중개사법령상 법인인 개업공인중개사가 등록관청 관할지역 외의 지역으로 중개사무소 또는 분사무소를 이전하는 경우에 관한 설명으로 옳은 것은? • 31회

① 중개사무소 이전신고를 받은 등록관청은 그 내용이 적합한 경우, 중개사무소등록증의 변경사항을 기재하여 교부하거나 중개사무소등록증을 재교부하여야 한다.
② 건축물대장에 기재되지 않은 건물에 중개사무소를 확보한 경우, 건축물대장의 기재가 지연된 사유를 적은 서류는 첨부할 필요가 없다.
③ 중개사무소 이전신고를 하지 않은 경우 과태료 부과대상이 아니다.
④ 분사무소 이전신고는 이전한 날부터 10일 이내에 이전할 분사무소의 소재지를 관할하는 등록관청에 하면 된다.
⑤ 등록관청은 분사무소의 이전신고를 받은 때에는 지체 없이 그 분사무소의 이전 전 및 이전 후의 소재지를 관할하는 시장·군수 또는 구청장에게 이를 통보하여야 한다.

키워드 중개사무소의 이전

해설 ① 중개사무소 이전신고를 받은 등록관청은 그 내용이 적합한 경우 중개사무소등록증을 재교부하여야 한다.
② 건축물대장에 기재되지 않은 건물에 중개사무소를 확보한 경우, 건축물대장의 기재가 지연된 사유를 적은 서류도 함께 제출해야 한다.
③ 중개사무소 이전신고를 하지 않은 경우 과태료 부과대상이다.
④ 분사무소 이전신고는 이전한 날부터 10일 이내에 주된 사무소의 소재지를 관할하는 등록관청에 하면 된다.

정답 14 ④ 15 ③ 16 ⑤

17 공인중개사법령상 중개사무소 명칭에 관한 설명으로 옳은 것은? • 31회

① 공인중개사인 개업공인중개사는 그 사무소의 명칭에 '공인중개사사무소' 또는 '부동산중개'라는 문자를 사용하여야 한다.
② 공인중개사가 중개사무소의 개설등록을 하지 않은 경우, 그 사무소에 '공인중개사사무소'라는 명칭을 사용할 수 없지만, '부동산중개'라는 명칭은 사용할 수 있다.
③ 공인중개사인 개업공인중개사가 관련 법령에 따른 옥외광고물을 설치하는 경우, 중개사무소등록증에 표기된 개업공인중개사의 성명을 표기할 필요는 없다.
④ 중개사무소 개설등록을 하지 않은 공인중개사가 '부동산중개'라는 명칭을 사용한 경우, 국토교통부장관은 그 명칭이 사용된 간판 등의 철거를 명할 수 있다.
⑤ 개업공인중개사가 의뢰받은 중개대상물에 대하여 표시·광고를 하려는 경우, 중개사무소의 명칭은 명시하지 않아도 된다.

키워드 중개사무소 명칭

해설 ② 공인중개사가 중개사무소의 개설등록을 하지 않은 경우, 그 사무소에 '공인중개사사무소' 또는 '부동산중개'라는 명칭을 사용할 수 없다.
③ 공인중개사인 개업공인중개사가 관련 법령에 따른 옥외광고물을 설치하는 경우, 중개사무소등록증에 표기된 개업공인중개사(법인의 경우에는 대표자, 법인 분사무소의 경우에는 신고확인서에 기재된 책임자를 말한다)의 성명을 표기하여야 한다.
④ 중개사무소 개설등록을 하지 않은 공인중개사가 '부동산중개'라는 명칭을 사용한 경우, 등록관청은 그 명칭이 사용된 간판 등의 철거를 명할 수 있다.
⑤ 개업공인중개사가 의뢰받은 중개대상물에 대하여 표시·광고를 하려는 경우 다음의 사항을 명시하여야 한다.

> 1. 중개사무소의 명칭, 소재지, 연락처 및 등록번호
> 2. 개업공인중개사의 성명(법인인 경우에는 대표자의 성명)

18 공인중개사법령상 개업공인중개사가 지체 없이 사무소의 간판을 철거해야 하는 사유를 모두 고른 것은?
• 32회

㉠ 등록관청에 중개사무소의 이전사실을 신고한 경우
㉡ 등록관청에 폐업사실을 신고한 경우
㉢ 중개사무소의 개설등록 취소처분을 받은 경우
㉣ 등록관청에 6개월을 초과하는 휴업신고를 한 경우

① ㉣
② ㉠, ㉢
③ ㉡, ㉢
④ ㉠, ㉡, ㉢
⑤ ㉠, ㉡, ㉢, ㉣

키워드 간판 철거사유

해설 개업공인중개사는 다음의 어느 하나에 해당하는 경우에는 지체 없이 사무소의 간판을 철거하여야 한다(법 제21조의2 제1항).

1. 등록관청에 중개사무소의 이전사실을 신고한 경우
2. 등록관청에 폐업사실을 신고한 경우
3. 중개사무소의 개설등록 취소처분을 받은 경우

따라서 ㉠㉡㉢이 지체 없이 사무소의 간판을 철거해야 하는 사유에 해당한다.

정답 17 ① 18 ④

19 공인중개사법령상 중개사무소의 명칭 및 등록증 등의 게시에 관한 설명으로 **틀린** 것은?
(다툼이 있으면 판례에 따름) • 32회

① 법인인 개업공인중개사의 분사무소에는 분사무소설치 신고확인서 원본을 게시해야 한다.
② 소속공인중개사가 있는 경우 그 소속공인중개사의 공인중개사자격증 원본도 게시해야 한다.
③ 개업공인중개사가 아닌 자가 '부동산중개'라는 명칭을 사용한 경우, 3년 이하의 징역 또는 3천만원 이하의 벌금에 처한다.
④ 무자격자가 자신의 명함에 '부동산뉴스 대표'라는 명칭을 기재하여 사용하였다면 공인중개사와 유사한 명칭을 사용한 것에 해당한다.
⑤ 공인중개사인 개업공인중개사가 「옥외광고물 등의 관리와 옥외광고산업 진흥에 관한 법률」에 따른 옥외광고물을 설치하는 경우, 중개사무소등록증에 표기된 개업공인중개사의 성명을 표기해야 한다.

키워드 중개사무소 명칭

해설 개업공인중개사가 아닌 자가 '부동산중개'라는 명칭을 사용한 경우, 1년 이하의 징역 또는 1천만원 이하의 벌금에 처한다.

이론플러스 중개사무소의 명칭

1. 개업공인중개사는 그 사무소의 명칭에 '공인중개사사무소' 또는 '부동산중개'라는 문자를 사용하여야 한다.
2. 개업공인중개사가 아닌 자는 '공인중개사사무소', '부동산중개' 또는 이와 유사한 명칭을 사용하여서는 아니 된다.
3. 개업공인중개사가 「옥외광고물 등의 관리와 옥외광고산업 진흥에 관한 법률」 제2조 제1호에 따른 옥외광고물을 설치하는 경우 중개사무소등록증에 표기된 개업공인중개사(법인의 경우에는 대표자, 법인 분사무소의 경우에는 신고확인서에 기재된 책임자를 말한다)의 성명을 표기하여야 한다.
4. 개업공인중개사 성명의 표기방법 등에 관하여 필요한 사항은 국토교통부령으로 정한다.

20 공인중개사법령상 중개업 등에 관한 설명으로 옳은 것은? • 33회

① 소속공인중개사는 중개사무소의 개설등록을 신청할 수 있다.
② 법인인 개업공인중개사는 '중개업'과 '개업공인중개사를 대상으로 한 중개업의 경영기법 및 경영정보의 제공업무'를 함께 할 수 없다.
③ 법인인 개업공인중개사가 등록관청의 관할구역 외의 지역에 분사무소를 두기 위해서는 등록관청의 허가를 받아야 한다.
④ 소속공인중개사는 등록관청에 신고를 거쳐 천막 그 밖에 이동이 용이한 임시 중개시설물을 설치할 수 있다.
⑤ 개업공인중개사는 의뢰받은 중개대상물에 대한 표시·광고에 중개보조원에 관한 사항을 명시해서는 아니 된다.

키워드 중개업무

해설 ① 소속공인중개사는 중개사무소의 개설등록을 신청할 수 없다.
② 법인인 개업공인중개사는 '중개업'과 '개업공인중개사를 대상으로 한 중개업의 경영기법 및 경영정보의 제공업무'를 함께 할 수 있다.
③ 부동산중개업 분사무소설치 신고서(별지 제9호 서식)를 주된 사무소의 소재지를 관할하는 등록관청에 제출하여야 한다.
④ 개업공인중개사, 소속공인중개사 모두 천막 그 밖에 이동이 용이한 임시 중개시설물을 설치할 수 없다.

이론플러스 중개대상물에 대하여 표시·광고를 할 때 명시해야 할 중개사무소, 개업공인중개사에 관한 사항

1. 중개사무소의 명칭, 소재지, 연락처 및 등록번호
2. 개업공인중개사의 성명(법인인 경우에는 대표자의 성명)

21 공인중개사법령상 개업공인중개사가 의뢰받은 중개대상물에 대하여 표시·광고를 하는 경우에 관한 설명으로 옳은 것은?
• 31회

① 중개보조원이 있는 경우 개업공인중개사의 성명과 함께 중개보조원의 성명을 명시할 수 있다.
② 중개대상물에 대한 표시·광고를 위하여 대통령령으로 정해진 사항의 구체적인 표시·광고 방법은 국토교통부장관이 정하여 고시한다.
③ 중개대상물의 내용을 사실과 다르게 거짓으로 표시·광고한 자를 신고한 자는 포상금 지급대상이다.
④ 인터넷을 이용하여 표시·광고를 하는 경우 중개사무소에 관한 사항은 명시하지 않아도 된다.
⑤ 인터넷을 이용한 중개대상물의 표시·광고 모니터링 업무 수탁기관은 기본계획서에 따라 6개월마다 기본 모니터링 업무를 수행한다.

키워드 중개대상물의 표시·광고

해설 ① 개업공인중개사가 의뢰받은 중개대상물에 대하여 표시·광고를 하는 경우 중개보조원에 관한 사항은 명시해서는 아니 된다.
③ 중개대상물의 내용을 사실과 다르게 거짓으로 표시·광고한 자를 신고한 자는 포상금 지급대상에 포함되지 않는다. 다음의 사람을 신고할 경우 포상금을 지급한다.

> 1. 중개사무소의 개설등록을 하지 아니하고 중개업을 한 자
> 2. 거짓이나 그 밖의 부정한 방법으로 중개사무소의 개설등록을 한 자
> 3. 중개사무소등록증 또는 공인중개사자격증을 다른 사람에게 양도·대여하거나 다른 사람으로부터 양수·대여받은 자
> 4. 개업공인중개사가 아닌 자로서 중개대상물에 대한 표시·광고를 한 자
> 5. 부당한 이익을 얻거나 제3자에게 부당한 이익을 얻게 할 목적으로 거짓으로 거래가 완료된 것처럼 꾸미는 등 중개대상물의 시세에 부당한 영향을 주거나 줄 우려가 있는 행위를 한 자
> 6. 단체를 구성하여 특정 중개대상물에 대하여 중개를 제한하거나 단체 구성원 이외의 자와 공동중개를 제한하는 행위를 한 자
> 7. 안내문, 온라인 커뮤니티 등을 이용하여 특정 개업공인중개사등에 대한 중개의뢰를 제한하거나 제한을 유도하는 행위를 한 자
> 8. 안내문, 온라인 커뮤니티 등을 이용하여 중개대상물에 대하여 시세보다 현저하게 높게 표시·광고 또는 중개하는 특정 개업공인중개사등에게만 중개의뢰를 하도록 유도함으로써 다른 개업공인중개사등을 부당하게 차별하는 행위를 한 자
> 9. 안내문, 온라인 커뮤니티 등을 이용하여 특정 가격 이하로 중개를 의뢰하지 아니하도록 유도하는 행위를 한 자

10. 정당한 사유 없이 개업공인중개사등의 중개대상물에 대한 정당한 표시·광고 행위를 방해하는 행위를 한 자
11. 개업공인중개사등에게 중개대상물을 시세보다 현저하게 높게 표시·광고하도록 강요하거나 대가를 약속하고 시세보다 현저하게 높게 표시·광고하도록 유도하는 행위를 한 자

④ 인터넷을 이용하여 표시·광고를 하는 경우 다음의 사항을 명시하여야 한다.

1. 중개사무소의 명칭, 소재지, 연락처 및 등록번호
2. 개업공인중개사의 성명(법인인 경우에는 대표자의 성명)
3. 소재지
4. 면적
5. 가격
6. 중개대상물 종류
7. 거래 형태
8. 건축물 및 그 밖의 토지의 정착물인 경우 다음의 사항
   ㉠ 총 층수
   ㉡ 「건축법」 또는 「주택법」 등 관련 법률에 따른 사용승인·사용검사·준공검사 등을 받은 날
   ㉢ 해당 건축물의 방향, 방의 개수, 욕실의 개수, 입주가능일, 주차대수 및 관리비

⑤ 인터넷을 이용한 중개대상물의 표시·광고 모니터링 업무 수탁기관은 기본계획서에 따라 분기별로 기본 모니터링 업무를 수행한다.

정답 21 ②

22 ⟨중⟩

공인중개사법령상 개업공인중개사가 의뢰받은 중개대상물에 대하여 표시·광고를 하려는 경우 '중개사무소, 개업공인중개사에 관한 사항'으로서 명시해야 하는 것을 모두 고른 것은?

• 30회

| ㉠ 중개사무소의 연락처 | ㉡ 중개사무소의 명칭 |
| ㉢ 소속공인중개사의 성명 | ㉣ 개업공인중개사의 성명 |

① ㉠, ㉡
② ㉡, ㉢
③ ㉢, ㉣
④ ㉠, ㉡, ㉣
⑤ ㉠, ㉢, ㉣

키워드 중개대상물의 표시·광고

해설 소속공인중개사의 성명은 명시해야 하는 사항에 포함되지 않는다.

이론플러스 개업공인중개사가 의뢰받은 중개대상물에 대하여 표시·광고를 하려면 중개사무소, 개업공인중개사에 관한 사항으로서 다음의 사항을 명시하여야 한다. 중개보조원에 관한 사항은 명시해서는 아니 된다(법 제18조의2 제1항, 영 제17조의2 제1항).

1. 중개사무소의 명칭, 소재지, 연락처 및 등록번호
2. 개업공인중개사의 성명(법인인 경우에는 대표자의 성명)

23 ⟨중⟩

공인중개사법령상 인장등록 등에 관한 설명으로 옳은 것은?

• 31회

① 중개보조원은 중개업무를 보조하기 위해 인장등록을 하여야 한다.
② 개업공인중개사가 등록한 인장을 변경한 경우 변경일부터 10일 이내에 그 변경된 인장을 등록관청에 등록하면 된다.
③ 분사무소에서 사용할 인장은 분사무소 소재지 시장·군수 또는 구청장에게 등록해야 한다.
④ 분사무소에서 사용할 인장은 「상업등기규칙」에 따라 신고한 법인의 인장이어야 하고, 「상업등기규칙」에 따른 인감증명서의 제출로 갈음할 수 없다.
⑤ 법인의 소속공인중개사가 등록하지 아니한 인장을 사용한 경우, 6개월의 범위 안에서 자격정지처분을 받을 수 있다.

키워드 인장등록

해설 ① 개업공인중개사 및 소속공인중개사는 업무개시 전에 중개행위에 사용할 인장을 등록하여야 한다. 하지만 중개보조원의 경우 인장등록의무는 없다.
② 개업공인중개사가 등록한 인장을 변경한 경우 변경일부터 7일 이내에 그 변경된 인장을 등록관청에 등록(전자문서에 의한 등록을 포함)하면 된다.
③ 분사무소에서 사용할 인장은 주된 사무소의 등록관청에 등록해야 한다.
④ 분사무소에서 사용할 인장은 「상업등기규칙」에 따라 법인의 대표자가 보증하는 인장을 등록할 수 있으며, 「상업등기규칙」에 따른 인감증명서의 제출로 갈음할 수 있다.

24 공인중개사법령상 인장등록 등에 관한 설명으로 틀린 것은?
• 30회

① 법인인 개업공인중개사의 인장등록은 「상업등기규칙」에 따른 인감증명서의 제출로 갈음한다.
② 소속공인중개사가 등록하지 아니한 인장을 중개행위에 사용한 경우, 등록관청은 1년의 범위 안에서 업무의 정지를 명할 수 있다.
③ 인장의 등록은 중개사무소 개설등록신청과 같이 할 수 있다.
④ 소속공인중개사의 인장등록은 소속공인중개사에 대한 고용신고와 같이 할 수 있다.
⑤ 개업공인중개사가 등록한 인장을 변경한 경우, 변경일부터 7일 이내에 그 변경된 인장을 등록관청에 등록하여야 한다.

키워드 인장등록

해설 소속공인중개사가 인장등록을 하지 아니하거나 등록하지 아니한 인장을 중개행위에 사용한 경우, 시·도지사는 6개월의 범위 안에서 기간을 정하여 그 자격의 정지를 명할 수 있다(법 제36조 제1항 제2호).

정답 22 ④ 23 ⑤ 24 ②

25 공인중개사법령상 개업공인중개사의 부동산중개업 휴업 또는 폐업에 관한 설명으로 옳은 것을 모두 고른 것은? • 34회

> ㉠ 분사무소의 폐업신고를 하는 경우 분사무소설치 신고확인서를 첨부해야 한다.
> ㉡ 임신은 6개월을 초과하여 휴업할 수 있는 사유에 해당한다.
> ㉢ 업무정지처분을 받고 부동산중개업 폐업신고를 한 개업공인중개사는 업무정지기간이 지나지 아니하더라도 중개사무소 개설등록을 할 수 있다.

① ㉡   ② ㉠, ㉡   ③ ㉠, ㉢
④ ㉡, ㉢   ⑤ ㉠, ㉡, ㉢

키워드 휴업 및 폐업

해설 ㉢ 「공인중개사법」을 위반하여 업무정지처분을 받고 폐업신고를 한 자로서 업무정지기간이 지나지 아니한 자는 결격사유에 해당하므로 업무정지기간이 지나지 아니한 경우 중개사무소의 개설등록을 할 수 없다.

---

26 공인중개사법령상 중개업의 휴업 및 재개신고 등에 관한 설명으로 옳은 것은? • 32회

① 개업공인중개사가 3개월의 휴업을 하려는 경우 등록관청에 신고해야 한다.
② 개업공인중개사가 6개월을 초과하여 휴업을 할 수 있는 사유는 취학, 질병으로 인한 요양, 징집으로 인한 입영에 한한다.
③ 개업공인중개사가 휴업기간 변경신고를 하려면 중개사무소등록증을 휴업기간변경신고서에 첨부하여 제출해야 한다.
④ 재개신고는 휴업기간 변경신고와 달리 전자문서에 의한 신고를 할 수 없다.
⑤ 재개신고를 받은 등록관청은 반납을 받은 중개사무소등록증을 즉시 반환해야 한다.

키워드 휴업·폐업·재개·변경신고

해설 ① 개업공인중개사는 3개월을 초과하는 휴업을 하려는 경우 등록관청에 그 사실을 신고하여야 한다. 따라서 3개월의 휴업을 하는 경우 등록관청에 신고하지 않아도 된다.
② 개업공인중개사가 6개월을 초과하여 휴업을 할 수 있는 사유는 취학, 질병으로 인한 요양, 징집으로 인한 입영에 한하는 것이 아니라 임신 또는 출산 그 밖에 부득이한 사유가 있는 경우에도 가능하다.
③ 개업공인중개사가 휴업신고를 하려면 휴업신고서에 등록증을 첨부하여 등록관청에 제출하여야 한다. 하지만 휴업기간변경신고서에 등록증을 첨부하지는 않는다.
④ 휴업기간 변경신고, 재개신고는 전자문서에 의한 신고를 할 수 있다.

27 공인중개사법령상 개업공인중개사의 휴업과 폐업 등에 관한 설명으로 <u>틀린</u> 것은? • 31회

① 폐업신고 전의 개업공인중개사에 대하여 위반행위를 사유로 행한 업무정지처분의 효과는 폐업일부터 1년간 다시 개설등록을 한 자에게 승계된다.
② 개업공인중개사가 폐업신고를 한 후 1년 이내에 소속공인중개사로 고용신고되는 경우, 그 소속공인중개사는 실무교육을 받지 않아도 된다.
③ 손해배상책임의 보장을 위한 공탁금은 개업공인중개사가 폐업한 날부터 3년 이내에는 회수할 수 없다.
④ 분사무소는 주된 사무소와 별도로 휴업할 수 있다.
⑤ 중개업의 폐업신고는 수수료 납부사항이 아니다.

키워드 휴업 및 폐업
해설 폐업신고 전의 개업공인중개사에 대하여 위반행위를 사유로 행한 업무정지처분의 효과는 처분일부터 1년간 다시 개설등록을 한 자에게 승계된다.

28 공인중개사법령상 개업공인중개사의 휴업과 폐업 등에 관한 설명으로 <u>틀린</u> 것은?
• 30회

① 부동산중개업 휴업신고서의 서식에 있는 '개업공인중개사의 종별'란에는 법인, 공인중개사, 법 제7638호 부칙 제6조 제2항에 따른 개업공인중개사가 있다.
② 개업공인중개사가 부동산중개업 폐업신고서를 작성하는 경우에는 폐업기간, 부동산중개업 휴업신고서를 작성하는 경우에는 휴업기간을 기재하여야 한다.
③ 중개사무소의 개설등록 후 업무를 개시하지 않은 개업공인중개사라도 3개월을 초과하는 휴업을 하고자 하는 때에는 부동산중개업 휴업신고서에 중개사무소등록증을 첨부하여 등록관청에 미리 신고하여야 한다.
④ 개업공인중개사가 등록관청에 폐업사실을 신고한 경우에는 지체 없이 사무소의 간판을 철거하여야 한다.
⑤ 개업공인중개사가 취학을 하는 경우 6개월을 초과하여 휴업을 할 수 있다.

키워드 휴업 및 폐업
해설 「공인중개사법 시행규칙」 별지 제13호 서식에서 정하고 있는 부동산중개업 휴업·폐업·재개·휴업기간 변경신고서의 내용 중 휴업의 경우 휴업기간을 기재하며, 폐업의 경우 폐업일을 기재한다.

정답 25 ② 26 ⑤ 27 ① 28 ②

CHAPTER 05 중개계약 및 부동산거래정보망

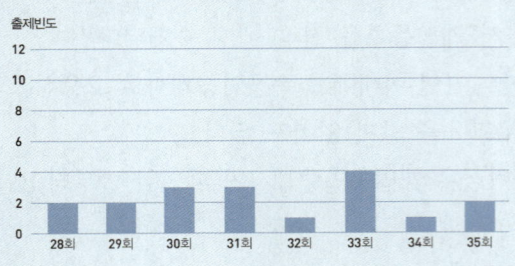

■ 8개년 출제 문항 수
총 40문제 中 평균 약 2문제 출제

■ 이 단원을 공략하고 싶다면?
일반중개계약과 전속중개계약에 대해 알아두자

↳ 기본서 [공인중개사법령 및 중개실무] pp. 155~179

대표기출 1 | 2024년 제35회 10번 문제 | 난이도 중

공인중개사법령상 개업공인중개사와 중개의뢰인의 중개계약에 관한 설명으로 **틀린** 것은?

① 일반중개계약은 계약서의 작성 없이도 체결할 수 있다.
② 전속중개계약을 체결하면서 유효기간을 3개월 미만으로 약정한 경우 그 유효기간은 3개월로 한다.
③ 전속중개계약을 체결한 개업공인중개사는 중개대상물의 권리자의 인적 사항에 관한 정보를 공개해서는 안 된다.
④ 중개의뢰인은 일반중개계약을 체결하면서 거래예정가격을 포함한 일반중개계약서의 작성을 요청할 수 있다.
⑤ 임대차에 대한 전속중개계약을 체결한 개업공인중개사는 중개의뢰인의 비공개 요청이 없어도 중개대상물의 공시지가를 공개하지 아니할 수 있다.

기출공략 [키워드] 일반중개계약, 전속중개계약

일반중개계약의 내용과 전속중개계약의 내용을 학습하여야 합니다.

29회, 30회, 31회, 32회, 33회, 34회, 35회

공인중개사법령상 개업공인중개사와 중개의뢰인의 중개계약에 관한 설명으로 **틀린** 것은?
(②)

① 일반중개계약은 계약서의 작성 없이도 체결할 수 있다. (O)

② 전속중개계약을 체결하면서 유효기간을 3개월 미만으로 약정한 경우 그 유효기간은 ~~3개월로 한다.~~ (×)
   → 전속중개계약의 유효기간은 3개월로 한다. 다만, 당사자간에 다른 약정이 있는 경우에는 그 약정에 따른다.
③ 전속중개계약을 체결한 개업공인중개사는 중개대상물의 권리자의 인적 사항에 관한 정보를 공개해서는 안 된다. (○)
④ 중개의뢰인은 일반중개계약을 체결하면서 거래예정가격을 포함한 일반중개계약서의 작성을 요청할 수 있다. (○)
⑤ 임대차에 대한 전속중개계약을 체결한 개업공인중개사는 중개의뢰인의 비공개 요청이 없어도 중개대상물의 공시지가를 공개하지 아니할 수 있다. (○)

이론플러스 일반중개계약서의 기재사항

1. 중개대상물의 위치 및 규모
2. 거래예정가격
3. 거래예정가격에 대하여 「공인중개사법」 제32조에 따라 정한 중개보수
4. 그 밖에 개업공인중개사와 중개의뢰인이 준수하여야 할 사항

대표기출 2 | 2024년 제35회 11번 문제 | 난이도 중

공인중개사법령상 부동산거래정보망의 지정 및 이용에 관한 설명으로 옳은 것은?

① 「전기통신사업법」의 규정에 의한 부가통신사업자가 아니어도 국토교통부령으로 정하는 요건을 갖추면 거래정보사업자로 지정받을 수 있다.
② 거래정보사업자로 지정받으려는 자는 공인중개사의 자격을 갖추어야 한다.
③ 거짓이나 그 밖의 부정한 방법으로 거래정보사업자로 지정받은 경우 그 지정은 무효이다.
④ 법인인 거래정보사업자의 해산으로 부동산거래정보망의 계속적인 운영이 불가능한 경우 국토교통부장관은 청문 없이 그 지정을 취소할 수 있다.
⑤ 부동산거래정보망에 정보가 공개된 중개대상물의 거래가 완성된 경우 개업공인중개사는 3개월 이내에 해당 거래정보사업자에게 이를 통보하여야 한다.

기출공략 [키워드] 거래정보사업자 지정 및 이용

거래정보사업자의 지정요건, 지정절차, 지정취소와 관련된 내용을 학습하여야 합니다.

29회, 30회, 31회, 32회, 33회, 35회

공인중개사법령상 부동산거래정보망의 지정 및 이용에 관한 설명으로 옳은 것은? (④)

① 「전기통신사업법」의 규정에 의한 부가통신사업자가 아니어도 국토교통부령으로 정하는 요건을 갖추면 거래정보사업자로 지정받을 수 있다. (×)
→ 거래정보사업자로 지정을 받을 수 있는 자는 「전기통신사업법」의 규정에 의한 부가통신사업자로서 국토교통부령으로 정하는 요건을 갖춘 자로 한다. 따라서 부가통신사업자가 아닌 자는 국토교통부령으로 정하는 요건을 갖추어도 거래정보사업자로 지정을 받을 수 없다.

② 거래정보사업자로 지정받으려는 자는 공인중개사의 자격을 갖추어야 한다. (×)
→ 거래정보사업자로 지정받으려는 자는 공인중개사 1명 이상을 확보하면 된다. 따라서 거래정보사업자로 지정을 받으려는 자가 공인중개사의 자격을 갖추어야 하는 것은 아니다.

③ 거짓이나 그 밖의 부정한 방법으로 거래정보사업자로 지정받은 경우 그 지정은 무효이다. (×)
→ 국토교통부장관은 거래정보사업자가 거짓이나 그 밖의 부정한 방법으로 지정을 받은 경우 그 지정을 취소할 수 있다. 따라서 거짓이나 그 밖의 부정한 방법으로 지정을 받은 경우 그 지정 자체가 무효라는 내용은 「공인중개사법」상 규정이 없다.

④ 법인인 거래정보사업자의 해산으로 부동산거래정보망의 계속적인 운영이 불가능한 경우 국토교통부장관은 청문 없이 그 지정을 취소할 수 있다. (○)

⑤ 부동산거래정보망에 정보가 공개된 중개대상물의 거래가 완성된 경우 개업공인중개사는 3개월 이내에 해당 거래정보사업자에게 이를 통보하여야 한다. (×)
→ 개업공인중개사는 부동산거래정보망에 중개대상물에 관한 정보를 거짓으로 공개하여서는 아니 되며, 공개한 중개대상물의 거래가 완성된 때에는 그 사실을 지체 없이 해당 거래정보사업자에게 통보하여야 한다.

이론플러스 거래정보사업자 지정취소사유(법 제24조 제5항)

국토교통부장관은 거래정보사업자가 다음의 어느 하나에 해당하는 경우에는 그 지정을 취소할 수 있다.

1. 거짓이나 그 밖의 부정한 방법으로 지정을 받은 경우
2. 운영규정의 승인 또는 변경승인을 받지 아니하거나 운영규정을 위반하여 부동산거래정보망을 운영한 경우
3. 거래정보사업자가 개업공인중개사로부터 공개를 의뢰받은 중개대상물의 정보 이외의 정보를 부동산거래정보망에 공개하거나, 의뢰받은 내용과 다르게 정보를 공개하거나, 개업공인중개사에 따라 차별적으로 정보를 공개한 경우
4. 정당한 사유 없이 지정받은 날부터 1년 이내에 부동산거래정보망을 설치·운영하지 아니한 경우
5. 개인인 거래정보사업자의 사망 또는 법인인 거래정보사업자의 해산 그 밖의 사유로 부동산거래정보망의 계속적인 운영이 불가능한 경우

01 중

공인중개사법령상 중개의뢰인 甲과 개업공인중개사 乙의 중개계약에 관한 설명으로 옳은 것은?
• 34회

① 甲의 요청에 따라 乙이 일반중개계약서를 작성한 경우 그 계약서를 3년간 보존해야 한다.
② 일반중개계약은 표준이 되는 서식이 정해져 있다.
③ 전속중개계약은 법령이 정하는 계약서에 의하여야 하며, 乙이 서명 및 날인하되 소속공인중개사가 있는 경우 소속공인중개사가 함께 서명 및 날인해야 한다.
④ 전속중개계약의 유효기간은 甲과 乙이 별도로 정하더라도 3개월을 초과할 수 없다.
⑤ 전속중개계약을 체결한 甲이 그 유효기간 내에 스스로 발견한 상대방과 거래한 경우 중개보수에 해당하는 금액을 乙에게 위약금으로 지급해야 한다.

키워드 일반중개계약, 전속중개계약

해설 ① 전속중개계약서의 작성과 달리 甲의 요청에 따라 乙이 일반중개계약서를 작성한 경우 그 계약서를 일정기간동안 보존하여야 하는 내용은 「공인중개사법」상 규정이 없다.
③ 일반중개계약서·전속중개계약서 모두 해당 업무를 소속공인중개사가 수행한 경우라도 소속공인중개사의 서명 또는 날인, 서명 및 날인의무는 「공인중개사법」상 규정이 없다.
④ 전속중개계약의 유효기간은 甲과 乙이 별도로 정한 경우 3개월을 초과할 수 있다.
⑤ 전속중개계약을 체결한 甲이 그 유효기간 내에 스스로 발견한 상대방과 거래한 경우 중개보수의 50%에 해당하는 금액의 범위 안에서 개업공인중개사가 중개행위를 하는 경우 소요된 비용(사회통념에 비추어 상당하다고 인정되는 비용을 말한다)을 지급하여야 한다.

정답 01 ②

02 공인중개사법령상 개업공인중개사의 일반중개계약과 전속중개계약에 관한 설명으로 옳은 것은?
• 33회

① 일반중개계약은 중개의뢰인이 중개대상물의 중개를 의뢰하기 위해 특정한 개업공인중개사를 정하여 그 개업공인중개사에 한정하여 중개대상물을 중개하도록 하는 계약을 말한다.
② 개업공인중개사가 일반중개계약을 체결한 때에는 중개의뢰인이 비공개를 요청하지 않은 경우, 부동산거래정보망에 해당 중개대상물에 관한 정보를 공개해야 한다.
③ 개업공인중개사가 일반중개계약을 체결한 때에는 중개의뢰인에게 2주일에 1회 이상 중개업무 처리상황을 문서로 통지해야 한다.
④ 개업공인중개사가 국토교통부령으로 정하는 전속중개계약서에 의하지 아니하고 전속중개계약을 체결한 행위는 업무정지사유에 해당하지 않는다.
⑤ 표준서식인 일반중개계약서와 전속중개계약서에는 개업공인중개사가 중개보수를 과다수령 시 그 차액의 환급을 공통적으로 규정하고 있다.

키워드 일반중개계약, 전속중개계약

해설 ① 전속중개계약은 중개의뢰인이 중개대상물의 중개를 의뢰하기 위해 특정한 개업공인중개사를 정하여 그 개업공인중개사에 한정하여 중개대상물을 중개하도록 하는 계약을 말한다.
② 개업공인중개사가 전속중개계약을 체결한 때에는 중개의뢰인이 비공개를 요청하지 않은 경우, 부동산거래정보망에 해당 중개대상물에 관한 정보를 공개해야 한다.
③ 개업공인중개사가 전속중개계약을 체결한 때에는 중개의뢰인에게 2주일에 1회 이상 중개업무 처리상황을 문서로 통지해야 한다.
④ 개업공인중개사가 국토교통부령으로 정하는 전속중개계약서에 의하지 아니하고 전속중개계약을 체결한 행위는 업무정지사유에 해당한다.

이론플러스 일반중개계약서, 전속중개계약서 기재사항

(앞쪽)
1. 개업공인중개사의 의무사항
2. 중개의뢰인의 권리·의무사항
3. 유효기간
4. 중개보수
5. 개업공인중개사의 손해배상책임
6. 그 밖의 사항
7. 중개의뢰인, 개업공인중개사 서명 또는 날인

(뒤쪽)

1. 권리이전용(매도·임대 등)에 기재되는 사항은 다음과 같다.
   ㉠ 소유자 및 등기명의인
   ㉡ 중개대상물의 표시
   ㉢ 권리관계
   ㉣ 거래규제 및 공법상 제한사항
   ㉤ 중개의뢰금액
   ㉥ 그 밖의 사항
2. 권리취득용(매수·임차 등)에 기재되는 사항은 다음과 같다.
   ㉠ 희망물건의 종류
   ㉡ 취득 희망가격
   ㉢ 희망지역
   ㉣ 그 밖의 희망조건

03 무주택자인 甲이 주택을 물색하여 매수하기 위해 개업공인중개사인 乙과 일반중개계약을 체결하고자 한다. 이 경우 공인중개사법령상 표준서식인 일반중개계약서에 기재하는 항목을 모두 고른 것은? • 30회

㉠ 소유자 및 등기명의인   ㉡ 희망지역
㉢ 취득 희망가격   ㉣ 거래규제 및 공법상 제한사항

① ㉢
② ㉠, ㉡
③ ㉡, ㉢
④ ㉢, ㉣
⑤ ㉠, ㉡, ㉢

키워드 일반중개계약서

해설 ㉠㉣ 권리이전용(매도·임대 등)에 기재되는 사항이다.
㉡㉢ 권리취득용(매수·임차 등)에 기재되는 사항이다.

정답 02 ⑤ 03 ③

04 공인중개사법령상 '중개대상물의 확인·설명사항'과 '전속중개계약에 따라 부동산거래정보망에 공개해야 할 중개대상물에 관한 정보'에 공통으로 규정된 것을 모두 고른 것은?
• 32회

> ㉠ 공법상의 거래규제에 관한 사항
> ㉡ 벽면 및 도배의 상태
> ㉢ 일조·소음의 환경조건
> ㉣ 취득 시 부담해야 할 조세의 종류와 세율

① ㉠, ㉡
② ㉢, ㉣
③ ㉠, ㉡, ㉢
④ ㉡, ㉢, ㉣
⑤ ㉠, ㉡, ㉢, ㉣

키워드 중개대상물의 확인·설명사항, 전속중개계약 체결 시 정보공개사항

해설 ㉣ 취득 시 부담해야 할 조세의 종류와 세율은 중개대상물의 확인·설명사항에 해당하며, 전속중개계약에 따라 부동산거래정보망에 공개해야 할 중개대상물에 관한 정보에는 해당하지 않는다.

05 공인중개사법령상 일반중개계약서와 전속중개계약서의 서식에 공통으로 기재된 사항이 아닌 것은?
• 31회

① 첨부서류로서 중개보수 요율표
② 계약의 유효기간
③ 개업공인중개사의 중개업무 처리상황에 대한 통지의무
④ 중개대상물의 확인·설명에 관한 사항
⑤ 개업공인중개사가 중개보수를 과다 수령한 경우 차액 환급

키워드 일반중개계약서, 전속중개계약서

해설 개업공인중개사의 중개업무 처리상황에 대한 통지의무는 전속중개계약서의 개업공인중개사의 의무사항에 포함되며, 일반중개계약서의 개업공인중개사의 의무사항에는 포함되지 않는다.

06 ⓢ

중개의뢰인 甲은 자신 소유의 X부동산에 대한 임대차계약을 위해 개업공인중개사 乙과 전속중개계약을 체결하였다. X부동산에 기존 임차인 丙, 저당권자 丁이 있는 경우 乙이 부동산거래정보망 또는 일간신문에 공개해야만 하는 중개대상물에 관한 정보를 모두 고른 것은? (단, 중개의뢰인이 비공개 요청을 하지 않음) • 30회

> ㉠ 丙의 성명
> ㉡ 丁의 주소
> ㉢ X부동산의 공시지가
> ㉣ X부동산에 대한 일조(日照)·소음·진동 등 환경조건

① ㉣
② ㉠, ㉡
③ ㉢, ㉣
④ ㉠, ㉡, ㉣
⑤ ㉠, ㉡, ㉢, ㉣

키워드 전속중개계약 체결 시 정보공개사항

해설 ㉠㉡ 개업공인중개사는 임차인의 성명, 저당권자의 주소 등 인적사항에 관한 정보를 공개하여서는 아니 된다(영 제20조 제2항 제5호 단서).

㉢ 전속중개계약을 체결한 개업공인중개사는 중개대상물의 거래예정금액 및 공시지가를 공개하여야 한다. 다만, 임대차의 경우에는 공시지가를 공개하지 아니할 수 있다(영 제20조 제2항 제7호). 따라서 공개해야 하는 정보에는 포함되지 않는다.

㉣ 도로 및 대중교통수단과의 연계성, 시장·학교 등과의 근접성, 지형 등 입지조건, 일조·소음·진동 등 환경조건은 공개해야 하는 정보에 해당한다(영 제20조 제2항 제4호).

정답 04 ③ 05 ③ 06 ①

07 공인중개사법령상 ( )에 들어갈 내용으로 옳은 것은? • 29회

- 다른 약정이 없는 경우 전속중개계약의 유효기간은 (㉠)로 한다.
- 거래정보사업자는 그 지정받은 날부터 (㉡) 이내에 운영규정을 정하여 국토교통부장관의 승인을 얻어야 한다.
- 개업공인중개사는 보증보험금·공제금 또는 공탁금으로 손해배상을 한 때에는 (㉢) 이내에 보증보험 또는 공제에 다시 가입하거나 공탁금 중 부족하게 된 금액을 보전하여야 한다.
- 등록관청은 업무정지기간의 (㉣)의 범위 안에서 가중 또는 감경할 수 있으며, 가중하여 처분하는 경우에도 업무정지기간은 (㉤)을 초과할 수 없다.

① ㉠: 3개월, ㉡: 3개월, ㉢: 15일, ㉣: 2분의 1, ㉤: 6개월
② ㉠: 3개월, ㉡: 3개월, ㉢: 15일, ㉣: 3분의 1, ㉤: 6개월
③ ㉠: 3개월, ㉡: 6개월, ㉢: 1개월, ㉣: 2분의 1, ㉤: 1년
④ ㉠: 6개월, ㉡: 3개월, ㉢: 15일, ㉣: 3분의 1, ㉤: 6개월
⑤ ㉠: 6개월, ㉡: 6개월, ㉢: 1개월, ㉣: 2분의 1, ㉤: 1년

키워드 각종 기간

해설
- 다른 약정이 없는 경우 전속중개계약의 유효기간은 (㉠ 3개월)로 한다.
- 거래정보사업자는 그 지정받은 날부터 (㉡ 3개월) 이내에 운영규정을 정하여 국토교통부장관의 승인을 얻어야 한다.
- 개업공인중개사는 보증보험금·공제금 또는 공탁금으로 손해배상을 한 때에는 (㉢ 15일) 이내에 보증보험 또는 공제에 다시 가입하거나 공탁금 중 부족하게 된 금액을 보전하여야 한다.
- 등록관청은 업무정지기간의 (㉣ 2분의 1)의 범위 안에서 가중 또는 감경할 수 있으며, 가중하여 처분하는 경우에도 업무정지기간은 (㉤ 6개월)을 초과할 수 없다.

08 공인중개사법령상 거래정보사업자의 지정을 취소할 수 있는 사유에 해당하는 것을 모두 고른 것은? • 33회

㉠ 거짓 등 부정한 방법으로 지정을 받은 경우
㉡ 정당한 사유 없이 지정받은 날부터 1년 이내에 부동산거래정보망을 설치·운영하지 아니한 경우
㉢ 개업공인중개사로부터 공개를 의뢰받은 중개대상물의 내용과 다르게 부동산거래정보망에 정보를 공개한 경우
㉣ 부동산거래정보망의 이용 및 정보제공방법 등에 관한 운영규정을 위반하여 부동산거래정보망을 운영한 경우

① ㉠, ㉡
② ㉡, ㉢
③ ㉢, ㉣
④ ㉠, ㉢, ㉣
⑤ ㉠, ㉡, ㉢, ㉣

> **키워드** 거래정보사업자 지정취소사유
>
> **해설** ㉠㉡㉢㉣ 모두 지정취소사유에 해당한다.

09 공인중개사법령상 거래정보사업자의 지정취소사유에 해당하는 것을 모두 고른 것은?

• 31회

> ㉠ 부동산거래정보망의 이용 및 정보제공방법 등에 관한 운영규정을 변경하고도 국토교통부장관의 승인을 받지 않고 부동산거래정보망을 운영한 경우
> ㉡ 개업공인중개사로부터 공개를 의뢰받지 아니한 중개대상물 정보를 부동산거래정보망에 공개한 경우
> ㉢ 정당한 사유 없이 지정받은 날부터 6개월 이내에 부동산거래정보망을 설치하지 아니한 경우
> ㉣ 개인인 거래정보사업자가 사망한 경우
> ㉤ 부동산거래정보망의 이용 및 정보제공방법 등에 관한 운영규정을 위반하여 부동산거래정보망을 운영한 경우

① ㉠, ㉡
② ㉢, ㉣
③ ㉠, ㉡, ㉤
④ ㉠, ㉡, ㉣, ㉤
⑤ ㉠, ㉡, ㉢, ㉣, ㉤

> **키워드** 거래정보사업자 지정취소사유
>
> **해설** ㉢ 정당한 사유 없이 지정받은 날부터 1년 이내에 부동산거래정보망을 설치·운영하지 아니한 경우 거래정보사업자의 지정취소사유에 해당한다.

정답 07 ① 08 ⑤ 09 ④

10 공인중개사법령상 거래정보사업자지정대장 서식에 기재되는 사항이 <u>아닌</u> 것은?

• 32회

① 지정 번호 및 지정 연월일
② 상호 또는 명칭 및 대표자의 성명
③ 주된 컴퓨터설비의 내역
④ 전문자격자의 보유에 관한 사항
⑤ 「전기통신사업법」에 따른 부가통신사업자번호

키워드 거래정보사업자지정대장

해설 거래정보사업자지정대장에 기재되는 사항은 ①②③④ 및 사무소 소재지, 지정자 주소이다. 따라서 「공인중개사법 시행규칙」 별지 제18호 서식인 거래정보사업자지정대장에 「전기통신사업법」에 따른 부가통신사업자번호는 기재되지 않는다.

이론플러스 **거래정보사업자지정대장 서식에 기재할 사항**(규칙 제15조 제3항)

> 1. 지정 번호 및 지정 연월일
> 2. 상호 또는 명칭 및 대표자의 성명
> 3. 사무소의 소재지
> 4. 주된 컴퓨터설비의 내역
> 5. 전문자격자의 보유에 관한 사항

11 ⓝ 공인중개사법령상 부동산거래정보망을 설치·운영할 자로 지정받기 위한 요건의 일부이다. ( )에 들어갈 내용으로 옳은 것은?
• 31회

> • 부동산거래정보망의 가입·이용신청을 한 (㉠)의 수가 500명 이상이고 (㉡)개 이상의 특별시·광역시·도 및 특별자치도에서 각각 (㉢)인 이상의 (㉠)가 가입·이용신청을 하였을 것
> • 정보처리기사 1명 이상을 확보할 것
> • 공인중개사 (㉣)명 이상을 확보할 것

① ㉠: 공인중개사, ㉡: 2, ㉢: 20, ㉣: 1
② ㉠: 공인중개사, ㉡: 3, ㉢: 20, ㉣: 3
③ ㉠: 개업공인중개사, ㉡: 2, ㉢: 20, ㉣: 3
④ ㉠: 개업공인중개사, ㉡: 2, ㉢: 30, ㉣: 1
⑤ ㉠: 개업공인중개사, ㉡: 3, ㉢: 30, ㉣: 1

키워드 거래정보사업자의 지정요건

해설
• 부동산거래정보망의 가입·이용신청을 한 (㉠ 개업공인중개사)의 수가 500명 이상이고 (㉡ 2)개 이상의 특별시·광역시·도 및 특별자치도에서 각각 (㉢ 30)인 이상의 (㉠ 개업공인중개사)가 가입·이용신청을 하였을 것
• 정보처리기사 1명 이상을 확보할 것
• 공인중개사 (㉣ 1)명 이상을 확보할 것

이론플러스 거래정보사업자의 지정요건

> 1. 부동산거래정보망의 가입·이용신청을 한 개업공인중개사의 수가 500명 이상이고 2개 이상의 특별시·광역시·도 및 특별자치도(이하 '시·도'라 한다)에서 각각 30인 이상의 개업공인중개사가 가입·이용신청을 하였을 것
> 2. 정보처리기사 1명 이상을 확보할 것
> 3. 공인중개사 1명 이상을 확보할 것
> 4. 부동산거래정보망의 가입자가 이용하는 데 지장이 없는 정도로서 국토교통부장관이 정하는 용량 및 성능을 갖춘 컴퓨터설비를 확보할 것

정답 10 ⑤ 11 ④

12 공인중개사법령상 부동산거래정보망의 지정 및 이용에 관한 설명으로 틀린 것은?

• 30회

① 국토교통부장관은 부동산거래정보망을 설치·운영할 자를 지정할 수 있다.
② 부동산거래정보망을 설치·운영할 자로 지정을 받을 수 있는 자는 「전기통신사업법」의 규정에 의한 부가통신사업자로서 국토교통부령으로 정하는 요건을 갖춘 자이다.
③ 거래정보사업자는 지정받은 날부터 3개월 이내에 부동산거래정보망의 이용 및 정보제공방법 등에 관한 운영규정을 정하여 국토교통부장관의 승인을 얻어야 한다.
④ 거래정보사업자가 부동산거래정보망의 이용 및 정보제공방법 등에 관한 운영규정을 변경하고자 하는 경우 국토교통부장관의 승인을 얻어야 한다.
⑤ 거래정보사업자는 개업공인중개사로부터 공개를 의뢰받은 중개대상물의 정보를 개업공인중개사에 따라 차별적으로 공개할 수 있다.

키워드 부동산거래정보망의 지정 및 이용

해설 거래정보사업자는 개업공인중개사로부터 공개를 의뢰받은 중개대상물의 정보를 개업공인중개사에 따라 차별적으로 공개하여서는 아니 된다.

이론플러스 부동산거래정보망의 지정 및 이용

> 거래정보사업자는 개업공인중개사로부터 공개를 의뢰받은 중개대상물의 정보에 한정하여 이를 부동산거래정보망에 공개하여야 하며, 의뢰받은 내용과 다르게 정보를 공개하거나 어떠한 방법으로든지 개업공인중개사에 따라 정보가 차별적으로 공개되도록 하여서는 아니 된다(법 제24조 제4항). 이를 위반한 경우 1년 이하의 징역 또는 1천만원 이하의 벌금형에 해당한다(법 제49조 제1항 제8호).

정답 12 ⑤

CHAPTER 06 개업공인중개사의 의무 및 책임

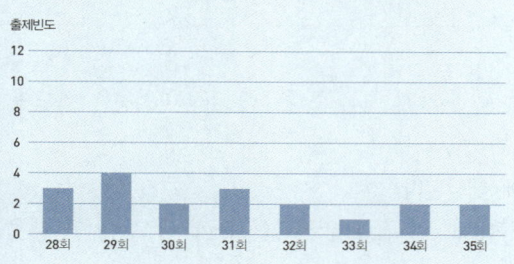

■ 8개년 출제 문항 수
총 40문제 中 평균 약 2.5문제 출제

■ 이 단원을 공략하고 싶다면?
금지행위, 거래계약서, 확인·설명서에 대해 알아두자

→ 기본서 [공인중개사법령 및 중개실무] pp. 180~209

대표기출 1 2024년 제35회 13번 문제 | 난이도 중

공인중개사법령상 누구든지 시세에 부당한 영향을 줄 목적으로 개업공인중개사등의 업무를 방해해서는 <u>아니 되는</u> 행위를 모두 고른 것은?

㉠ 중개의뢰인과 직접 거래를 하는 행위
㉡ 안내문, 온라인 커뮤니티 등을 이용하여 특정 가격 이하로 중개를 의뢰하지 아니하도록 유도하는 행위
㉢ 정당한 사유 없이 개업공인중개사등의 중개대상물에 대한 정당한 표시·광고행위를 방해하는 행위
㉣ 단체를 구성하여 특정 중개대상물에 대하여 중개를 제한하거나 단체 구성원 이외의 자와 공동중개를 제한하는 행위

① ㉠, ㉢
② ㉠, ㉣
③ ㉡, ㉢
④ ㉠, ㉡, ㉣
⑤ ㉡, ㉢, ㉣

기출공략 [키워드] 금지행위

개업공인중개사등의 금지행위에 대해 묻는 문제가 자주 출제되므로 금지행위를 명확하게 암기하여야 합니다.

28회, 29회, 30회, 31회, 34회 35회

공인중개사법령상 누구든지 시세에 부당한 영향을 줄 목적으로 개업공인중개사등의 업무를 방해해서는 아니 되는 행위를 모두 고른 것은? (③)

㉠ 중개의뢰인과 직접 거래를 하는 행위(✕)
㉡ 안내문, 온라인 커뮤니티 등을 이용하여 특정 가격 이하로 중개를 의뢰하지 아니하도록 유도하는 행위(○)
 → 법 제33조 제2항 제3호의 금지행위에 해당한다.
㉢ 정당한 사유 없이 개업공인중개사등의 중개대상물에 대한 정당한 표시·광고행위를 방해하는 행위(○)
 → 법 제33조 제2항 제4호의 금지행위에 해당한다.
㉣ 단체를 구성하여 특정 중개대상물에 대하여 중개를 제한하거나 단체 구성원 이외의 자와 공동중개를 제한하는 행위(✕)

이론플러스 **개업공인중개사의 업무방해행위 내용**

누구든지 시세에 부당한 영향을 줄 목적으로 다음의 방법으로 개업공인중개사등의 업무를 방해해서는 아니 된다(법 제33조 제2항).

1. 안내문, 온라인 커뮤니티 등을 이용하여 특정 개업공인중개사등에 대한 중개의뢰를 제한하거나 제한을 유도하는 행위
2. 안내문, 온라인 커뮤니티 등을 이용하여 중개대상물에 대하여 시세보다 현저하게 높게 표시·광고 또는 중개하는 특정 개업공인중개사등에게만 중개의뢰를 하도록 유도함으로써 다른 개업공인중개사등을 부당하게 차별하는 행위
3. 안내문, 온라인 커뮤니티 등을 이용하여 특정 가격 이하로 중개를 의뢰하지 아니하도록 유도하는 행위
4. 정당한 사유 없이 개업공인중개사등의 중개대상물에 대한 정당한 표시·광고행위를 방해하는 행위
5. 개업공인중개사등에게 중개대상물을 시세보다 현저하게 높게 표시·광고하도록 강요하거나 대가를 약속하고 시세보다 현저하게 높게 표시·광고하도록 유도하는 행위

대표기출 2 2023년 제34회 14번 문제 | 난이도 중

공인중개사법령상 개업공인중개사 甲의 중개대상물 확인·설명에 관한 설명으로 **틀린** 것은? (다툼이 있으면 판례에 따름)

① 甲은 중개가 완성되어 거래계약서를 작성하는 때에 중개대상물 확인·설명서를 작성하여 거래당사자에게 교부해야 한다.
② 甲은 중개대상물에 근저당권이 설정된 경우, 실제의 피담보채무액을 조사·확인하여 설명할 의무가 있다.
③ 甲은 중개대상물의 범위 외의 물건이나 권리 또는 지위를 중개하는 경우에도 선량한 관리자의 주의로 권리관계 등을 조사·확인하여 설명할 의무가 있다.
④ 甲은 자기가 조사·확인하여 설명할 의무가 없는 사항이라도 중개의뢰인이 계약을 맺을지를 결정하는 데 중요한 것이라면 그에 관해 그릇된 정보를 제공해서는 안 된다.
⑤ 甲이 성실·정확하게 중개대상물의 확인·설명을 하지 않거나 설명의 근거자료를 제시하지 않은 경우 500만원 이하의 과태료 부과사유에 해당한다.

기출공략 [키워드] 중개대상물 확인·설명

중개대상물 확인·설명의무에 관해 학습하여야 합니다.

34회

공인중개사법령상 개업공인중개사 甲의 중개대상물 확인·설명에 관한 설명으로 **틀린** 것은? (다툼이 있으면 판례에 따름) (②)

① 甲은 중개가 완성되어 거래계약서를 작성하는 때에 중개대상물 확인·설명서를 작성하여 거래당사자에게 교부해야 한다. (O)
② 甲은 중개대상물에 근저당권이 설정된 경우, ~~실제의 피담보채무액을~~ 조사·확인하여 설명할 의무가 있다. (×)
  → 甲은 중개대상물에 근저당권이 설정된 경우, '채권최고액'을 조사·확인하여 설명할 의무가 있다.
③ 甲은 중개대상물의 범위 외의 물건이나 권리 또는 지위를 중개하는 경우에도 선량한 관리자의 주의로 권리관계 등을 조사·확인하여 설명할 의무가 있다. (O)
④ 甲은 자기가 조사·확인하여 설명할 의무가 없는 사항이라도 중개의뢰인이 계약을 맺을지를 결정하는 데 중요한 것이라면 그에 관해 그릇된 정보를 제공해서는 안 된다. (O)

⑤ 甲이 성실·정확하게 중개대상물의 확인·설명을 하지 않거나 설명의 근거자료를 제시하지 않은 경우 500만원 이하의 과태료 부과사유에 해당한다. (○)

이론플러스 근저당이 설정된 경우 확인·설명사항

판례에 의하면 근저당권이 설정된 경우 개업공인중개사는 채권최고액을 설명하면 된다.

대표기출 3 | 2024년 제35회 19번 문제 | 난이도 중

공인중개사법령상 개업공인중개사가 중개를 완성한 때에 작성하는 거래계약서에 기재하여야 하는 사항을 모두 고른 것은?

㉠ 권리이전의 내용
㉡ 물건의 인도일시
㉢ 계약의 조건이나 기한이 있는 경우에는 그 조건 또는 기한
㉣ 중개대상물 확인·설명서 교부일자

① ㉠, ㉣
② ㉡, ㉢
③ ㉠, ㉡, ㉢
④ ㉠, ㉡, ㉣
⑤ ㉠, ㉡, ㉢, ㉣

기출공략 [키워드] 거래계약서의 작성

거래계약서 작성의무 및 기재사항에 대해 학습하여야 합니다.

28회, 29회, 31회, 33회, 35회

공인중개사법령상 개업공인중개사가 중개를 완성한 때에 작성하는 거래계약서에 기재하여야 하는 사항을 모두 고른 것은? (⑤)

㉠ 권리이전의 내용 (○)
㉡ 물건의 인도일시 (○)
㉢ 계약의 조건이나 기한이 있는 경우에는 그 조건 또는 기한 (○)
㉣ 중개대상물 확인·설명서 교부일자 (○)
→ ㉠㉡㉢㉣ 모두 거래계약서에 기재하여야 하는 사항에 해당한다.

> **이론플러스** 거래계약서 기재사항
>
> 1. 거래당사자의 인적사항
> 2. 물건의 표시
> 3. 권리이전의 내용
> 4. 거래금액·계약금액 및 그 지급일자 등 지급에 관한 사항
> 5. 계약일
> 6. 중개대상물 확인·설명서 교부일자
> 7. 물건의 인도일시
> 8. 계약의 조건이나 기한이 있는 경우에는 그 조건 또는 기한
> 9. 그 밖의 약정내용

01 공인중개사법령상 소속공인중개사에게 금지되는 행위를 모두 고른 것은? • 34회

중

> ㉠ 공인중개사 명칭을 사용하는 행위
> ㉡ 중개대상물에 대한 표시·광고를 하는 행위
> ㉢ 중개대상물의 매매를 업으로 하는 행위
> ㉣ 시세에 부당한 영향을 줄 목적으로 온라인 커뮤니티 등을 이용하여 특정 가격 이하로 중개를 의뢰하지 아니하도록 유도함으로써 개업공인중개사의 업무를 방해하는 행위

① ㉠, ㉡
② ㉡, ㉣
③ ㉢, ㉣
④ ㉡, ㉢, ㉣
⑤ ㉠, ㉡, ㉢, ㉣

키워드 금지행위

해설 ㉡ 개업공인중개사에 한하여 허용되므로 소속공인중개사에게는 금지되는 행위에 해당한다(법 제18조의2 제3항).
㉢ 「공인중개사법」 제33조의 금지행위에 해당하며, 이는 개업공인중개사등(개업공인중개사, 소속공인중개사, 중개보조원 및 개업공인중개사인 법인의 임원·사원)에게 적용된다. 따라서 소속공인중개사에게 금지되는 행위에 해당한다.
㉣ 법 제33조 제2항 제3호에 해당하는 행위로서 개업공인중개사등에게 금지되는 행위이다.

정답 01 ④

02 공인중개사법령상 개업공인중개사등의 금지행위에 해당하지 <u>않는</u> 것은? • 31회
중

① 무등록 중개업을 영위하는 자인 사실을 알면서 그를 통하여 중개를 의뢰받는 행위
② 부동산의 매매를 중개한 개업공인중개사가 해당 부동산을 다른 개업공인중개사의 중개를 통하여 임차한 행위
③ 자기의 중개의뢰인과 직접 거래를 하는 행위
④ 제3자에게 부당한 이익을 얻게 할 목적으로 거짓으로 거래가 완료된 것처럼 꾸미는 등 중개대상물의 시세에 부당한 영향을 줄 우려가 있는 행위
⑤ 단체를 구성하여 단체 구성원 이외의 자와 공동중개를 제한하는 행위

키워드 금지행위

해설 ① 무등록 중개업자와의 거래는 금지행위이다.
② 부동산의 매매를 중개한 개업공인중개사가 해당 부동산을 다른 개업공인중개사의 중개를 통하여 임차한 행위는 중개의뢰인과 직접 거래계약을 한 것이 아니므로 금지행위 중 직접 거래에 해당하지 않는다.
③ 중개의뢰인과의 직접 거래는 금지행위이다.
④ 허위로 부동산 거래신고를 하는 경우 중개대상물의 시세에 부당한 영향을 줄 수 있으므로 금지행위이다.
⑤ 단체를 구성하여 특정 중개대상물에 대하여 중개를 제한하거나 단체 구성원 이외의 자와 공동중개를 제한하는 행위는 금지행위이다.

이론플러스 개업공인중개사등의 금지행위

1. 중개대상물의 매매를 업으로 하는 행위
2. 중개사무소의 개설등록을 하지 아니하고 중개업을 영위하는 자인 사실을 알면서 그를 통하여 중개를 의뢰받거나 그에게 자기의 명의를 이용하게 하는 행위
3. 사례·증여 그 밖의 어떠한 명목으로도 중개보수 또는 실비를 초과하여 금품을 받는 행위
4. 해당 중개대상물의 거래상의 중요사항에 관하여 거짓된 언행 그 밖의 방법으로 중개의뢰인의 판단을 그르치게 하는 행위
5. 양도·알선 등이 금지된 부동산의 분양·임대 등과 관련 있는 증서 등의 매매·교환 등을 중개하거나 그 매매를 업으로 하는 행위
6. 중개의뢰인과 직접 거래를 하거나 거래당사자 쌍방을 대리하는 행위
7. 탈세 등 관계 법령을 위반할 목적으로 소유권보존등기 또는 이전등기를 하지 아니한 부동산이나 관계 법령의 규정에 의하여 전매 등 권리의 변동이 제한된 부동산의 매매를 중개하는 등 부동산투기를 조장하는 행위
8. 부당한 이익을 얻거나 제3자에게 부당한 이익을 얻게 할 목적으로 거짓으로 거래가 완료된 것처럼 꾸미는 등 중개대상물의 시세에 부당한 영향을 주거나 줄 우려가 있는 행위

9. 단체를 구성하여 특정 중개대상물에 대하여 중개를 제한하거나 단체 구성원 이외의 자와 공동중개를 제한하는 행위

03 공인중개사법령상 금지행위에 관한 설명으로 옳은 것은? • 30회

① 법인인 개업공인중개사의 사원이 중개대상물의 매매를 업으로 하는 것은 금지되지 않는다.
② 개업공인중개사가 거래당사자 쌍방을 대리하는 것은 금지되지 않는다.
③ 개업공인중개사가 중개의뢰인과 직접 거래를 하는 행위는 금지된다.
④ 법인인 개업공인중개사의 임원이 중개의뢰인과 직접 거래를 하는 것은 금지되지 않는다.
⑤ 중개보조원이 중개의뢰인과 직접 거래를 하는 것은 금지되지 않는다.

키워드 금지행위

해설 ① 중개대상물의 매매를 업으로 하는 행위는 「공인중개사법」 제33조 제1항 제1호에 해당하는 금지행위이다. 이 경우 금지행위는 개업공인중개사, 소속공인중개사, 중개보조원, 법인의 임원 또는 사원(개업공인중개사등)에게 적용된다.
② 개업공인중개사가 거래당사자 쌍방을 대리하는 행위는 「공인중개사법」 제33조 제1항 제6호에 해당하는 금지행위에 해당한다.
④⑤ 「공인중개사법」 제33조 제1항 제6호에서 금지하고 있는 직접 거래는 개업공인중개사, 소속공인중개사, 중개보조원, 법인의 임원 또는 사원에게 적용된다.

정답 02 ② 03 ③

04 공인중개사법령상 벌칙 부과대상 행위 중 피해자의 명시한 의사에 반하여 벌하지 <u>않는</u> 경우는?
• 32회

① 거래정보사업자가 개업공인중개사로부터 의뢰받은 내용과 다르게 중개대상물의 정보를 부동산거래정보망에 공개한 경우
② 개업공인중개사가 그 업무상 알게 된 비밀을 누설한 경우
③ 개업공인중개사가 중개의뢰인으로부터 법령으로 정한 보수를 초과하여 금품을 받은 경우
④ 시세에 부당한 영향을 줄 목적으로 개업공인중개사에게 중개대상물을 시세보다 현저하게 높게 표시·광고하도록 강요하는 방법으로 개업공인중개사의 업무를 방해한 경우
⑤ 개업공인중개사가 단체를 구성하여 단체 구성원 이외의 자와 공동중개를 제한한 경우

키워드 반의사불벌죄

해설 개업공인중개사등이 업무상 알게 된 비밀을 누설한 경우에는 피해자의 고소가 없다 하더라도 1년 이하의 징역 또는 1천만원 이하의 벌금형에 처해진다. 다만, 피해자의 명시적인 불처벌 의사표시가 있는 경우에는 처벌할 수 없다. 이를 '반의사불벌죄'라고 한다.

05 공인중개사법령상 내용으로 옳은 것은?
• 31회

① 중개보조원은 중개대상물에 관한 확인·설명의무가 있다.
② 소속공인중개사는 그 소속 개업공인중개사인 법인의 임원이 될 수 없다.
③ 외국인은 공인중개사가 될 수 없다.
④ 개업공인중개사가 성실·정확하게 중개대상물의 확인·설명을 하지 않은 경우 과태료 처분사유에 해당한다.
⑤ 토지이용계획은 주거용 건축물 매매계약의 중개의뢰를 받은 개업공인중개사가 확인·설명해야 할 사항에 포함되지 않는다.

키워드 중개대상물 확인·설명

해설
① 중개보조원은 중개대상물에 관한 확인·설명의무는 없으며, 확인·설명의무는 개업공인중개사에게 있다(법 제25조 제1항).
② 소속공인중개사의 정의에서 "개업공인중개사인 법인의 사원 또는 임원으로서 공인중개사인 자를 포함한다."라고 규정하고 있으므로 "소속공인중개사는 그 소속 개업공인중개사인 법인의 임원이 될 수 있다."라고 고쳐야 옳은 내용이 된다.
③ 외국인도 자격시험에 응시하여 공인중개사가 될 수 있다.
⑤ 「공인중개사법 시행령」 제21조 제1항에서 규정하고 있는 확인·설명사항에는 토지이용계획, 공법상의 거래규제 및 이용제한에 관한 사항이 있다. 따라서 토지이용계획은 주거용 건축물 매매계약의 중개의뢰를 받은 개업공인중개사가 확인·설명해야 할 사항에 포함된다.

06 공인중개사법령상 중개대상물의 확인·설명에 관한 내용으로 옳은 것은? (다툼이 있으면 판례에 따름)
• 30회

① 개업공인중개사는 선량한 관리자의 주의로 중개대상물의 권리관계 등을 조사·확인하여 중개의뢰인에게 설명할 의무가 있다.
② 2명의 개업공인중개사가 공동중개한 경우 중개대상물 확인·설명서에는 공동중개한 개업공인중개사 중 1인만 서명·날인하면 된다.
③ 개업공인중개사는 중개대상물에 대한 확인·설명을 중개가 완성된 후 해야 한다.
④ 중개보조원은 중개의뢰인에게 중개대상물의 확인·설명의무를 진다.
⑤ 개업공인중개사는 중개대상물 확인·설명서를 작성하여 거래당사자에게 교부하고 그 원본을 5년간 보존하여야 한다.

키워드 중개대상물 확인·설명

해설
② 2명의 개업공인중개사가 공동중개한 경우 중개대상물 확인·설명서에는 공동중개한 개업공인중개사 모두 서명 및 날인하여야 한다.
③ 개업공인중개사는 중개대상물에 대한 확인·설명을 중개가 완성되기 전에 매수인·임차인 등 권리를 취득하고자 하는 중개의뢰인에게 하여야 한다.
④ 중개보조원은 확인·설명의무가 없다. 확인·설명의무는 개업공인중개사에게 있다.
⑤ 개업공인중개사는 중개대상물 확인·설명서를 서면으로 작성하여 거래당사자에게 교부하고 3년 동안 그 원본, 사본 또는 전자문서를 보존하여야 한다. 다만, 확인·설명사항이 공인전자문서센터에 보관된 경우에는 그러하지 아니하다(법 제25조 제3항).

정답 04 ② 05 ④ 06 ①

07 공인중개사법령상 개업공인중개사의 거래계약서 작성 등에 관한 설명으로 옳은 것은?

• 33회

① 개업공인중개사가 국토교통부장관이 정하는 거래계약서 표준서식을 사용하지 아니한 경우, 시·도지사는 그 자격을 취소해야 한다.
② 중개대상물 확인·설명서 교부일자는 거래계약서에 기재해야 하는 사항이다.
③ 하나의 거래계약에 대하여 서로 다른 둘 이상의 거래계약서를 작성한 경우, 시·도지사는 3개월의 범위 안에서 그 업무를 정지해야 한다.
④ 중개행위를 한 소속공인중개사가 거래계약서를 작성하는 경우, 그 소속공인중개사가 거래계약서에 서명 및 날인하여야 하며 개업공인중개사는 서명 및 날인의무가 없다.
⑤ 거래계약서가 「전자문서 및 전자거래 기본법」에 따른 공인전자문서센터에 보관된 경우 3년간 그 사본을 보존해야 한다.

키워드 거래계약서의 작성

해설 ① 국토교통부장관은 개업공인중개사가 작성하는 거래계약서의 표준이 되는 서식을 정하여 그 사용을 권장할 수 있다(영 제22조 제3항). 표준서식 사용 여부는 의무가 아니라 권장사항이므로, 표준서식을 사용하지 아니하였다 하여 제재할 수 없다. 따라서 개업공인중개사가 국토교통부장관이 정하는 거래계약서 표준서식을 사용하지 아니한 경우, 시·도지사는 그 자격을 취소해야 한다는 지문은 틀린 지문이 된다.
③ 등록관청은 개업공인중개사가 거래계약서에 거래금액 등 거래내용을 거짓으로 기재하거나 서로 다른 둘 이상의 거래계약서를 작성한 경우에는 등록을 취소할 수 있다(법 제38조 제2항 제7호).
④ 소속공인중개사와 개업공인중개사가 함께 서명 및 날인하여야 한다.
⑤ 개업공인중개사는 중개대상물에 관하여 중개가 완성된 때에는 거래계약서를 작성하여 거래당사자에게 교부하고 5년 동안 그 원본, 사본 또는 전자문서를 보존하여야 한다. 다만, 거래계약서가 공인전자문서센터에 보관된 경우에는 그러하지 아니하다(법 제26조 제1항, 영 제22조 제2항).

08 공인중개사법령상 개업공인중개사가 거래계약서를 작성하는 경우에 관한 설명으로 틀린 것은? (다툼이 있으면 판례에 따름) • 31회

① 개업공인중개사는 중개가 완성된 때에만 거래계약서를 작성·교부하여야 한다.
② 개업공인중개사는 거래계약서에 서명 및 날인하여야 한다.
③ 중개대상물 확인·설명서 교부일자는 거래계약서의 필수 기재사항에 해당한다.
④ 개업공인중개사의 거래계약서 보존기간(공인전자문서센터에 보관된 경우는 제외함)은 5년이다.
⑤ 개업공인중개사가 하나의 거래계약에 대하여 서로 다른 둘 이상의 거래계약서를 작성한 경우, 등록관청은 중개사무소의 개설등록을 취소하여야 한다.

키워드 거래계약서의 작성

해설 개업공인중개사가 거래계약서에 거래금액 등 거래내용을 거짓으로 기재하거나 서로 다른 둘 이상의 계약서를 작성한 경우 상대적 등록취소사유에 해당한다. 따라서 ⑤ 지문은 "개업공인중개사가 하나의 거래계약에 대하여 서로 다른 둘 이상의 거래계약서를 작성한 경우, 등록관청은 중개사무소의 개설등록을 취소할 수 있다."라고 고쳐야 옳은 지문이 된다.

정답 07 ② 08 ⑤

CHAPTER 07

손해배상책임과 반환채무이행보장

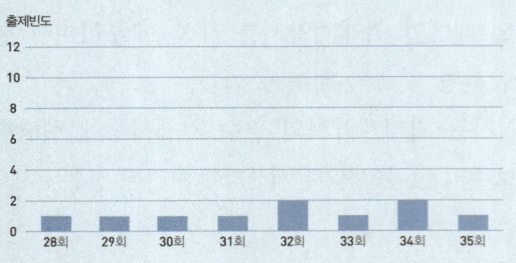

■ 8개년 출제 문항 수
총 40문제 中 평균 약 1문제 출제

■ 이 단원을 공략하고 싶다면?
업무보증설정, 반환채무이행보장 제도에 대해 이해하자

→ 기본서 [공인중개사법령 및 중개실무] pp. 210~226

대표기출 1 | 2023년 제34회 15번 문제 | 난이도 중

공인중개사법령상 공인중개사인 개업공인중개사 甲의 손해배상책임의 보장에 관한 설명으로 틀린 것은?

① 甲은 업무를 시작하기 전에 손해배상책임을 보장하기 위한 조치를 하여야 한다.
② 甲은 2억원 이상의 금액을 보장하는 보증보험 또는 공제에 가입하거나 공탁을 해야 한다.
③ 甲은 보증보험금·공제금 또는 공탁금으로 손해배상을 한 때에는 15일 이내에 보증보험 또는 공제에 다시 가입하거나 공탁금 중 부족하게 된 금액을 보전해야 한다.
④ 甲이 손해배상책임을 보장하기 위한 조치를 이행하지 아니하고 업무를 개시한 경우는 업무정지사유에 해당하지 않는다.
⑤ 甲은 자기의 중개사무소를 다른 사람의 중개행위의 장소로 제공함으로써 거래당사자에게 재산상의 손해를 발생하게 한 때에는 그 손해를 배상할 책임이 있다.

기출공략 [키워드] 업무보증설정

업무보증설정에 관해 학습하여야 합니다.

34회

공인중개사법령상 공인중개사인 개업공인중개사 甲의 손해배상책임의 보장에 관한 설명으로 틀린 것은? (④)

① 甲은 업무를 시작하기 전에 손해배상책임을 보장하기 위한 조치를 하여야 한다. (O)

② 甲은 2억원 이상의 금액을 보장하는 보증보험 또는 공제에 가입하거나 공탁을 해야 한다. (O)

③ 甲은 보증보험금·공제금 또는 공탁금으로 손해배상을 한 때에는 15일 이내에 보증보험 또는 공제에 다시 가입하거나 공탁금 중 부족하게 된 금액을 보전해야 한다. (O)

④ 甲이 손해배상책임을 보장하기 위한 조치를 이행하지 아니하고 업무를 개시한 경우는 ~~업무정지사유에 해당하지 않는다.~~ (×)
  → 甲이 손해배상책임을 보장하기 위한 조치를 이행하지 아니하고 업무를 개시한 경우는 법 제38조 제2항 상대적 등록취소사유에 해당한다. 이 경우 등록취소가 부과되지 않는다면 6개월의 업무정지사유에 해당한다.

⑤ 甲은 자기의 중개사무소를 다른 사람의 중개행위의 장소로 제공함으로써 거래당사자에게 재산상의 손해를 발생하게 한 때에는 그 손해를 배상할 책임이 있다. (O)

이론플러스 상대적 등록취소사유

「공인중개사법」 제38조 제2항의 상대적 등록취소사유는 해당 등록취소처분이 내려지지 않는 경우 6개월의 업무정지사유에 해당한다.

대표기출 2 2024년 제35회 12번 문제 | 난이도 하

공인중개사법령상 개업공인중개사가 계약금등을 금융기관에 예치하도록 거래당사자에게 권고하는 경우 예치명의자가 될 수 없는 자는?

① 개업공인중개사
② 거래당사자 중 일방
③ 부동산거래계약의 이행을 보장하기 위하여 계약 관련 서류 및 계약금등을 관리하는 업무를 수행하는 전문회사
④ 국토교통부장관의 승인을 얻어 공제사업을 하는 공인중개사협회
⑤ 「은행법」에 따른 은행

| 기출공략 | [키워드] 예치명의자

예치명의자가 될 수 있는 자에 관해 학습하여야 합니다.

34회, 35회

공인중개사법령상 개업공인중개사가 계약금등을 금융기관에 예치하도록 거래당사자에게 권고하는 경우 예치명의자가 될 수 없는 자는? (②)

① 개업공인중개사 (O)
② 거래당사자 중 일방 (×)
　→ 거래당사자 중 일방은 예치명의자가 될 수 없다.
③ 부동산거래계약의 이행을 보장하기 위하여 계약 관련 서류 및 계약금등을 관리하는 업무를 수행하는 전문회사 (O)
④ 국토교통부장관의 승인을 얻어 공제사업을 하는 공인중개사협회 (O)
⑤ 「은행법」에 따른 은행 (O)

| 이론플러스 | **예치명의자**(법 제31조 제1항, 영 제27조 제1항)
「공인중개사법」상 예치명의자가 될 수 있는 자는 다음에 규정된 자로 한정되어 있다.

1. 개업공인중개사
2. 「은행법」에 따른 은행
3. 「보험업법」에 따른 보험회사
4. 「자본시장과 금융투자업에 관한 법률」에 따른 신탁업자
5. 「우체국예금·보험에 관한 법률」에 따른 체신관서
6. 법 제42조의 규정에 따라 공제사업을 하는 자
7. 부동산거래계약의 이행을 보장하기 위하여 계약금·중도금 또는 잔금(이하 '계약금등'이라 한다) 및 계약 관련 서류를 관리하는 업무를 수행하는 전문회사

01 공인중개사법령상 ( )에 들어갈 숫자가 큰 것부터 작은 것 순으로 옳게 나열된 것은?

• 33회

- 개업공인중개사가 공제금으로 손해배상을 한 때에는 (㉠)일 이내에 공제에 다시 가입해야 한다.
- 개업공인중개사가 등록한 인장을 변경한 경우 변경일부터 (㉡)일 이내에 그 변경된 인장을 등록관청에 등록해야 한다.
- 개업공인중개사는 중개사무소를 이전한 때에는 이전한 날부터 (㉢)일 이내에 국토교통부령으로 정하는 바에 따라 등록관청에 이전사실을 신고해야 한다.

① ㉠ – ㉢ – ㉡
② ㉡ – ㉠ – ㉢
③ ㉡ – ㉢ – ㉠
④ ㉢ – ㉠ – ㉡
⑤ ㉢ – ㉡ – ㉠

키워드 각종 기간

해설
- 개업공인중개사가 공제금으로 손해배상을 한 때에는 (㉠ 15)일 이내에 공제에 다시 가입해야 한다.
- 개업공인중개사가 등록한 인장을 변경한 경우 변경일부터 (㉡ 7)일 이내에 그 변경된 인장을 등록관청에 등록해야 한다.
- 개업공인중개사는 중개사무소를 이전한 때에는 이전한 날부터 (㉢ 10)일 이내에 국토교통부령으로 정하는 바에 따라 등록관청에 이전사실을 신고해야 한다.

정답 01 ①

02 공인중개사법령상 손해배상책임의 보장에 관한 설명으로 **틀린** 것은? • 32회 수정

① 개업공인중개사는 중개가 완성된 때에는 거래당사자에게 손해배상책임의 보장기간을 설명해야 한다.
② 개업공인중개사는 고의로 거래당사자에게 손해를 입힌 경우에는 재산상의 손해뿐만 아니라 비재산적 손해에 대해서도 공인중개사법령상 손해배상책임보장규정에 의해 배상할 책임이 있다.
③ 개업공인중개사가 자기의 중개사무소를 다른 사람의 중개행위의 장소로 제공하여 거래당사자에게 재산상의 손해를 발생하게 한 때에는 그 손해를 배상할 책임이 있다.
④ 법인인 개업공인중개사가 분사무소를 두는 경우 분사무소마다 추가로 2억원 이상의 손해배상책임의 보증설정을 해야 하나 보장금액의 상한은 없다.
⑤ 지역농업협동조합이 「농업협동조합법」에 의해 부동산중개업을 하는 경우 보증기관에 설정하는 손해배상책임보증의 최저보장금액은 개업공인중개사의 최저보장금액과 다르다.

키워드 업무보증설정

해설 「공인중개사법」 제30조 제1항에 따르면 "개업공인중개사는 중개행위를 하는 경우 고의 또는 과실로 인하여 거래당사자에게 재산상의 손해를 발생하게 한 때에는 그 손해를 배상할 책임이 있다."고 규정하고 있다. 따라서 비재산적 손해에 관하여는 「공인중개사법」상 손해배상책임보장규정이 없다.

이론플러스 손해배상책임의 내용

1. 개업공인중개사는 중개행위를 하는 경우 고의 또는 과실로 인하여 거래당사자에게 재산상의 손해를 발생하게 한 때에는 그 손해를 배상할 책임이 있다.
2. 개업공인중개사는 자기의 중개사무소를 다른 사람의 중개행위의 장소로 제공함으로써 거래당사자에게 재산상의 손해를 발생하게 한 때에는 그 손해를 배상할 책임이 있다.
3. 개업공인중개사는 업무를 개시하기 전에 위 1., 2.에 따른 손해배상책임을 보장하기 위하여 대통령령으로 정하는 바에 따라 보증보험 또는 공제사업에 따른 공제에 가입하거나 공탁을 하여야 한다.
4. 위 3.에 따라 공탁한 공탁금은 개업공인중개사가 폐업 또는 사망한 날부터 3년 이내에는 이를 회수할 수 없다.
5. 개업공인중개사는 중개가 완성된 때에는 거래당사자에게 손해배상책임의 보장에 관한 다음의 사항을 설명하고 관계 증서의 사본을 교부하거나 관계 증서에 관한 전자문서를 제공하여야 한다.
   ㉠ 보장금액
   ㉡ 보증보험회사, 공제사업을 행하는 자, 공탁기관 및 그 소재지
   ㉢ 보장기간

03 공인중개사법령상 개업공인중개사의 보증설정 등에 관한 설명으로 옳은 것은? • 32회

① 개업공인중개사가 보증설정신고를 할 때 등록관청에 제출해야 할 증명서류는 전자문서로 제출할 수 없다.
② 보증기관이 보증사실을 등록관청에 직접 통보한 경우라도 개업공인중개사는 등록관청에 보증설정신고를 해야 한다.
③ 보증을 다른 보증으로 변경하려면 이미 설정된 보증의 효력이 있는 기간이 지난 후에 다른 보증을 설정해야 한다.
④ 보증변경신고를 할 때 손해배상책임보증 변경신고서 서식의 '보증'란에 '변경 후 보증내용'을 기재한다.
⑤ 개업공인중개사가 보증보험금으로 손해배상을 한 때에는 그 보증보험의 금액을 보전해야 하며 다른 공제에 가입할 수 없다.

키워드 업무보증설정

해설 ① 개업공인중개사는 중개업무를 개시하기 전에 손해배상책임을 보장하기 위한 수단으로 업무보증을 설정하여 그 증명서류를 갖추어 등록관청에 신고하여야 한다(법 제30조 제3항). 증명서류라 함은 보증보험증서 사본, 공제증서 사본, 공탁증서 사본 등을 말하며 전자문서를 포함한다.
② 보증을 한 보증보험회사, 공제사업자 또는 공탁기관이 보증사실을 등록관청에 직접 통보한 경우에는 신고를 생략할 수 있다(영 제24조 제2항).
③ 업무보증을 설정한 개업공인중개사가 그 보증을 다른 보증으로 변경하고자 하는 경우에는 이미 설정한 보증의 효력이 있는 기간 중에 다른 보증을 설정하고 그 증명서류를 갖추어 등록관청에 신고하여야 한다(영 제25조 제1항).
④ 「공인중개사법 시행규칙」 별지 제25호 서식인 손해배상책임보증 변경신고서의 내용 중 '보증'란에는 '변경 후 보증내용'을 기재한다.
⑤ 보증보험에 가입하여 보증을 설정하고, 보증보험금으로 손해배상을 한 때에는 다시 새로운 보증보험에 가입하거나 공제 또는 공탁으로 재보증설정을 하여야 한다. 부족한 돈을 보충하여 채워넣는 방법으로 재보증을 설정할 수는 없다. 보전은 공탁의 경우 쓸 수 있는 재보증방법이다.

정답 02 ② 03 ④

04 공인중개사법령상 개업공인중개사 甲의 손해배상책임의 보장에 관한 설명으로 **틀린** 것은?
• 31회

① 甲은 업무를 개시하기 전에 손해배상책임을 보장하기 위하여 보증보험 또는 공제에 가입하거나 공탁을 해야 한다.
② 甲이 설정한 보증을 다른 보증으로 변경하려는 경우 이미 설정한 보증의 효력이 있는 기간 중에 다른 보증을 설정하여야 한다.
③ 甲이 보증보험 또는 공제에 가입한 경우 보증기간의 만료로 다시 보증을 설정하려면, 그 보증기간 만료일까지 다시 보증을 설정하여야 한다.
④ 甲이 손해배상책임을 보장하기 위한 조치를 이행하지 아니하고 업무를 개시한 경우 등록관청은 개설등록을 취소할 수 있다.
⑤ 甲이 공제금으로 손해배상을 한 때에는 30일 이내에 공제에 다시 가입하여야 한다.

키워드 업무보증설정 및 보전규정
해설 개업공인중개사가 보증보험금·공제금 또는 공탁금으로 손해배상을 한 때에는 15일 이내에 보증보험 또는 공제에 다시 가입하거나 공탁금 중 부족하게 된 금액을 보전하여야 한다.

05 공인중개사법령상 계약금등을 예치하는 경우 예치명의자가 될 수 있는 자를 모두 고른 것은?
• 34회

> ⑴ 「보험업법」에 따른 보험회사
> ⑵ 「자본시장과 금융투자업에 관한 법률」에 따른 투자중개업자
> ⑶ 「자본시장과 금융투자업에 관한 법률」에 따른 신탁업자
> ⑷ 「한국지방재정공제회법」에 따른 한국지방재정공제회

① ㉠
② ㉠, ㉢
③ ㉠, ㉡, ㉢
④ ㉡, ㉢, ㉣
⑤ ㉠, ㉡, ㉢, ㉣

키워드 예치명의자
해설 예치명의자가 될 수 있는 자는 ㉠㉢이다.

06 공인중개사법령상 계약금등의 반환채무이행의 보장 등에 관한 설명으로 <u>틀린</u> 것은?

• 30회

① 개업공인중개사는 거래의 안전을 보장하기 위하여 필요하다고 인정하는 경우, 계약금등을 예치하도록 거래당사자에게 권고할 수 있다.
② 예치대상은 계약금·중도금 또는 잔금이다.
③ 「보험업법」에 따른 보험회사는 계약금등의 예치명의자가 될 수 있다.
④ 개업공인중개사는 거래당사자에게 「공인중개사법」에 따른 공제사업을 하는 자의 명의로 계약금등을 예치하도록 권고할 수 없다.
⑤ 개업공인중개사는 계약금등을 자기 명의로 금융기관 등에 예치하는 경우 자기 소유의 예치금과 분리하여 관리될 수 있도록 하여야 한다.

키워드 반환채무이행의 보장

해설 개업공인중개사는 거래당사자에게 「공인중개사법」에 따른 공제사업을 하는 자의 명의로 계약금등을 예치하도록 권고할 수 있다.

이론플러스 개업공인중개사는 거래의 안전을 보장하기 위하여 필요하다고 인정하는 경우에는 거래계약의 이행이 완료될 때까지 계약금·중도금 또는 잔금을 개업공인중개사 또는 다음에 해당하는 자의 명의로 금융기관, 공제사업을 하는 자, 신탁업자 등에 예치하도록 거래당사자에게 권고할 수 있다(법 제31조 제1항, 영 제27조 제1항).

> 1. 「은행법」에 따른 은행
> 2. 「보험업법」에 따른 보험회사
> 3. 「자본시장과 금융투자업에 관한 법률」에 따른 신탁업자
> 4. 「우체국예금·보험에 관한 법률」에 따른 체신관서
> 5. 법 제42조의 규정에 따라 공제사업을 하는 자
> 6. 부동산거래계약의 이행을 보장하기 위하여 계약금·중도금 또는 잔금 및 계약 관련 서류를 관리하는 업무를 수행하는 전문회사

정답 04 ⑤ 05 ② 06 ④

CHAPTER 08 중개보수

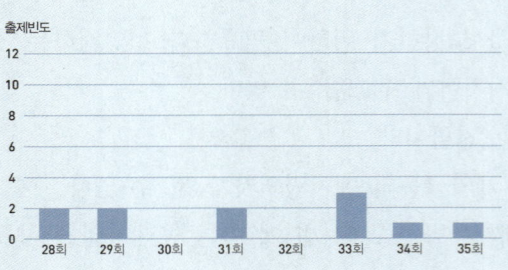

■ 8개년 출제 문항 수
총 40문제 中 평균 약 1.5문제 출제

■ 이 단원을 공략하고 싶다면?
중개보수 계산방법에 대해 알아두자

기본서 [공인중개사법령 및 중개실무] pp. 227~239

대표기출 1 2024년 제35회 15번 문제 | 난이도 중

공인중개사법령상 중개보수 등에 관한 설명으로 틀린 것은?

① 개업공인중개사의 중개업무상 과실로 인하여 중개의뢰인간의 거래행위가 무효가 된 경우 개업공인중개사는 중개의뢰인으로부터 소정의 보수를 받을 수 없다.
② 주택의 중개에 대한 보수는 중개의뢰인 쌍방으로부터 각각 받되, 그 금액은 시·도의 조례로 정하는 요율한도 이내에서 중개의뢰인과 개업공인중개사가 서로 협의하여 결정한다.
③ 중개보수의 지급시기는 개업공인중개사와 중개의뢰인간의 약정에 따르되, 약정이 없을 때에는 중개대상물의 거래대금 지급이 완료된 날로 한다.
④ 중개대상물인 주택의 소재지와 중개사무소의 소재지가 다른 경우 중개보수는 중개대상물의 소재지를 관할하는 시·도의 조례에서 정한 기준에 따라야 한다.
⑤ 개업공인중개사는 중개의뢰인으로부터 중개대상물의 권리관계 등의 확인에 소요되는 실비를 받을 수 있다.

기출공략 [키워드] 중개보수

중개보수의 범위 및 지급시기에 대해 알아두어야 합니다.

28회, 33회, 35회

공인중개사법령상 중개보수 등에 관한 설명으로 틀린 것은? (④)

① 개업공인중개사의 중개업무상 과실로 인하여 중개의뢰인간의 거래행위가 무효가 된 경우 개업공인중개사는 중개의뢰인으로부터 소정의 보수를 받을 수 없다. (O)

② 주택의 중개에 대한 보수는 중개의뢰인 쌍방으로부터 각각 받되, 그 금액은 시·도의 조례로 정하는 요율한도 이내에서 중개의뢰인과 개업공인중개사가 서로 협의하여 결정한다. (O)

③ 중개보수의 지급시기는 개업공인중개사와 중개의뢰인간의 약정에 따르되, 약정이 없을 때에는 중개대상물의 거래대금 지급이 완료된 날로 한다. (O)

④ 중개대상물인 주택의 소재지와 중개사무소의 소재지가 다른 경우 중개보수는 ~~중개대상물의 소재지~~를 관할하는 시·도의 조례에서 정한 기준에 따라야 한다. (×)
   → 중개대상물의 소재지와 중개사무소의 소재지가 다른 경우에는 그 사무소의 소재지를 관할하는 시·도의 조례로 정한 기준에 따라 중개보수를 받아야 한다. 따라서 중개대상물의 소재지를 관할하는 시·도의 조례에서 정한 기준에 따라야 하는 것이 아니다.

⑤ 개업공인중개사는 중개의뢰인으로부터 중개대상물의 권리관계 등의 확인에 소요되는 실비를 받을 수 있다. (O)

> **이론플러스** **중개보수 지급시기**
>
> 1. 중개보수의 지급시기는 개업공인중개사와 중개의뢰인간의 약정에 따르되, 약정이 없을 때에는 중개대상물의 거래대금 지급이 완료된 날로 한다(영 제27조의2).
> 2. 실비의 지불시기에 관하여 「공인중개사법」에는 규정을 두고 있지 않다. 따라서 시·도의 조례에 특별한 규정이 없다면 실비의 지불시기는 중개의뢰인과 개업공인중개사간의 약정으로 정할 수 있다.

대표기출 2 2023년 제34회 20번 문제 | 난이도 중

A시에 중개사무소를 둔 개업공인중개사가 A시에 소재하는 주택(부속토지 포함)에 대하여 아래와 같이 매매와 임대차계약을 동시에 중개하였다. 공인중개사법령상 개업공인중개사가 甲으로부터 받을 수 있는 중개보수의 최고한도액은?

〈계약에 관한 사항〉
1. 계약당사자: 甲(매도인, 임차인)과 乙(매수인, 임대인)
2. 매매계약
    1) 매매대금: 2억 5천만원
    2) 매매계약에 대하여 합의된 중개보수: 160만원
3. 임대차계약
    1) 임대보증금: 1천만원
    2) 월차임: 30만원
    3) 임대기간: 2년

〈A시 중개보수 조례 기준〉
1. 거래금액 2억원 이상 9억원 미만(매매·교환): 상한요율 0.4%
2. 거래금액 5천만원 미만(임대차 등): 상한요율 0.5%(한도액 20만원)

① 100만원 ② 115만 5천원
③ 120만원 ④ 160만원
⑤ 175만 5천원

기출공략 [키워드] 중개보수의 계산

중개보수의 계산에 대해 정확히 학습하여야 합니다.

34회

A시에 중개사무소를 둔 개업공인중개사가 A시에 소재하는 주택(부속토지 포함)에 대하여 아래와 같이 매매와 임대차계약을 동시에 중개하였다. 공인중개사법령상 개업공인중개사가 甲으로부터 받을 수 있는 중개보수의 최고한도액은? (①)

〈계약에 관한 사항〉
1. 계약당사자: 甲(매도인, 임차인)과 乙(매수인, 임대인)
2. 매매계약
    1) 매매대금: 2억 5천만원
    2) 매매계약에 대하여 합의된 중개보수: 160만원
3. 임대차계약
    1) 임대보증금: 1천만원
    2) 월차임: 30만원
    3) 임대기간: 2년

〈A시 중개보수 조례 기준〉
1. 거래금액 2억원 이상 9억원 미만(매매·교환): 상한요율 0.4%
2. 거래금액 5천만원 미만(임대차 등): 상한요율 0.5%(한도액 20만원)

→ 계약당사자, 즉 매매계약의 당사자와 임대차계약의 당사자가 동일하므로 매매계약에 관한 거래금액만을 적용하면 된다. 따라서 매매대금이 2억 5천만원이고 중개보수요율이 0.4%이므로 2억 5천만원 × 0.4% = 100만원이 된다.

이론플러스 중개보수의 계산

동일한 중개대상물에 대하여 동일 당사자간에 매매를 포함한 둘 이상의 거래가 동일 기회에 이루어지는 경우에는 매매계약에 관한 거래금액만을 적용한다.

01 공인중개사법령상 중개보수 등에 관한 설명으로 옳은 것은? • 33회

① 개업공인중개사의 과실로 인하여 중개의뢰인간의 거래행위가 취소된 경우에도 개업공인중개사는 중개업무에 관하여 중개의뢰인으로부터 소정의 보수를 받는다.
② 개업공인중개사는 권리를 이전하고자 하는 중개의뢰인으로부터 중개대상물의 권리관계 등의 확인에 소요되는 실비를 받을 수 없다.
③ 개업공인중개사는 권리를 취득하고자 하는 중개의뢰인으로부터 계약금등의 반환채무이행보장에 소요되는 실비를 받을 수 없다.
④ 개업공인중개사의 중개보수의 지급시기는 개업공인중개사와 중개의뢰인간의 약정에 따르되, 약정이 없을 때에는 중개대상물의 거래대금 지급이 완료된 날로 한다.
⑤ 주택 외의 중개대상물의 중개에 대한 보수는 시·도의 조례로 정한다.

키워드 중개보수

해설 ① 개업공인중개사의 고의 또는 과실로 인하여 그 거래계약이 무효·취소 또는 해제된 경우에는 개업공인중개사의 중개보수청구권은 소멸한다(법 제32조 제1항). 따라서 개업공인중개사의 과실로 인하여 중개의뢰인간의 거래행위가 취소된 경우 개업공인중개사는 중개업무에 관하여 중개의뢰인으로부터 소정의 보수를 받을 수 없다.
② 중개대상물의 권리관계 등 확인에 드는 비용은 개업공인중개사가 영수증 등을 첨부하여 매도·임대 그 밖의 권리를 이전하고자 하는 중개의뢰인에게 청구할 수 있다(법 제32조 제2항, 규칙 제20조 제2항).
③ 계약금등의 반환채무이행보장에 드는 비용은 개업공인중개사가 영수증 등을 첨부하여 매수·임차 그 밖의 권리를 취득하고자 하는 중개의뢰인에게 청구할 수 있다(법 제32조 제2항, 규칙 제20조 제2항).
⑤ 주택 외의 중개대상물의 중개보수에 관하여는 시·도의 조례를 적용하는 것이 아니라 국토교통부령으로 정한다. 즉, 거래금액의 국토교통부령이 정하는 범위 안에서 중개의뢰인과 개업공인중개사가 서로 협의하여 거래당사자 쌍방으로부터 각각 받는다. 따라서 주택 외의 중개대상물의 중개에 대한 보수는 시·도의 조례로 정한다는 지문은 틀린 지문이 된다.

02 공인중개사법령상 중개보수의 제한에 관한 설명으로 옳은 것을 모두 고른 것은? (다툼이 있으면 판례에 따름)

• 33회

㉠ 공인중개사법령상 중개보수 제한규정들은 공매대상 부동산 취득의 알선에 대해서는 적용되지 않는다.
㉡ 공인중개사법령에서 정한 한도를 초과하는 부동산 중개보수 약정은 한도를 초과하는 범위 내에서 무효이다.
㉢ 개업공인중개사는 중개대상물에 대한 거래계약이 완료되지 않을 경우에도 중개의뢰인과 중개행위에 상응하는 보수를 지급하기로 약정할 수 있고, 이 경우 공인중개사법령상 중개보수 제한규정들이 적용된다.

① ㉠
② ㉢
③ ㉠, ㉡
④ ㉡, ㉢
⑤ ㉠, ㉡, ㉢

키워드 중개보수

해설 ㉠ 공인중개사법령상 중개보수 제한규정들은 공매대상 부동산 취득의 알선에 대해서 적용된다.

이론플러스 공매업무 관련 중개보수

대법원은 공매도 본질적으로 매매의 성격을 지니고 있어 목적물만 차이가 있을 뿐 「공인중개사법」에서 정하는 매매를 알선하는 것과 차이가 없다고 보아 「공인중개사법」상의 보수 제한규정의 적용을 받는다고 한다. 즉, "개업공인중개사는 중개업무에 관하여 중개의뢰인으로부터 소정의 보수를 받는다."라고 정한 「공인중개사법」 제32조 제1항과 중개대상물별로 공인중개사가 중개업무에 관해 중개의뢰인으로부터 받을 수 있는 보수의 한도를 정하는 제32조 제4항, 같은 법 시행규칙 제20조 제1항·제4항 등 부동산 중개보수 제한에 관한 규정이 공매대상 부동산 취득의 알선에 대해서도 적용된다고 한다(대판 2021.7.29, 2017다243723).

정답 01 ④ 02 ④

03 乙이 개업공인중개사 甲에게 중개를 의뢰하여 거래계약이 체결된 경우 공인중개사법령 상 중개보수에 관한 설명으로 **틀린** 것은? (다툼이 있으면 판례에 따름) • 31회

① 甲의 고의와 과실 없이 乙의 사정으로 거래계약이 해제된 경우라도 甲은 중개보수를 받을 수 있다.
② 주택의 중개보수는 국토교통부령으로 정하는 범위 안에서 시·도의 조례로 정하고, 주택 외의 중개대상물의 중개보수는 국토교통부령으로 정한다.
③ 甲이 중개보수 산정에 관한 지방자치단체의 조례를 잘못 해석하여 법정 한도를 초과한 중개보수를 받은 경우「공인중개사법」제33조의 금지행위에 해당하지 않는다.
④ 법정한도를 초과하는 甲과 乙의 중개보수 약정은 그 한도를 초과하는 범위 내에서 무효이다.
⑤ 중개보수의 지급시기는 甲과 乙의 약정이 없을 때에는 중개대상물의 거래대금 지급이 완료된 날이다.

키워드 중개보수

해설 판례에 따르면, 甲이 중개보수 산정에 관한 지방자치단체의 조례를 잘못 해석하여 법정 한도를 초과한 중개보수를 받은 경우「공인중개사법」제33조의 금지행위에 해당한다 (대판 2005.5.27, 2004도62).

04 A시에 중개사무소를 둔 개업공인중개사 甲은 B시에 소재하는 乙 소유의 건축물(그중 주택의 면적은 3분의 1임)에 대하여 乙과 丙 사이의 매매계약과 동시에 乙을 임차인으로 하는 임대차계약을 중개하였다. 이 경우 甲이 받을 수 있는 중개보수에 관한 설명으로 옳은 것을 모두 고른 것은? • 31회

㉠ 甲은 乙과 丙으로부터 각각 중개보수를 받을 수 있다.
㉡ 甲은 B시가 속한 시·도의 조례에서 정한 기준에 따라 중개보수를 받아야 한다.
㉢ 중개보수를 정하기 위한 거래금액의 계산은 매매계약에 관한 거래금액만을 적용한다.
㉣ 주택의 중개에 대한 보수 규정을 적용한다.

① ㉢
② ㉠, ㉢
③ ㉡, ㉣
④ ㉠, ㉡, ㉢
⑤ ㉠, ㉡, ㉣

> **키워드** 중개보수의 계산
>
> **해설** ⓒ 주택의 면적이 3분의 1인 건축물은 주택 이외의 중개대상물에 해당한다. 따라서 甲은 거래금액의 1천분의 9 이내에서 협의로 중개보수를 받아야 한다.
> ② 주택 이외의 중개대상물의 중개에 대한 보수 규정을 적용한다.

05 공인중개사법령상 개업공인중개사의 중개보수 등에 관한 설명으로 틀린 것은? • 29회

① 중개대상물의 권리관계 등의 확인에 소요되는 실비를 받을 수 있다.
② 다른 약정이 없는 경우 중개보수의 지급시기는 중개대상물의 거래대금 지급이 완료된 날로 한다.
③ 주택 외의 중개대상물에 대한 중개보수는 국토교통부령으로 정하고, 중개의뢰인 쌍방에게 각각 받는다.
④ 개업공인중개사의 고의 또는 과실로 중개의뢰인간의 거래행위가 해제된 경우 중개보수를 받을 수 없다.
⑤ 중개대상물인 주택 소재지와 중개사무소 소재지가 다른 경우 주택 소재지를 관할하는 시·도 조례에서 정한 기준에 따라 중개보수를 받아야 한다.

> **키워드** 중개보수
>
> **해설** 중개대상물인 주택 소재지와 중개사무소 소재지가 다른 경우 중개사무소 소재지를 관할하는 시·도 조례에서 정한 기준에 따라 중개보수를 받아야 한다.

정답 03 ③ 04 ② 05 ⑤

06 ⟨상⟩

개업공인중개사가 X시에 소재하는 주택의 면적이 3분의 1인 건축물에 대하여 매매와 임대차계약을 동시에 중개하였다. 개업공인중개사가 甲으로부터 받을 수 있는 중개보수의 최고한도액은?

• 25회 수정

〈계약조건〉
1. 계약당사자: 甲(매도인, 임차인)과 乙(매수인, 임대인)
2. 매매계약
   ㉠ 매매대금: 1억원
   ㉡ 매매계약에 대하여 합의된 중개보수: 100만원
3. 임대차계약
   ㉠ 임대보증금: 3천만원
   ㉡ 월차임: 30만원
   ㉢ 임대기간: 2년

〈X시 중개보수 조례기준〉
1. 매매대금 5천만원 이상 2억원 미만: 상한요율 0.5%(한도액 80만원)
2. 보증금액 5천만원 이상 1억원 미만: 상한요율 0.4%(한도액 30만원)

① 50만원 ② 74만원
③ 90만원 ④ 100만원
⑤ 124만원

키워드 중개보수의 계산

해설 주택의 면적이 3분의 1이므로 이 건물은 주택 이외의 중개대상물로 중개보수를 계산하여야 한다. 따라서 0.9% 이내에서 협의로 정하면 되고, 주택 이외의 중개대상물이므로 X시가 규정한 조례의 적용 대상이 아니다. 문제에서는 최고한도액을 묻고 있으므로 0.9%를 적용하면 된다. 여기에서 주의할 점은 점유개정의 경우이므로 매매의 경우만 받아야 한다는 점이며, 합의된 중개보수가 100만원이지만 최대로 받을 수 있는 중개보수가 90만원이므로 초과된 10만원은 청구할 수 없다는 점이다. 그러므로 甲으로부터 받을 수 있는 중개보수의 최고한도액은 90만원이다.

정답 06 ③

CHAPTER 09 공인중개사협회 및 교육·보칙·신고센터 등

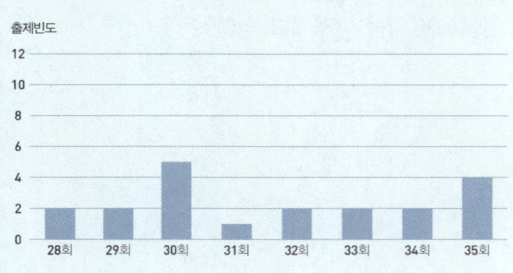

■ 8개년 출제 문항 수
총 40문제 中 평균 약 2.5문제 출제

■ 이 단원을 공략하고 싶다면?
공인중개사협회, 실무교육·연수교육, 포상금 계산에 대하 알아두자

기본서 [공인중개사법령 및 중개실무] pp. 240~275

대표기출 1 | 2024년 제35회 18번 문제 | 난이도 중

공인중개사법령상 국토교통부장관이 공인중개사협회의 공제사업 운영에 대한 개선조치로서 명할 수 있는 것이 <u>아닌</u> 것은?

① 가치가 없다고 인정되는 자산의 손실 처리
② 공제사업의 양도
③ 불건전한 자산에 대한 적립금의 보유
④ 업무집행방법의 변경
⑤ 자산의 장부가격의 변경

기출공략 [키워드] 공인중개사협회의 공제사업

> 공인중개사협회의 공제사업 내용 및 업무에 관해 학습하여야 합니다.
> 30회, 32회, 33회, 34회, 35회

공인중개사법령상 국토교통부장관이 공인중개사협회의 공제사업 운영에 대한 개선조치로서 명할 수 있는 것이 <u>아닌</u> 것은? (②)

① 가치가 없다고 인정되는 자산의 손실 처리 (O)
② 공제사업의 양도 (×)
  → 공제사업 운영에 관한 개선조치로서 명할 수 있는 사항에 해당하지 않는다.
③ 불건전한 자산에 대한 적립금의 보유 (O)
④ 업무집행방법의 변경 (O)
⑤ 자산의 장부가격의 변경 (O)

| 이론플러스 | **공제사업 운영의 개선명령**

국토교통부장관은 협회의 공제사업 운영이 적정하지 아니하거나 자산상황이 불량하여 중개사고 피해자 및 공제가입자 등의 권익을 해칠 우려가 있다고 인정하면 다음의 조치를 명할 수 있다.

1. 업무집행방법의 변경
2. 자산예탁기관의 변경
3. 자산의 장부가격의 변경
4. 불건전한 자산에 대한 적립금의 보유
5. 가치가 없다고 인정되는 자산의 손실 처리
6. 그 밖에 이 법 및 공제규정을 준수하지 아니하여 공제사업의 건전성을 해할 우려가 있는 경우 이에 대한 개선명령

대표기출 2 | 2024년 제35회 4번 문제 | 난이도 중

공인중개사법령상 공인중개사인 개업공인중개사 甲과 그에 소속된 소속공인중개사 乙에 관한 설명으로 **틀린** 것을 모두 고른 것은?

㉠ 甲과 乙은 실무교육을 받은 후 2년마다 등록관청이 실시하는 연수교육을 받아야 한다.
㉡ 甲이 중개를 의뢰받아 乙의 중개행위로 중개가 완성되어 중개대상물 확인·설명서를 작성하는 경우 乙은 甲과 함께 그 확인·설명서에 서명 또는 날인하여야 한다.
㉢ 乙이 甲과의 고용관계 종료신고 후 1년 이내에 중개사무소의 개설등록을 신청한 경우 개설등록 후 1년 이내에 실무교육을 받아야 한다.

① ㉠
② ㉡
③ ㉠, ㉢
④ ㉡, ㉢
⑤ ㉠, ㉡, ㉢

| 기출공략 | [키워드] 교육

개업공인중개사등의 교육에 대해 묻는 문제가 주로 출제됩니다. 교육의 내용인 실무교육, 연수교육, 직무교육 등에 대한 내용을 학습하여야 합니다.

28회, 29회, 31회, 34회, 35회

공인중개사법령상 공인중개사인 개업공인중개사 甲과 그에 소속된 소속공인중개사 乙에 관한 설명으로 **틀린** 것을 모두 고른 것은? (⑤)

> ㉠ 甲과 乙은 실무교육을 받은 후 2년마다 ~~등록관청이~~ 실시하는 연수교육을 받아야 한다. (×)
>
> → 실무교육을 받은 개업공인중개사 및 소속공인중개사는 실무교육을 받은 후 2년마다 시·도지사가 실시하는 연수교육을 받아야 한다. 따라서 연수교육의 주체는 등록관청이 될 수 없다.
>
> ㉡ 甲이 중개를 의뢰받아 乙의 중개행위로 중개가 완성되어 중개대상물 확인·설명서를 작성하는 경우 乙은 甲과 함께 그 확인·설명서에 서명 ~~또는~~ 날인하여야 한다. (×)
>
> → 개업공인중개사 甲과 해당 중개업무를 수행한 소속공인중개사 乙은 함께 확인·설명서에 서명 및 날인하여야 한다.
>
> ㉢ 乙이 甲과의 고용관계 종료신고 후 1년 이내에 중개사무소의 개설등록을 신청한 경우 개설등록 후 1년 이내에 ~~실무교육을 받아야 한다.~~ (×)
>
> → 중개사무소의 개설등록을 신청하려는 자(법인의 경우에는 사원·임원을 말하며, 분사무소의 설치신고를 하려는 경우에는 분사무소의 책임자를 말한다)는 등록신청일(분사무소 설치신고의 경우에는 신고일을 말한다) 전 1년 이내에 시·도지사가 실시하는 실무교육(실무수습을 포함한다)을 받아야 한다. 다만, 소속공인중개사로서 고용관계 종료신고 후 1년 이내에 중개사무소의 개설등록을 신청하려는 자는 실무교육대상에 포함되지 않는다.

이론플러스 교육 관련 내용

구분	실무교육	연수교육	직무교육	거래사고 예방교육
실시권자	시·도지사	시·도지사 ➕ 시·도지사는 연수교육을 실시하려는 경우 실무교육 또는 연수교육을 받은 후 2년이 되기 2개월 전까지 연수교육의 일시·장소·내용 등을 대상자에게 통지하여야 한다.	시·도지사, 등록관청	국토교통부장관, 시·도지사, 등록관청
교육대상자	• 등록을 신청하는 공인중개사 • 법인의 사원·임원(대표자 포함) • 분사무소 책임자 • 소속공인중개사	• 실무교육을 받은 개업공인중개사 • 실무교육을 받은 소속공인중개사	중개보조원 ➕ 직무교육면제: 고용관계 종료신고 후 1년 이내에 고용신고를 다시 하려는 자	개업공인중개사등

	➕ 실무교육면제: 폐업신고 후 1년 이내에 중개사무소의 개설 등록을 다시 신청하려는 자 및 소속공인중개사로서 고용관계 종료신고 후 1년 이내에 중개사무소의 개설등록을 신청하려 하거나 고용신고를 다시 하려는 자			
교육시기	등록신청일·분사무소 설치신고일·고용신고일 전 1년 이내	실무교육을 받은 후 2년마다	고용신고일 전 1년 이내	규정 없음
성격	받아야 함	받아야 함	받아야 함	필수교육 아님 (실시할 수 있다) ➕ 예방교육은 교육비를 지원할 수 있다.

대표기출 3   2022년 제33회 20번 문제 | 난이도 중

공인중개사법령상 포상금을 지급받을 수 있는 신고 또는 고발의 대상을 모두 고른 것은?

> ㉠ 중개대상물의 매매를 업으로 하는 행위를 한 자
> ㉡ 공인중개사자격증을 다른 사람으로부터 대여받은 자
> ㉢ 해당 중개대상물의 거래상의 중요사항에 관하여 거짓된 언행으로 중개의뢰인의 판단을 그르치게 하는 행위를 한 자

① ㉠
② ㉡
③ ㉠, ㉢
④ ㉡, ㉢
⑤ ㉠, ㉡, ㉢

기출공략 [키워드] 포상금 지급

공인중개사법령상 포상금 지급사유에 관해 학습하여야 합니다.

28회, 32회, 33회

공인중개사법령상 포상금을 지급받을 수 있는 신고 또는 고발의 대상을 모두 고른 것은? (②)

> ㉠ 중개대상물의 매매를 업으로 하는 행위를 한 자 (✕)
>   → 부동산거래질서교란행위가 아니므로 포상금 지급사유에 해당하지 않는다.
> ㉡ 공인중개사자격증을 다른 사람으로부터 대여받은 자 (○)
> ㉢ 해당 중개대상물의 거래상의 중요사항에 관하여 거짓된 언행으로 중개의뢰인의 판단을 그르치게 하는 행위를 한 자 (✕)
>   → 부동산거래질서교란행위가 아니므로 포상금 지급사유에 해당하지 않는다.

이론플러스 포상금 지급사유

등록관청은 다음의 어느 하나에 해당하는 자가 행정기관에 의하여 발각되기 전에 등록관청, 수사기관이나 부동산거래질서교란행위 신고센터에 신고 또는 고발한 자에게 대통령령으로 정하는 바에 따라 포상금을 지급할 수 있다(법 제46조 제1항).

1. 중개사무소의 개설등록을 하지 아니하고 중개업을 한 자
2. 거짓이나 그 밖의 부정한 방법으로 중개사무소의 개설등록을 한 자
3. 중개사무소등록증 또는 공인중개사자격증을 다른 사람에게 양도·대여하거나 다른 사람으로부터 양수·대여받은 자
4. 개업공인중개사가 아닌 자로서 중개대상물에 대한 표시·광고를 한 자
5. 부당한 이익을 얻거나 제3자에게 부당한 이익을 얻게 할 목적으로 거짓으로 거래가 완료된 것처럼 꾸미는 등 중개대상물의 시세에 부당한 영향을 주거나 줄 우려가 있는 행위를 한 자
6. 단체를 구성하여 특정 중개대상물에 대하여 중개를 제한하거나 단체 구성원 이외의 자와 공동중개를 제한하는 행위를 한 자
7. 안내문, 온라인 커뮤니티 등을 이용하여 특정 개업공인중개사등에 대한 중개의뢰를 제한하거나 제한을 유도하는 행위를 한 자
8. 안내문, 온라인 커뮤니티 등을 이용하여 중개대상물에 대하여 시세보다 현저하게 높게 표시·광고 또는 중개하는 특정 개업공인중개사등에게만 중개의뢰를 하도록 유도함으로써 다른 개업공인중개사등을 부당하게 차별하는 행위를 한 자
9. 안내문, 온라인 커뮤니티 등을 이용하여 특정 가격 이하로 중개를 의뢰하지 아니하도록 유도하는 행위를 한 자
10. 정당한 사유 없이 개업공인중개사등의 중개대상물에 대한 정당한 표시·광고행위를 방해하는 행위를 한 자
11. 개업공인중개사등에게 중개대상물을 시세보다 현저하게 높게 표시·광고하도록 강요하거나 대가를 약속하고 시세보다 현저하게 높게 표시·광고하도록 유도하는 행위를 한 자

대표기출 4 2024년 제35회 6번 문제 | 난이도 중

공인중개사법령상 부동산거래질서교란행위에 해당하지 않는 것은?

① 공인중개사자격증 양도를 알선한 경우
② 중개보조원이 중개업무를 보조하면서 중개의뢰인에게 본인이 중개보조원이라는 사실을 미리 알리지 않은 경우
③ 개업공인중개사가 중개행위로 인한 손해배상책임을 보장하기 위하여 가입해야 하는 보증보험이나 공제에 가입하지 않은 경우
④ 개업공인중개사가 동일한 중개대상물에 대한 하나의 거래를 완성하면서 서로 다른 둘 이상의 거래계약서를 작성한 경우
⑤ 개업공인중개사가 거래당사자 쌍방을 대리한 경우

기출공략 [키워드] 부동산거래질서교란행위

부동산거래질서교란행위의 내용에 대해 학습하여야 합니다.

35회

공인중개사법령상 부동산거래질서교란행위에 해당하지 않는 것은? (③)

① 공인중개사자격증 양도를 알선한 경우 (O)
② 중개보조원이 중개업무를 보조하면서 중개의뢰인에게 본인이 중개보조원이라는 사실을 미리 알리지 않은 경우 (O)
③ 개업공인중개사가 중개행위로 인한 손해배상책임을 보장하기 위하여 가입해야 하는 보증보험이나 공제에 가입하지 않은 경우 (X)
  → 부동산거래질서교란행위에 해당하지 않는다.
④ 개업공인중개사가 동일한 중개대상물에 대한 하나의 거래를 완성하면서 서로 다른 둘 이상의 거래계약서를 작성한 경우 (O)
⑤ 개업공인중개사가 거래당사자 쌍방을 대리한 경우 (O)

이론플러스 부동산거래질서교란행위

「공인중개사법」상 부동산거래질서교란행위는 다음과 같다.

1. 자격증 대여 등의 금지규정을 위반한 경우
2. 유사명칭의 사용금지규정을 위반한 경우
3. 중개사무소의 개설등록규정을 위반한 경우
4. 중개보조원의 고지의무규정을 위반한 경우
5. 금지행위(제33조 제1항·제2항)규정을 위반한 경우
6. 거짓이나 그 밖의 부정한 방법으로 중개사무소의 개설등록을 한 경우
7. 이중등록·이중소속의 금지 등의 규정을 위반한 경우
8. 둘 이상의 사무소를 설치하거나 임시중개시설물을 설치한 경우
9. 법인인 개업공인중개사의 겸업제한규정을 위반한 경우
10. 개업공인중개사가 중개보조원 고용인원수규정을 위반한 경우
11. 중개사무소등록증 등의 게시의무규정을 위반한 경우
12. 사무소명칭표시규정을 위반한 경우
13. 중개사무소등록증 대여 등의 금지규정을 위반한 경우
14. 개업공인중개사가 중개대상물의 확인·설명의무규정을 위반한 경우
15. 개업공인중개사가 임대차중개 시의 설명의무규정을 위반한 경우
16. 개업공인중개사등의 비밀준수의무규정을 위반한 경우
17. 개업공인중개사가 거래계약서를 작성하는 때에 거래금액 등 거래내용을 거짓으로 기재하거나 서로 다른 둘 이상의 거래계약서를 작성한 경우

「부동산 거래신고 등에 관한 법률」상 부동산거래질서교란행위는 다음과 같다.

1. 부동산 거래의 신고에 관한 규정을 위반한 경우
2. 부동산 거래의 해제 등 신고에 관한 규정을 위반한 경우
3. 누구든지 부동산 거래신고 또는 부동산 거래의 해제 등 신고에 관하여 다음의 어느 하나에 해당하는 행위를 한 경우
   ㉠ 개업공인중개사에게 부동산 거래신고를 하지 아니하게 하거나 거짓으로 신고하도록 요구하는 행위
   ㉡ 부동산 거래신고 대상에 해당하는 계약을 체결한 후 신고의무자가 아닌 자가 거짓으로 부동산 거래신고를 하는 행위
   ㉢ 거짓으로 부동산 거래신고 또는 부동산 거래의 해제 등 신고에 따른 신고를 하는 행위를 조장하거나 방조하는 행위
   ㉣ 부동산 거래신고 대상에 해당하는 계약을 체결하지 아니하였음에도 불구하고 거짓으로 부동산 거래신고를 하는 행위
   ㉤ 부동산 거래신고 후 해당 계약이 해제 등이 되지 아니하였음에도 불구하고 거짓으로 부동산 거래의 해제 등 신고를 하는 행위

01 공인중개사법령상 공인중개사협회의 업무에 해당하는 것을 모두 고른 것은? •35회

㉠ 회원의 윤리헌장 제정 및 그 실천에 관한 업무
㉡ 부동산 정보제공에 관한 업무
㉢ 인터넷을 이용한 중개대상물에 대한 표시·광고 모니터링 업무
㉣ 회원의 품위유지를 위한 업무

① ㉠, ㉣
② ㉡, ㉢
③ ㉠, ㉡, ㉢
④ ㉠, ㉡, ㉣
⑤ ㉠, ㉡, ㉢, ㉣

키워드 공인중개사협회의 업무

해설 공인중개사협회는 협회 설립목적을 달성하기 위하여 다음의 업무를 수행할 수 있다.

1. 회원의 품위유지를 위한 업무
2. 부동산중개제도의 연구·개선에 관한 업무
3. 회원의 자질향상을 위한 지도 및 교육·연수에 관한 업무
4. 회원의 윤리헌장 제정 및 그 실천에 관한 업무
5. 부동산 정보제공에 관한 업무
6. 법 제42조의 규정에 따른 공제사업
7. 그 밖에 협회의 설립목적 달성을 위하여 필요한 업무

따라서 ㉠㉡㉣이 공인중개사협회의 업무에 해당한다.

02 공인중개사법령상 공인중개사협회(이하 '협회'라 함) 및 공제사업에 관한 설명으로 옳은 것은?
• 34회

① 협회는 총회의 의결내용을 10일 이내에 시·도지사에게 보고하여야 한다.
② 협회는 매 회계연도 종료 후 3개월 이내에 공제사업 운용실적을 일간신문에 공시하거나 협회의 인터넷 홈페이지에 게시해야 한다.
③ 협회의 창립총회를 개최할 경우 특별자치도에서는 10인 이상의 회원이 참여하여야 한다.
④ 공제규정에는 책임준비금의 적립비율을 공제료 수입액의 100분의 5 이상으로 정한다.
⑤ 협회는 공제사업을 다른 회계와 구분하여 별도의 회계로 관리하여야 한다.

키워드 공인중개사협회, 공제사업

해설 ① 협회는 총회의 의결내용을 지체 없이 국토교통부장관에게 보고하여야 한다.
② 협회는 매 회계연도 종료 후 3개월 이내에 공제사업 운용실적을 일간신문 또는 협회보에 공시하고 협회의 인터넷 홈페이지에 게시해야 한다.
③ 창립총회에는 서울특별시에서는 100인 이상, 광역시·도 및 특별자치도에서는 각각 20인 이상의 회원이 참여하여야 한다.
④ 책임준비금의 적립비율은 공제사고 발생률 및 공제금 지급액 등을 종합적으로 고려하여 정하되, 공제료 수입액의 100분의 10 이상으로 정한다.

이론플러스 공제사업 관련 중요 내용 정리

책임준비금	공제료 수입액의 100분의 10 이상으로 정하여야 한다.
회계	다른 회계와 구분하여 별도의 회계로 관리하여야 한다.
운용실적	운용실적을 회계연도 종료 후 3개월 이내에 공시해야 한다.
시정명령	국토교통부장관은 협회가 공제사업의 건전성을 해할 우려가 있다고 인정되는 경우 시정을 명할 수 있다.
조사·검사	금융감독원장은 국토교통부장관의 요청이 있는 경우 공제사업에 관하여 조사 또는 검사를 할 수 있다.
운영위원회	공제사업에 관한 사항을 심의하고 그 업무집행을 감독하기 위하여 협회에 운영위원회를 둔다.
개선명령	국토교통부장관은 협회의 공제사업 운영이 적정하지 아니하거나 자산상황이 불량하다고 인정하면 개선명령 등의 조치를 명할 수 있다.
재무건전성 기준	지급여력비율은 100분의 100 이상을 유지하여야 한다.
징계·해임 등	국토교통부장관은 협회의 임원이 공제사업을 건전하게 운영하지 못할 우려가 있는 경우 그 임원에 대한 징계·해임, 시정명령을 할 수 있다.

정답 01 ④ 02 ⑤

03 공인중개사법령상 공인중개사협회(이하 '협회'라 함)의 공제사업에 관한 설명으로 **틀린 것은?**
• 33회

① 협회는 공제사업을 다른 회계와 구분하여 별도의 회계로 관리해야 한다.
② 공제규정에서 정하는 책임준비금의 적립비율은 공제료 수입액의 100분의 20 이상으로 한다.
③ 국토교통부장관은 협회의 자산상황이 불량하여 공제 가입자의 권익을 해칠 우려가 있다고 인정하면 자산예탁 기관의 변경을 명할 수 있다.
④ 국토교통부장관은 협회의 자산상황이 불량하여 중개사고 피해자의 권익을 해칠 우려가 있다고 인정하면 불건전한 자산에 대한 적립금의 보유를 명할 수 있다.
⑤ 협회는 대통령령으로 정하는 바에 따라 매년도의 공제사업 운용실적을 일간신문·협회보 등을 통하여 공제계약자에게 공시해야 한다.

키워드 공인중개사협회의 공제사업
해설 책임준비금의 적립비율은 공제사고 발생률 및 공제금 지급액 등을 종합적으로 고려하여 정하되, 공제료 수입액의 100분의 10 이상으로 정한다(영 제34조 제3호).

04 공인중개사법령상 공인중개사협회(이하 '협회'라 함)에 관한 설명으로 **틀린 것은?** • 32회

① 협회는 시·도지사로부터 위탁을 받아 실무교육에 관한 업무를 할 수 있다.
② 협회는 공제사업을 하는 경우 책임준비금을 다른 용도로 사용하려면 국토교통부장관의 승인을 얻어야 한다.
③ 협회는 「공인중개사법」에 따른 협회의 설립목적을 달성하기 위한 경우에도 부동산 정보제공에 관한 업무를 수행할 수 없다.
④ 협회에 관하여 「공인중개사법」에 규정된 것 외에는 「민법」 중 사단법인에 관한 규정을 적용한다.
⑤ 협회는 공제사업을 다른 회계와 구분하여 별도의 회계로 관리해야 한다.

키워드 공인중개사협회
해설 부동산 정보제공에 관한 업무는 협회의 설립목적을 달성하기 위한 협회의 업무에 해당한다.

이론플러스 **협회 설립목적을 달성하기 위한 협회의 업무**(영 제31조)

1. 회원의 품위유지를 위한 업무
2. 부동산중개제도의 연구·개선에 관한 업무
3. 회원의 자질향상을 위한 지도 및 교육·연수에 관한 업무
4. 회원의 윤리헌장 제정 및 그 실천에 관한 업무
5. 부동산 정보제공에 관한 업무
6. 법 제42조의 규정에 따른 공제사업. 이 경우 공제사업은 비영리사업으로서 회원간의 상호부조를 목적으로 한다.
7. 그 밖에 협회의 설립목적 달성을 위하여 필요한 업무

05 중

공인중개사법령상 '공인중개사협회'(이하 '협회'라 함)에 관한 설명으로 옳은 것은?

• 30회

① 협회는 영리사업으로서 회원간의 상호부조를 목적으로 공제사업을 할 수 있다.
② 협회는 총회의 의결내용을 지체 없이 등록관청에게 보고하고 등기하여야 한다.
③ 협회가 그 지부 또는 지회를 설치한 때에는 그 지부는 시·도지사에게, 지회는 등록관청에 신고하여야 한다.
④ 협회는 개업공인중개사에 대한 행정제재처분의 부과와 집행의 업무를 할 수 있다.
⑤ 협회는 부동산 정보제공에 관한 업무를 직접 수행할 수 없다.

키워드 공인중개사협회

해설 ① 협회는 비영리사업으로서 회원간의 상호부조를 목적으로 공제사업을 할 수 있다(법 제42조 제1항, 영 제31조 제6호).
② 협회는 총회의 의결내용을 지체 없이 국토교통부장관에게 보고하여야 한다(영 제32조 제1항).
④ 협회의 고유업무(영 제31조), 수탁업무에는 개업공인중개사에 대한 행정제재처분의 부과와 집행의 업무를 할 수 있다는 규정이 없다.
⑤ 협회는 협회의 설립목적을 달성하기 위하여 부동산 정보제공에 관한 업무를 수행할 수 있다(영 제31조).

정답 03 ② 04 ③ 05 ③

06 「공인중개사법 시행령」 제30조(협회의 설립)의 내용이다. (   )에 들어갈 숫자를 올바르게 나열한 것은?
• 30회

> • 공인중개사협회를 설립하고자 하는 때에는 발기인이 작성하여 서명·날인한 정관에 대하여 회원 (㉠)인 이상이 출석한 창립총회에서 출석한 회원 과반수의 동의를 얻어 국토교통부장관의 설립인가를 받아야 한다.
> • 창립총회에는 서울특별시에서는 (㉡)인 이상, 광역시·도 및 특별자치도에서는 각각 (㉢)인 이상의 회원이 참여하여야 한다.

① ㉠: 300, ㉡: 50, ㉢: 20
② ㉠: 300, ㉡: 100, ㉢: 50
③ ㉠: 600, ㉡: 50, ㉢: 20
④ ㉠: 600, ㉡: 100, ㉢: 20
⑤ ㉠: 800, ㉡: 50, ㉢: 50

키워드 공인중개사협회의 설립절차

해설
• 공인중개사협회를 설립하고자 하는 때에는 발기인이 작성하여 서명·날인한 정관에 대하여 회원 (㉠ 600)인 이상이 출석한 창립총회에서 출석한 회원 과반수의 동의를 얻어 국토교통부장관의 설립인가를 받아야 한다(영 제30조 제1항).
• 창립총회에는 서울특별시에서는 (㉡ 100)인 이상, 광역시·도 및 특별자치도에서는 각각 (㉢ 20)인 이상의 회원이 참여하여야 한다(영 제30조 제2항).

07 공인중개사법령상 공제사업에 관한 설명으로 틀린 것은?

• 30회

① 공인중개사협회는 공제사업을 하고자 하는 때에는 공제규정을 제정하여 국토교통부장관의 승인을 얻어야 한다.
② 금융감독원의 원장은 국토교통부장관의 요청이 있는 경우에는 공제사업에 관하여 조사 또는 검사를 할 수 있다.
③ 공인중개사협회는 책임준비금을 다른 용도로 사용하고자 하는 경우에는 국토교통부장관의 승인을 얻어야 한다.
④ 책임준비금의 적립비율은 공제사고 발생률 및 공제금 지급액 등을 종합적으로 고려하여 정하되, 공제료 수입액의 100분의 10 이상으로 정한다.
⑤ 공인중개사협회는 회계연도 종료 후 6개월 이내에 매년도의 공제사업 운용실적을 일간신문·협회보 등을 통하여 공제계약자에게 공시하여야 한다.

키워드 공인중개사협회의 공제사업

해설 협회는 매 연도의 공제사업 운용실적을 매 회계연드 종료 후 3개월 이내에 일간신문 또는 협회보에 공시하고 협회의 인터넷 홈페이지에 게시하여야 한다(영 제35조).

정답 06 ④   07 ⑤

08 공인중개사법령상 개업공인중개사등의 교육 등에 관한 설명으로 옳은 것은? • 34회

① 폐업신고 후 400일이 지난 날 중개사무소의 개설등록을 다시 신청하려는 자는 실무교육을 받지 않아도 된다.
② 중개보조원의 직무수행에 필요한 직업윤리에 대한 교육시간은 5시간이다.
③ 시·도지사는 연수교육을 실시하려는 경우 실무교육 또는 연수교육을 받은 후 2년이 되기 2개월 전까지 연수교육의 일시·장소·내용 등을 대상자에게 통지하여야 한다.
④ 부동산중개 및 경영실무에 대한 교육시간은 36시간이다.
⑤ 시·도지사가 부동산 거래사고 예방을 위한 교육을 실시하려는 경우에는 교육일 7일 전까지 교육일시·교육장소 및 교육내용을 교육대상자에게 통지하여야 한다.

키워드 교육

해설 ① 폐업신고 후 1년 이내에 중개사무소의 개설등록을 다시 신청하려는 자는 실무교육을 이수하지 않아도 된다. 따라서 폐업신고 후 400일이 지난 날 중개사무소의 개설등록을 다시 신청하려는 자는 실무교육을 받아야 한다.
② 중개보조원의 직무수행에 필요한 직업윤리에 대한 직무교육시간은 3시간 이상 4시간 이내이므로 5시간은 틀린 지문이 된다.
④ 부동산중개 및 경영실무에 대한 교육은 실무교육과 연수교육의 내용이다. 이 경우 실무교육이라면 28시간 이상 32시간 이내로 하며, 연수교육이라면 12시간 이상 16시간 이내로 한다. 따라서 36시간은 실무교육과 연수교육에 모두 해당하지 않으므로 틀린 지문이 된다.
⑤ 국토교통부장관, 시·도지사 및 등록관청은 부동산 거래질서를 확립하고, 부동산 거래사고로 인한 피해를 방지하기 위하여 부동산 거래사고 예방을 위한 교육을 실시하려는 경우에는 교육일 10일 전까지 교육일시·교육장소 및 교육내용 그 밖에 교육에 필요한 사항을 공고하거나 교육대상자에게 통지하여야 한다.

09 공인중개사법령상 개업공인중개사등의 교육에 관한 설명으로 옳은 것은? (단, 다른 법률의 규정은 고려하지 않음)

• 31회

① 중개사무소 개설등록을 신청하려는 법인의 공인중개사가 아닌 사원은 실무교육 대상이 아니다.
② 개업공인중개사가 되려는 자의 실무교육시간은 26시간 이상 32시간 이하이다.
③ 중개보조원이 받는 실무교육에는 부동산 중개 관련 법·제도의 변경사항이 포함된다.
④ 국토교통부장관, 시·도지사, 등록관청은 개업공인중개사등에 대한 부동산거래 사고 예방 등의 교육을 위하여 교육 관련 연구에 필요한 비용을 지원할 수 있다.
⑤ 소속공인중개사는 2년마다 국토교통부장관이 실시하는 연수교육을 받아야 한다.

키워드 교육

해설 ① 중개사무소 개설등록을 신청하려는 법인의 공인중개사가 아닌 사원은 실무교육 대상이다. 법인의 등록기준으로 대표자, 임원 또는 사원 및 분사무소의 책임자는 실무교육을 받아야 한다.
② 개업공인중개사가 되려는 자의 실무교육시간은 28시간 이상 32시간 이하이다.
③ 중개보조원이 받는 교육은 직무교육이며, 교육내용에는 중개보조원의 직무수행에 필요한 직업윤리 등이 포함된다.
⑤ 소속공인중개사는 2년마다 시·도지사가 실시하는 연수교육을 받아야 한다.

정답 08 ③ 09 ④

10 공인중개사법령상 개업공인중개사등의 교육에 관한 설명으로 옳은 것을 모두 고른 것은? (단, 다른 법률의 규정은 고려하지 않음) • 29회

> ㉠ 실무교육을 받는 것은 중개사무소 개설등록의 기준에 해당한다.
> ㉡ 개업공인중개사로서 폐업신고를 한 후 1년 이내에 소속공인중개사로 고용신고를 하려는 자는 실무교육을 받아야 한다.
> ㉢ 연수교육의 교육시간은 28시간 이상 32시간 이하이다.
> ㉣ 연수교육을 정당한 사유 없이 받지 않으면 500만원 이하의 과태료를 부과한다.

① ㉠, ㉡
② ㉠, ㉣
③ ㉡, ㉢
④ ㉠, ㉢, ㉣
⑤ ㉡, ㉢, ㉣

키워드 교육

해설 ㉡ 개업공인중개사로서 폐업신고를 한 후 1년 이내에 소속공인중개사로 고용신고를 하려는 자는 실무교육을 받지 않아도 된다.
㉢ 연수교육의 교육시간은 12시간 이상 16시간 이하이다.

11 공인중개사법령상 포상금을 지급받을 수 있는 신고 또는 고발의 대상이 아닌 것은? • 32회

① 중개사무소의 개설등록을 하지 않고 중개업을 한 자
② 부정한 방법으로 중개사무소의 개설등록을 한 자
③ 공인중개사자격증을 다른 사람으로부터 양수받은 자
④ 개업공인중개사로서 부당한 이익을 얻을 목적으로 거짓으로 거래가 완료된 것처럼 꾸미는 등 중개대상물의 시세에 부당한 영향을 줄 우려가 있는 행위를 한 자
⑤ 개업공인중개사로서 중개의뢰인과 직접 거래를 한 자

키워드 포상금 지급

해설 등록관청은 다음의 어느 하나에 해당하는 자가 행정기관에 의하여 발각되기 전에 등록관청, 수사기관이나 부동산거래질서교란행위 신고센터에 신고 또는 고발한 자에게 대통령령으로 정하는 바에 따라 포상금을 지급할 수 있다(법 제46조 제1항).

> 1. 중개사무소의 개설등록을 하지 아니하고 중개업을 한 자
> 2. 거짓이나 그 밖의 부정한 방법으로 중개사무소의 개설등록을 한 자
> 3. 중개사무소등록증을 다른 사람에게 양도·대여하거나 다른 사람으로부터 양수·대여받은 자
> 4. 공인중개사자격증을 다른 사람에게 양도·대여하거나 다른 사람으로부터 양수·대여받은 자
> 5. 개업공인중개사가 아닌 자는 중개대상물에 대한 표시·광고를 하여서는 아니 된다는 규정을 위반한 자
> 6. 부당한 이익을 얻거나 제3자에게 부당한 이익을 얻게 할 목적으로 거짓으로 거래가 완료된 것처럼 꾸미는 등 중개대상물의 시세에 부당한 영향을 주거나 줄 우려가 있는 행위를 한 자
> 7. 단체를 구성하여 특정 중개대상물에 대하여 중개를 제한하거나 단체 구성원 이외의 자와 공동중개를 제한하는 행위를 한 자
> 8. 안내문, 온라인 커뮤니티 등을 이용하여 특정 개업공인중개사등에 대한 중개의뢰를 제한하거나 제한을 유도하는 행위를 한 자
> 9. 안내문, 온라인 커뮤니티 등을 이용하여 중개대상물에 대하여 시세보다 현저하게 높게 표시·광고 또는 중개하는 특정 개업공인중개사등에게만 중개의뢰를 하도록 유도함으로써 다른 개업공인중개사등을 부당하게 차별하는 행위를 한 자
> 10. 안내문, 온라인 커뮤니티 등을 이용하여 특정 가격 이하로 중개를 의뢰하지 아니하도록 유도하는 행위를 한 자
> 11. 정당한 사유 없이 개업공인중개사등의 중개대상물에 대한 정당한 표시·광고행위를 방해하는 행위를 한 자
> 12. 개업공인중개사등에게 중개대상물을 시세보다 현저하게 높게 표시·광고하도록 강요하거나 대가를 약속하고 시세보다 현저하게 높게 표시·광고하도록 유도하는 행위를 한 자

따라서 ⑤는 포상금 지급대상이 아니다.

정답 10 ② 11 ⑤

12 공인중개사법령상 포상금 지급에 관한 설명으로 옳은 것은?   • 30회

① 포상금은 1건당 150만원으로 한다.
② 검사가 신고사건에 대하여 기소유예의 결정을 한 경우에는 포상금을 지급하지 않는다.
③ 포상금의 지급에 소요되는 비용 중 시·도에서 보조할 수 있는 비율은 100분의 50 이내로 한다.
④ 포상금지급신청서를 제출받은 등록관청은 그 사건에 관한 수사기관의 처분내용을 조회한 후 포상금의 지급을 결정하고, 그 결정일로부터 1개월 이내에 포상금을 지급하여야 한다.
⑤ 등록관청은 하나의 사건에 대하여 2건 이상의 신고가 접수된 경우, 공동으로 신고한 것이 아니면 포상금을 균등하게 배분하여 지급한다.

키워드 포상금 지급

해설 ① 포상금은 1건당 50만원으로 한다.
② 검사가 신고사건에 대하여 기소유예의 결정을 한 경우에는 포상금을 지급한다.
③ 포상금의 지급에 소요되는 비용 중 국고에서 보조할 수 있는 비율은 100분의 50 이내로 한다.
⑤ 등록관청은 하나의 사건에 대하여 2건 이상의 신고가 접수된 경우, 공동으로 신고한 것이 아니면 최초로 신고 또는 고발한 자에게 포상금을 지급한다.

13 공인중개사법령상 조례가 정하는 바에 따라 수수료를 납부해야 하는 경우를 모두 고른 것은?

• 30회

㉠ 분사무소설치 신고확인서의 재교부 신청
㉡ 국토교통부장관이 시행하는 공인중개사 자격시험 응시
㉢ 중개사무소의 개설등록 신청
㉣ 분사무소설치의 신고

① ㉠, ㉡
② ㉠, ㉡, ㉣
③ ㉠, ㉢, ㉣
④ ㉡, ㉢, ㉣
⑤ ㉠, ㉡, ㉢, ㉣

키워드 수수료 납부사유

해설 ㉠㉢㉣ 조례가 정하는 바에 따라 수수료를 납부해야 하는 경우에 해당한다.
㉡ 국토교통부장관이 시행하는 공인중개사 자격시험에 응시하고자 하는 자는 국토교통부장관이 결정·공고하는 수수료를 납부하여야 한다(법 제47조 제1항 후단).

이론플러스 다음의 어느 하나에 해당하는 자는 해당 지방자치단체의 조례가 정하는 바에 따라 수수료를 납부하여야 한다(법 제47조 제1항).

1. 시·도지사가 시행하는 공인중개사 자격시험에 응시하는 자
2. 공인중개사자격증의 재교부를 신청하는 자
3. 중개사무소의 개설등록을 신청하는 자
4. 중개사무소등록증의 재교부를 신청하는 자
5. 분사무소설치의 신고를 하는 자
6. 분사무소설치 신고확인서의 재교부를 신청하는 자

정답 12 ④ 13 ③

CHAPTER 10 지도·감독 및 행정처분

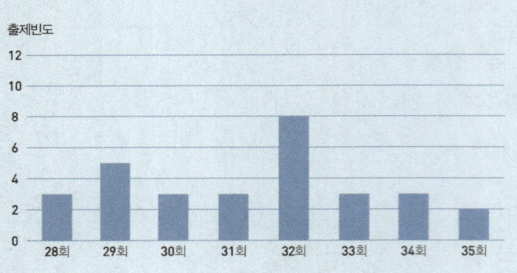

■ 8개년 출제 문항 수
총 40문제 中 평균 약 4문제 출제

■ 이 단원을 공략하고 싶다면?
등록취소사유(절대적·상대적), 자격취소·자격정지, 업무정지에 대해 알아두자

→ 기본서 [공인중개사법령 및 중개실무] pp. 276~306

대표기출 1 | 2024년 제35회 17번 문제 | 난이도 중

공인중개사법령상 공인중개사인 개업공인중개사의 중개사무소 개설등록 취소사유에 해당하지 <u>않는</u> 경우는?

① 중개대상물 확인·설명서를 교부하지 아니한 경우
② 거짓으로 중개사무소의 개설등록을 한 경우
③ 업무정지기간 중에 중개업무를 한 경우
④ 공인중개사인 개업공인중개사가 개업공인중개사인 법인의 사원·임원이 된 경우
⑤ 개업공인중개사가 사망한 경우

기출공략 [키워드] 등록취소

중개사무소 개설등록을 취소해야 하는 사유를 학습하여야 합니다.

29회, 32회, 33회, 35회

공인중개사법령상 공인중개사인 개업공인중개사의 중개사무소 개설등록 취소사유에 해당하지 <u>않는</u> 경우는? (①)

① 중개대상물 확인·설명서를 교부하지 아니한 경우 (×)
 → 업무정지사유에 해당한다.
② 거짓으로 중개사무소의 개설등록을 한 경우 (○)
③ 업무정지기간 중에 중개업무를 한 경우 (○)
④ 공인중개사인 개업공인중개사가 개업공인중개사인 법인의 사원·임원이 된 경우 (○)
⑤ 개업공인중개사가 사망한 경우 (○)

> **이론플러스** 중개사무소의 개설등록을 취소해야 하는 경우(법 제38조 제1항)
>
> 1. 개인인 개업공인중개사가 사망하거나 개업공인중개사인 법인이 해산한 경우
> 2. 거짓이나 그 밖의 부정한 방법으로 중개사무소의 개설등록을 한 경우
> 3. 결격사유에 해당하게 된 경우. 다만, 법인의 사원 또는 임원이 결격사유에 해당하는 경우로서 그 사유가 발생한 날부터 2개월 이내에 그 사유를 해소한 경우에는 그러하지 아니하다.
> 4. 이중으로 중개사무소의 개설등록을 한 경우
> 5. 둘 이상의 사무소에 소속한 경우
> 6. 다른 사람에게 자기의 성명 또는 상호를 사용하여 중개업무를 하게 하거나 중개사무소등록증을 양도 또는 대여한 경우
> 7. 업무정지기간 중에 중개업무를 하거나 자격정지처분을 받은 소속공인중개사로 하여금 자격정지기간 중에 중개업무를 하게 한 경우
> 8. 최근 1년 이내에 이 법에 의하여 2회 이상 업무정지처분을 받고 다시 업무정지처분에 해당하는 행위를 한 경우
> 9. 개업공인중개사가 고용할 수 있는 중개보조원의 수가 개업공인중개사와 소속공인중개사를 합한 수의 5배를 초과하여 고용한 경우

대표기출 2 2024년 제35회 16번 문제 | 난이도 중

공인중개사법령상 개업공인중개사 업무정지의 기준에서 개별기준에 따른 업무정지기간이 6개월인 것은?

① 인장등록을 하지 않거나 등록하지 않은 인장을 사용한 경우
② 거래정보사업자에게 공개를 의뢰한 중개대상물의 거래가 완성된 사실을 그 거래정보사업자에 통보하지 않은 경우
③ 부동산거래정보망에 중개대상물에 관한 정보를 거짓으로 공개한 경우
④ 중개대상물 확인·설명서를 보존기간 동안 보존하지 않은 경우
⑤ 법령상의 전속중개계약서 서식에 따르지 않고 전속중개계약을 체결한 경우

기출공략 [키워드] 업무정지기간

> 업무정지사유와 기간의 규정에 관해 학습하여야 합니다.
>
> 35회

공인중개사법령상 개업공인중개사 업무정지의 기준에서 개별기준에 따른 업무정지기간이 6개월인 것은? (③)

① 인장등록을 하지 않거나 등록하지 않은 인장을 사용한 경우(×)
→ 업무정지기간 3개월

② 거래정보사업자에게 공개를 의뢰한 중개대상물의 거래가 완성된 사실을 그 거래정보사업자에 통보하지 않은 경우(×)
→ 업무정지기간 3개월

③ 부동산거래정보망에 중개대상물에 관한 정보를 거짓으로 공개한 경우(○)

④ 중개대상물 확인·설명서를 보존기간 동안 보존하지 않은 경우(×)
→ 업무정지기간 3개월

⑤ 법령상의 전속중개계약서 서식에 따르지 않고 전속중개계약을 체결한 경우(×)
→ 업무정지기간 3개월

이론플러스 업무정지기간이 6개월인 경우

1. 법 제10조 제2항을 위반하여 같은 조 제1항 제1호부터 제11호까지의 어느 하나에 해당하는 자를 소속공인중개사 또는 중개보조원으로 둔 경우
2. 법 제24조 제7항을 위반하여 중개대상물에 관한 정보를 거짓으로 공개한 경우
3. 법 제38조 제2항 각 호의 어느 하나를 최근 1년 이내에 1회 위반한 경우
4. 최근 1년 이내에 이 법에 따라 2회 이상 업무정지 또는 과태료의 처분을 받고 다시 과태료의 처분에 해당하는 행위를 한 경우
5. 「독점규제 및 공정거래에 관한 법률」 제26조 제1항 제1호를 위반하여 같은 법 제28조에 따른 처분을 받은 경우 또는 같은 법 제27조와 제28조에 따른 처분을 동시에 받은 경우

대표기출 3   2023년 제34회 23번 문제 | 난이도 ❸

공인중개사법령상 행정제재처분효과의 승계 등에 관한 설명으로 옳은 것은?

① 폐업신고한 개업공인중개사의 중개사무소에 다른 개업공인중개사가 중개사무소를 개설등록한 경우 그 지위를 승계한다.
② 중개대상물에 관한 정보를 거짓으로 공개한 사유로 행한 업무정지처분의 효과는 그 처분에 대한 불복기간이 지난 날부터 1년간 다시 중개사무소의 개설등록을 한 자에게 승계된다.

③ 폐업신고 전의 위반행위에 대한 행정처분이 업무정지에 해당하는 경우로서 폐업기간이 6개월인 경우 재등록 개업공인중개사에게 그 위반행위에 대해서 행정처분을 할 수 없다.
④ 재등록 개업공인중개사에 대하여 폐업신고 전의 업무정지에 해당하는 위반행위를 이유로 행정처분을 할 때 폐업기간과 폐업의 사유는 고려하지 않는다.
⑤ 개업공인중개사가 2022.4.1. 과태료부과처분을 받은 후 폐업신고를 하고 2023.3.2. 다시 중개사무소의 개설등록을 한 경우 그 처분의 효과는 승계된다.

기출공략 [키워드] 효과승계, 위반행위승계

효과승계, 위반행위승계규정에 관해 학습하여야 합니다.

29회, 32회, 33회, 34회

공인중개사법령상 행정제재처분효과의 승계 등에 관한 설명으로 옳은 것은? (⑤)

① 폐업신고한 개업공인중개사의 중개사무소에 다른 개업공인중개사가 중개사무소를 개설등록한 경우 그 지위를 승계한다. (×)
   → 폐업신고한 개업공인중개사의 중개사무소에 다른 개업공인중개사가 중개사무소를 개설등록한 경우 그 지위는 승계되지 않는다.

② 중개대상물에 관한 정보를 거짓으로 공개한 사유로 행한 업무정지처분의 효과는 ~~처분에 대한 불복기간이 지난 날부터~~ 1년간 다시 중개사무소의 개설등록을 한 자에게 승계된다. (×)
   → 중개대상물에 관한 정보를 거짓으로 공개한 사유로 행한 업무정지처분의 효과는 그 처분일로부터 1년간 다시 중개사무소의 개설등록을 한 자에게 승계된다.

③ 폐업신고 전의 위반행위에 대한 행정처분이 업무정지에 해당하는 경우로서 폐업기간이 6개월인 경우 재등록 개업공인중개사에게 그 위반행위에 대해서 행정처분을 할 수 ~~없다~~. (×)
   → 폐업신고 전의 위반행위에 대한 행정처분이 업무정지에 해당하는 경우로서 폐업기간이 6개월인 경우 재등록 개업공인중개사에게 그 위반행위에 대해서 행정처분을 할 수 있다.

④ 재등록 개업공인중개사에 대하여 폐업신고 전의 업무정지에 해당하는 위반행위를 이유로 행정처분을 할 때 폐업기간과 폐업의 사유는 고려하지 않는다. (×)
   → 재등록 개업공인중개사에 대하여 폐업신고 전의 업무정지에 해당하는 위반행위를 이유로 행정처분을 할 때 폐업기간과 폐업의 사유 등을 고려하여야 한다.

⑤ 개업공인중개사가 2022.4.1. 과태료부과처분을 받은 후 폐업신고를 하고 2023.3.2. 다시 중개사무소의 개설등록을 한 경우 그 처분의 효과는 승계된다. (○)

이론플러스 폐업 후 재등록한 개업공인중개사에 대한 행정처분

1. 폐업 전 지위의 승계
   개업공인중개사가 폐업신고 후 다시 중개사무소의 개설등록을 한 때에는 폐업신고 전의 개업공인중개사의 지위를 승계한다.

2. 행정처분 효과의 승계
   폐업신고 전의 개업공인중개사에 대한 업무정지처분사유나 과태료처분사유로 행한 행정처분의 효과(업무정지처분의 효과와 과태료처분의 효과를 말한다)는 그 처분일부터 1년간 다시 중개사무소의 개설등록을 한 자에게 승계된다.

3. 위반행위의 승계
   재등록 개업공인중개사에 대하여 폐업신고 전의 위반행위 중에서 등록취소 및 업무정지의 위반행위에 대하여는 행정처분을 할 수 있다. 폐업 전 위반행위를 사유로 재등록한 개업공인중개사에 대하여 행정처분을 함에 있어서는 폐업기간과 폐업의 사유 등을 고려하여야 한다. 그러나 다음의 경우에는 행정처분을 할 수 없다.
   ⊙ 폐업신고를 한 날부터 다시 중개사무소의 개설등록을 한 날까지의 기간(폐업기간)이 3년을 초과한 경우
   ⊙ 폐업신고 전의 위반행위에 대한 행정처분이 업무정지에 해당하는 경우로서 폐업기간이 1년을 초과한 경우

대표기출 4 2023년 제34회 24번 문제 | 난이도 중

공인중개사법령상 공인중개사의 자격취소 등에 관한 설명으로 틀린 것은?

① 공인중개사의 자격취소처분은 청문을 거쳐 중개사무소의 개설등록증을 교부한 시·도지사가 행한다.
② 공인중개사가 자격정지처분을 받은 기간 중에 법인인 개업공인중개사의 임원이 되는 경우 시·도지사는 그 자격을 취소하여야 한다.
③ 자격취소처분을 받아 공인중개사자격증을 반납하려는 자는 그 처분을 받은 날부터 7일 이내에 반납해야 한다.
④ 시·도지사는 공인중개사의 자격취소처분을 한 때에는 5일 이내에 이를 국토교통부장관과 다른 시·도지사에게 통보해야 한다.
⑤ 분실로 인하여 공인중개사자격증을 반납할 수 없는 자는 자격증 반납을 대신하여 그 이유를 기재한 사유서를 시·도지사에게 제출하여야 한다.

기출공략 [키워드] 자격취소

자격취소사유 및 자격취소처분의 절차에 관해 학습하여야 합니다.

28회, 29회, 30회, 31회, 32회, 33회, 34회

공인중개사법령상 공인중개사의 자격취소 등에 관한 설명으로 틀린 것은? (①)

① 공인중개사의 자격취소처분은 청문을 거쳐 ~~중개사무소의 개설등록증을~~ 교부한 시·도지사가 행한다. (×)

→ 공인중개사의 자격취소처분은 청문을 거쳐 공인중개사자격증을 교부한 시·도지사가 행한다.

② 공인중개사가 자격정지처분을 받은 기간 중에 법인인 개업공인중개사의 임원이 되는 경우 시·도지사는 그 자격을 취소하여야 한다. (O)

③ 자격취소처분을 받아 공인중개사자격증을 반납하려는 자는 그 처분을 받은 날부터 7일 이내에 반납해야 한다. (O)

④ 시·도지사는 공인중개사의 자격취소처분을 한 때에는 5일 이내에 이를 국토교통부장관과 다른 시·도지사에게 통보해야 한다. (O)

⑤ 분실로 인하여 공인중개사자격증을 반납할 수 없는 자는 자격증 반납을 대신하여 그 이유를 기재한 사유서를 시·도지사에게 제출하여야 한다. (O)

이론플러스 자격취소사유(법 제35조 제1항)

시·도지사는 공인중개사가 다음의 어느 하나에 해당하는 경우에는 공인중개사자격을 취소하여야 한다.

1. 부정한 방법으로 공인중개사의 자격을 취득한 경우
2. 공인중개사가 다른 사람에게 자기의 성명을 사용하여 중개업무를 하게 하거나 공인중개사자격증을 양도 또는 대여한 경우
3. 자격정지처분을 받고 그 자격정지기간 중에 중개업무를 행한 경우(다른 개업공인중개사의 소속공인중개사·중개보조원 또는 법인인 개업공인중개사의 사원·임원이 되는 경우를 포함)
4. 이 법 또는 공인중개사의 직무와 관련하여 「형법」 규정을 위반하여 금고 이상의 형(집행유예를 포함)을 선고받은 경우

대표기출 5 2023년 제34회 22번 문제 | 난이도 중

공인중개사법령상 소속공인중개사의 규정 위반행위 중 자격정지 기준이 6개월에 해당하는 것을 모두 고른 것은?

┌───┐
│ ㉠ 2 이상의 중개사무소에 소속된 경우   │
│ ㉡ 거래계약서에 서명·날인을 하지 아니한 경우 │
│ ㉢ 등록하지 아니한 인장을 사용한 경우   │
│ ㉣ 확인·설명의 근거자료를 제시하지 아니한 경우│
└───┘

① ㉠   ② ㉠, ㉢
③ ㉡, ㉢   ④ ㉠, ㉡, ㉣
⑤ ㉡, ㉢, ㉣

기출공략 [키워드] 자격정지

자격정지에 관해 학습하여야 합니다.

34회

공인중개사법령상 소속공인중개사의 규정 위반행위 중 자격정지 기준이 6개월에 해당하는 것을 모두 고른 것은? (①)

┌───┐
│ ㉠ 2 이상의 중개사무소에 소속된 경우 (O)   │
│ ㉡ 거래계약서에 서명·날인을 하지 아니한 경우 (×) │
│   → 3개월   │
│ ㉢ 등록하지 아니한 인장을 사용한 경우 (×)   │
│   → 3개월   │
│ ㉣ 확인·설명의 근거자료를 제시하지 아니한 경우 (×) │
│   → 3개월   │
└───┘

이론플러스 자격정지기간

1. 둘 이상의 중개사무소에 소속된 경우: 6개월
2. 인장등록을 하지 아니하거나 등록하지 아니한 인장을 사용한 경우: 3개월
3. 성실·정확하게 중개대상물의 확인·설명을 하지 아니하거나 설명의 근거자료를 제시하지 아니한 경우: 3개월
4. 해당 중개업무를 수행한 경우 중개대상물 확인·설명서에 서명 및 날인을 하지 아니한 경우: 3개월

> 5. 해당 중개업무를 수행한 경우 거래계약서에 서명 및 날인을 하지 아니한 경우: 3개월
> 6. 거래계약서에 거래금액 등 거래내용을 거짓으로 기재하거나 서로 다른 둘 이상의 거래계약서를 작성한 경우: 6개월
> 7. 법 제33조 제1항에 규정된 금지행위를 한 경우: 6개월

01 공인중개사법령상 등록관청이 중개사무소의 개설등록을 취소하여야 하는 사유로 명시되지 <u>않은</u> 것은?

• 33회

① 개업공인중개사가 업무정지기간 중에 중개업무를 한 경우
② 개인인 개업공인중개사가 사망한 경우
③ 개업공인중개사가 이중으로 중개사무소의 개설등록을 한 경우
④ 개업공인중개사가 천막 그 밖에 이동이 용이한 임시 중개시설물을 설치한 경우
⑤ 개업공인중개사가 최근 1년 이내에 이 법에 의하여 2회 이상 업무정지처분을 받고 다시 업무정지처분에 해당하는 행위를 한 경우

키워드 등록취소

해설 개업공인중개사가 천막 그 밖에 이동이 용이한 임시 중개시설물을 설치한 경우 등록관청은 중개사무소의 개설등록을 취소할 수 있다(법 제38조 제2항 제3호).

정답 01 ④

02 공인중개사법령상 중개사무소 개설등록을 취소하여야 하는 사유에 해당하는 것을 모두 고른 것은?

• 32회 수정

> ㉠ 개업공인중개사인 법인이 해산한 경우
> ㉡ 개업공인중개사가 거짓으로 중개사무소 개설등록을 한 경우
> ㉢ 개업공인중개사가 이중으로 중개사무소 개설등록을 한 경우
> ㉣ 개업공인중개사가 개설등록 후 금고 이상의 형의 집행유예를 받고 그 유예기간이 만료된 후 2년이 경과하지 아니한 경우

① ㉠, ㉡, ㉢
② ㉠, ㉡, ㉣
③ ㉠, ㉢, ㉣
④ ㉡, ㉢, ㉣
⑤ ㉠, ㉡, ㉢, ㉣

키워드 등록취소
해설 ㉠㉡㉢㉣ 모두 절대적 등록취소사유에 해당한다.

03 「공인중개사법」의 내용으로 ( )에 들어갈 숫자를 바르게 나열한 것은?

• 32회

> • 등록관청은 개업공인중개사가 최근 (㉠)년 이내에 이 법에 의하여 (㉡)회 이상 업무 정지처분을 받고 다시 업무정지처분에 해당하는 행위를 한 경우에는 중개사무소의 개설등록을 취소하여야 한다.
> • 금고 이상의 실형의 선고를 받고 그 집행이 종료(집행이 종료된 것으로 보는 경우를 포함한다)되거나 집행이 면제된 날부터 (㉢)년이 지나지 아니한 자는 중개사무소의 개설등록을 할 수 없다.
> • 중개행위와 관련된 손해배상책임을 보장하기 위하여 이 법에 따라 공탁한 공탁금은 개업공인중개사가 폐업한 날부터 (㉣)년 이내에는 회수할 수 없다.

① ㉠: 1, ㉡: 2, ㉢: 1, ㉣: 3
② ㉠: 1, ㉡: 2, ㉢: 3, ㉣: 3
③ ㉠: 1, ㉡: 3, ㉢: 3, ㉣: 1
④ ㉠: 2, ㉡: 3, ㉢: 1, ㉣: 1
⑤ ㉠: 2, ㉡: 3, ㉢: 3, ㉣: 3

> **키워드** 등록취소
>
> **해설**
> - 등록관청은 개업공인중개사가 최근 (㉠ 1)년 이내에 이 법에 의하여 (㉡ 2)회 이상 업무정지처분을 받고 다시 업무정지처분에 해당하는 행위를 한 경우에는 중개사무소의 개설등록을 취소하여야 한다.
> - 금고 이상의 실형의 선고를 받고 그 집행이 종료(집행이 종료된 것으로 보는 경우를 포함한다)되거나 집행이 면제된 날부터 (㉢ 3)년이 지나지 아니한 자는 중개사무소의 개설등록을 할 수 없다.
> - 중개행위와 관련된 손해배상책임을 보장하기 위하여 이 법에 따라 공탁한 공탁금은 개업공인중개사가 폐업한 날부터 (㉣ 3)년 이내에는 회수할 수 없다.

04 공인중개사법령상 중개사무소 개설등록의 절대적 취소사유가 아닌 것은? • 30회

① 개업공인중개사인 법인이 해산한 경우
② 자격정지처분을 받은 소속공인중개사로 하여금 자격정지기간 중에 중개업무를 하게 한 경우
③ 거짓이나 그 밖의 부정한 방법으로 중개사무소의 개설등록을 한 경우
④ 법인이 아닌 개업공인중개사가 파산선고를 받고 복권되지 아니한 경우
⑤ 공인중개사법령을 위반하여 둘 이상의 중개사무소를 둔 경우

> **키워드** 등록취소
>
> **해설** 공인중개사법령을 위반하여 둘 이상의 중개사무소를 둔 경우 등록관청은 중개사무소의 개설등록을 취소할 수 있다(법 제38조 제2항 제2호).

정답 02 ⑤ 03 ② 04 ⑤

05 공인중개사법령상 개업공인중개사에 대한 업무정지처분을 할 수 있는 사유에 해당하는 것을 모두 고른 것은?

• 32회

> ㉠ 부동산거래정보망에 중개대상물에 관한 정보를 거짓으로 공개한 경우
> ㉡ 거래당사자에게 교부해야 하는 중개대상물 확인·설명서를 교부하지 않은 경우
> ㉢ 거래당사자에게 교부해야 하는 거래계약서를 적정하게 작성·교부하지 않은 경우
> ㉣ 해당 중개대상물의 거래상의 중요사항에 관하여 거짓된 언행으로 중개의뢰인의 판단을 그르치게 하는 행위를 한 경우

① ㉠, ㉢
② ㉡, ㉣
③ ㉠, ㉡, ㉢
④ ㉡, ㉢, ㉣
⑤ ㉠, ㉡, ㉢, ㉣

키워드 업무정지

해설 ㉠㉡㉢㉣ 모두 업무정지사유에 해당한다.

이론플러스 **업무정지사유**(법 제39조 제1항)

1. 결격사유에 해당하는 자를 소속공인중개사 또는 중개보조원으로 둔 경우(다만, 그 사유가 발생한 날부터 2개월 이내에 그 사유를 해소한 경우에는 그러하지 않다)
2. 인장등록, 변경등록을 하지 아니하거나 등록하지 아니한 인장을 사용한 경우
3. 전속중개계약을 체결한 개업공인중개사가 전속중개계약서에 의하지 아니하고 전속중개계약을 체결하거나 계약서를 3년간 보존하지 아니한 경우
4. 개업공인중개사가 부동산거래정보망에 중개대상물에 관한 정보를 거짓으로 공개하거나 거래정보사업자에게 공개를 의뢰한 중개대상물의 거래가 완성된 사실을 해당 거래정보사업자에게 통보하지 아니한 경우
5. 중개대상물 확인·설명서를 교부하지 아니하거나 3년간 보존하지 아니한 경우
6. 중개대상물 확인·설명서에 서명 및 날인을 하지 아니한 경우
7. 거래계약서의 필요적 기재사항 등에 대하여 적정하게 거래계약서를 작성·교부하지 아니하거나 5년간 보존하지 아니한 경우
8. 거래계약서에 서명 및 날인을 하지 아니한 경우
9. 행정관청의 감독상 명령과 관련하여 보고, 자료의 제출, 조사 또는 검사를 거부·방해 또는 기피하거나 그 밖의 명령을 이행하지 아니하거나 거짓으로 보고 또는 자료제출을 한 경우
10. 상대(임의)적 등록취소처분사유(법 제38조 제2항)에 해당하는 경우
11. 최근 1년 이내에 이 법에 의하여 2회 이상 업무정지 또는 과태료의 처분을 받고 다시 과태료의 처분에 해당하는 행위를 한 경우

12. 개업공인중개사가 조직한 사업자단체 또는 그 구성원인 개업공인중개사가 「독점규제 및 공정거래에 관한 법률」 제51조를 위반하여 같은 법 제52조(시정조치) 또는 제53조(과징금)에 따른 처분을 받은 경우
13. 그 밖에 이 법 또는 이 법에 의한 명령이나 처분을 위반한 경우
14. 부칙 제6조 제2항에 규정된 개업공인중개사가 업무지역을 위반한 경우

06 상

개업공인중개사 甲, 乙, 丙에 대한 「공인중개사법」 제40조(행정제재처분효과의 승계 등)의 적용에 관한 설명으로 옳은 것을 모두 고른 것은? • 32회

㉠ 甲이 2020.11.16. 「공인중개사법」에 따른 과태료부과처분을 받았으나 2020.12.16. 폐업신고를 하였다가 2021.10.15. 다시 중개사무소의 개설등록을 하였다면, 위 과태료부과처분의 효과는 승계된다.
㉡ 乙이 2020.8.1. 국토교통부령으로 정하는 전속중개계약서에 의하지 않고 전속중개계약을 체결한 후, 2020.9.1. 폐업신고를 하였다가 2021.10.1. 다시 중개사무소의 개설등록을 하였다면, 등록관청은 업무정지처분을 할 수 있다.
㉢ 丙이 2018.8.5. 다른 사람에게 자기의 상호를 사용하여 중개업무를 하게 한 후, 2018.9.5. 폐업신고를 하였다가 2021.10.5. 다시 중개사무소의 개설등록을 하였다면, 등록관청은 개설등록을 취소해야 한다.

① ㉠
② ㉠, ㉡
③ ㉠, ㉢
④ ㉡, ㉢
⑤ ㉠, ㉡, ㉢

키워드 효과승계

해설 ㉡ 전속중개계약서에 의하지 않고 전속중개계약을 체결한 경우 업무정지사유에 해당한다. 이 경우 폐업신고 전의 위반행위에 대한 행정처분이 업무정지에 해당하는 경우로서 폐업기간이 1년을 초과하는 경우 업무정지처분을 할 수 없다. 따라서 2020.9.1. 폐업신고를 하였다가 2021.10.1. 다시 중개사무소의 개설등록을 하였다면 폐업기간이 1년을 초과한 경우이므로 업무정지처분을 할 수 없다.
㉢ 다른 사람에게 자기의 상호를 사용하여 중개업무를 하게 한 경우 등록취소사유에 해당한다. 이 경우 폐업신고를 한 날부터 다시 중개사무소의 개설등록을 한 날까지의 기간(폐업기간)이 3년을 초과한 경우 등록취소처분을 할 수 없다. 따라서 2018.9.5. 폐업신고를 하였다가 2021.10.5. 다시 중개사무소의 개설등록을 하였다면, 폐업기간이 3년을 초과한 경우이므로 등록관청은 개설등록취소처분을 할 수 없다.

정답 05 ⑤ 06 ①

07 〈상〉 공인중개사법령상 행정제재처분효과의 승계 등에 관한 설명으로 옳은 것을 모두 고른 것은?

• 33회

㉠ 폐업신고 전에 개업공인중개사에게 한 업무정지처분의 효과는 그 처분일부터 2년간 재등록 개업공인중개사에게 승계된다.
㉡ 폐업기간이 2년을 초과한 재등록 개업공인중개사에 대해 폐업신고 전의 중개사무소 업무정지사유에 해당하는 위반행위를 이유로 행정처분을 할 수 없다.
㉢ 폐업신고 전에 개업공인중개사에게 한 과태료부과처분의 효과는 그 처분일부터 10개월된 때에 재등록을 한 개업공인중개사에게 승계된다.
㉣ 폐업기간이 3년 6개월이 지난 재등록 개업공인중개사에게 폐업신고 전의 중개사무소 개설등록취소사유에 해당하는 위반행위를 이유로 개설등록취소처분을 할 수 없다.

① ㉠
② ㉠, ㉣
③ ㉡, ㉢
④ ㉡, ㉢, ㉣
⑤ ㉠, ㉡, ㉢, ㉣

키워드 효과승계, 위반행위승계

해설 ㉠ 폐업신고 전의 개업공인중개사에 대한 업무정지처분사유나 과태료처분사유로 행한 행정처분(업무정지처분, 과태료처분)의 효과는 그 처분일부터 1년간 다시 중개사무소의 개설등록을 한 자(이하 '재등록 개업공인중개사'라 한다)에게 승계된다(법 제40조 제2항). 따라서 "폐업신고 전에 개업공인중개사에게 한 업무정지처분의 효과는 그 처분일부터 1년간 재등록 개업공인중개사에게 승계된다."로 하여야 옳은 지문이 된다.

08 상

공인중개사법령상 공인중개사인 개업공인중개사 甲의 중개사무소 폐업 및 재등록에 관한 설명으로 옳은 것은?
• 31회

① 甲이 중개사무소를 폐업하고자 하는 경우, 국토교통부장관에게 미리 신고하여야 한다.
② 甲이 폐업 사실을 신고하고 중개사무소 간판을 철거하지 아니한 경우, 과태료부과처분을 받을 수 있다.
③ 甲이 공인중개사법령 위반으로 2019.2.8. 1개월의 업무정지처분을 받았으나 2019.7.1. 폐업신고를 하였다가 2019.12.11. 다시 중개사무소 개설등록을 한 경우, 종전의 업무정지처분의 효과는 승계되지 않고 소멸한다.
④ 甲이 공인중개사법령 위반으로 2019.1.8. 1개월의 업무정지처분에 해당하는 행위를 하였으나 2019.3.5. 폐업신고를 하였다가 2019.12.5. 다시 중개사무소 개설등록을 한 경우, 종전의 위반행위에 대하여 1개월의 업무정지처분을 받을 수 있다.
⑤ 甲이 공인중개사법령 위반으로 2018.2.5. 등록취소처분에 해당하는 행위를 하였으나 2018.3.6. 폐업신고를 하였다가 2020.10.16. 다시 중개사무소 개설등록을 한 경우, 그에게 종전의 위반행위에 대한 등록취소처분을 할 수 없다.

키워드 효과승계, 위반행위승계

해설 ① 甲이 중개사무소를 폐업하고자 하는 경우, 등록관청에 미리 신고하여야 한다.
② 甲이 폐업 사실을 신고하고 중개사무소 간판을 철거하지 아니한 경우, 과태료처분사유에 해당하지 않는다. 이 경우 등록관청은 간판의 철거를 개업공인중개사가 이행하지 아니하는 경우에는 「행정대집행법」에 따라 대집행을 할 수 있다.
③ 甲이 공인중개사법령 위반으로 2019.2.8. 1개월의 업무정지처분을 받았으나 2019.7.1. 폐업신고를 하였다가 2019.12.11. 다시 중개사무소 개설등록을 한 경우, 업무정지처분의 효과는 처분일로부터 1년간 다시 중개사무소의 개설등록을 한 자에게 승계되므로, 종전의 업무정지처분의 효과는 승계된다.
⑤ 甲이 공인중개사법령 위반으로 2018.2.5. 등록취소처분에 해당하는 행위를 하였으나 2018.3.6. 폐업신고를 하였다가 2020.10.16. 다시 중개사무소 개설등록을 한 경우, 폐업신고를 한 날부터 다시 중개사무소의 개설등록을 한 날까지의 기간(폐업기간)이 3년을 초과한 경우 등록취소처분을 할 수 없다. 하지만 3년이 지나지 아니하였으므로 종전의 위반행위에 대한 등록취소처분을 할 수 있다.

정답 07 ④ 08 ④

09 공인중개사법령상 공인중개사의 자격취소에 관한 설명으로 틀린 것은? • 33회 수정

① 시·도지사는 공인중개사가 이 법을 위반하여 300만원 이상 벌금형의 선고를 받은 경우에는 그 자격을 취소해야 한다.
② 공인중개사의 자격이 취소된 자는 공인중개사자격증을 교부한 시·도지사에게 반납해야 한다.
③ 시·도지사는 공인중개사의 자격취소처분을 한 때에는 5일 이내에 이를 국토교통부장관과 다른 시·도지사에게 통보해야 한다.
④ 시·도지사는 공인중개사의 자격을 취소하고자 하는 경우에는 청문을 실시해야 한다.
⑤ 시·도지사는 공인중개사가 부정한 방법으로 공인중개사의 자격을 취득한 경우에는 그 자격을 취소해야 한다.

키워드 자격취소
해설 자격취소사유가 아닌 「공인중개사법」 제10조 결격사유에 해당한다.

10 공인중개사법령상 공인중개사자격의 취소사유에 해당하는 것을 모두 고른 것은?
• 32회

> ㉠ 부정한 방법으로 공인중개사의 자격을 취득한 경우
> ㉡ 다른 사람에게 자기의 공인중개사자격증을 대여한 경우
> ㉢ 「공인중개사법」에 따라 공인중개사 자격정지처분을 받고 그 자격정지기간 중에 중개업무를 행한 경우

① ㉠
② ㉢
③ ㉠, ㉡
④ ㉡, ㉢
⑤ ㉠, ㉡, ㉢

키워드 자격취소
해설 시·도지사가 공인중개사자격을 취소해야 하는 사유는 다음과 같다.
> 1. 부정한 방법으로 공인중개사의 자격을 취득한 경우
> 2. 공인중개사가 다른 사람에게 자기의 성명을 사용하여 중개업무를 하게 하거나 공인중개사자격증을 양도 또는 대여한 경우

> 3. 자격정지처분을 받고 자격정지기간 중에 중개업무를 행한 경우(다른 개업공인중개사의 소속공인중개사·중개보조원 또는 법인인 개업공인중개사의 사원·임원이 되는 경우를 포함)
> 4. 이 법 또는 공인중개사의 직무와 관련하여 「형법」 규정을 위반하여 금고 이상의 형(집행유예를 포함)을 선고받은 경우

따라서 ㉠㉡㉢ 모두 공인중개사자격의 취소사유에 해당된다.

11 하

공인중개사법령상 소속공인중개사로서 업무를 수행하는 기간 동안 발생한 사유 중 자격정지사유로 규정되어 있지 <u>않은</u> 것은?   • 32회

① 둘 이상의 중개사무소에 소속된 경우
② 성실·정확하게 중개대상물의 확인·설명을 하지 않은 경우
③ 등록관청에 등록하지 않은 인장을 사용하여 중개행위를 한 경우
④ 「공인중개사법」을 위반하여 징역형의 선고를 받은 경우
⑤ 중개대상물의 매매를 업으로 하는 행위를 한 경우

키워드 자격정지

해설 시·도지사는 공인중개사가 소속공인중개사로서 업무를 수행하는 기간 중에 다음의 어느 하나에 해당하는 경우에는 6개월의 범위 안에서 기간을 정하여 그 자격을 정지할 수 있다(법 제36조 제1항).

> 1. 둘 이상의 중개사무소에 소속된 경우
> 2. 인장등록을 하지 아니하거나 등록하지 아니한 인장을 사용한 경우
> 3. 성실·정확하게 중개대상물의 확인·설명을 하지 아니하거나 설명의 근거자료를 제시하지 아니한 경우
> 4. 해당 중개업무를 수행한 경우 중개대상물 확인·설명서에 서명 및 날인을 하지 아니한 경우
> 5. 해당 중개업무를 수행한 경우 거래계약서에 서명 및 날인을 하지 아니한 경우
> 6. 거래계약서에 거래금액 등 거래내용을 거짓으로 기재하거나 서로 다른 둘 이상의 거래계약서를 작성한 경우
> 7. 법 제33조 제1항에 규정된 금지행위를 한 경우

따라서 「공인중개사법」을 위반하여 징역형의 선고를 받은 경우는 자격정지사유에 포함되지 않으며, 이는 자격취소사유에 해당한다(법 제35조 제1항 제4호).

정답 09 ① 10 ⑤ 11 ④

12 공인중개사법령상 공인중개사의 자격취소사유와 소속공인중개사의 자격정지사유에 관한 구분으로 옳은 것을 모두 고른 것은?

• 31회

㉠ 다른 사람에게 자기의 성명을 사용하여 중개업무를 하게 한 경우 – 취소사유
㉡ 「공인중개사법」을 위반하여 징역형의 집행유예를 받은 경우 – 취소사유
㉢ 거래계약서를 작성할 때 거래금액 등 거래내용을 거짓으로 기재한 경우 – 정지사유
㉣ 중개대상물의 매매를 업으로 하는 경우 – 정지사유

① ㉠
② ㉠, ㉣
③ ㉢, ㉣
④ ㉠, ㉡, ㉢
⑤ ㉠, ㉡, ㉢, ㉣

키워드 자격취소, 자격정지

해설 ㉠㉡ 자격취소사유는 다음과 같다.

1. 부정한 방법으로 공인중개사의 자격을 취득한 경우
2. 공인중개사가 다른 사람에게 자기의 성명을 사용하여 중개업무를 하게 하거나 공인중개사자격증을 양도 또는 대여한 경우
3. 자격정지처분을 받고 자격정지기간 중에 중개업무를 행한 경우(다른 개업공인중개사의 소속공인중개사·중개보조원 또는 법인인 개업공인중개사의 사원·임원이 되는 경우를 포함)
4. 이 법 또는 공인중개사의 직무와 관련하여 「형법」 규정을 위반하여 금고 이상의 형(집행유예를 포함)을 선고받은 경우

㉢㉣ 자격정지사유는 다음과 같다.

1. 둘 이상의 중개사무소에 소속된 경우
2. 인장등록을 하지 아니하거나 등록하지 아니한 인장을 사용한 경우
3. 성실·정확하게 중개대상물의 확인·설명을 하지 아니하거나 설명의 근거자료를 제시하지 아니한 경우
4. 해당 중개업무를 수행한 경우 중개대상물 확인·설명서에 서명 및 날인을 하지 아니한 경우
5. 해당 중개업무를 수행한 경우 거래계약서에 서명 및 날인을 하지 아니한 경우
6. 거래계약서에 거래금액 등 거래내용을 거짓으로 기재하거나 서로 다른 둘 이상의 거래계약서를 작성한 경우
7. 법 제33조 제1항에 규정된 금지행위를 한 경우

13 공인중개사법령상 공인중개사등에 관한 설명으로 틀린 것은?

• 31회

① 공인중개사의 자격이 취소된 후 3년이 지나지 아니한 자는 중개보조원이 될 수 없다.
② 공인중개사는 자기의 공인중개사자격증을 무상으로도 대여해서는 안 된다.
③ 자격정지처분을 받은 날부터 6개월이 경과한 공인중개사는 법인인 개업공인중개사의 임원이 될 수 있다.
④ 다른 사람에게 자기의 성명을 사용하여 중개업무를 하게 한 경우에는 자격정지처분사유에 해당한다.
⑤ 공인중개사가 아닌 자는 공인중개사 또는 이와 유사한 명칭을 사용하지 못한다.

키워드 자격취소

해설 공인중개사가 다른 사람에게 자기의 성명을 사용하여 중개업무를 하게 하거나 다른 사람에게 자격증을 양도 또는 대여한 경우 자격취소사유에 해당한다.

14 공인중개사법령상 중개업무를 수행하는 소속공인중개사의 자격정지사유에 해당하지 않는 것은?

• 30회

① 고객을 위하여 거래내용에 부합하는 동일한 거래계약서를 4부 작성한 경우
② 둘 이상의 중개사무소에 소속된 경우
③ 고객의 요청에 의해 거래계약서에 거래금액을 거짓으로 기재한 경우
④ 권리를 취득하고자 하는 중개의뢰인에게 중개가 완성되기 전까지 등기사항증명서 등 확인·설명의 근거자료를 제시하지 않은 경우
⑤ 법인의 분사무소의 책임자가 서명 및 날인하였기에 해당 중개행위를 한 소속공인중개사가 확인·설명서에 서명 및 날인을 하지 않은 경우

키워드 자격정지

해설 고객을 위하여 거래내용에 부합하는 동일한 거래계약서를 4부 작성한 경우는 소속공인중개사의 자격정지사유에 해당하지 않는다.

정답 12 ⑤ 13 ④ 14 ①

15 공인중개사법령상 공인중개사의 자격취소에 관한 설명으로 옳은 것은? • 30회 수정

① 공인중개사의 자격취소처분은 공인중개사의 현주소지를 관할하는 시장·군수·구청장이 행한다.
② 시·도지사는 공인중개사의 자격취소처분을 한 때에는 5일 이내에 이를 국토교통부장관과 다른 시·도지사에게 통보하여야 한다.
③ 자격취소사유가 발생한 경우에는 청문을 실시하지 않아도 해당 공인중개사의 자격을 취소할 수 있다.
④ 공인중개사의 자격이 취소된 자는 공인중개사자격증을 7일 이내에 한국산업인력공단에 반납하여야 한다.
⑤ 공인중개사자격이 취소되었으나 공인중개사자격증을 분실 등의 사유로 반납할 수 없는 자는 신규발급절차를 거쳐 발급된 공인중개사자격증을 반납하여야 한다.

키워드 자격취소

해설 ① 공인중개사의 자격취소처분은 그 공인중개사자격증을 교부한 시·도지사가 행한다(영 제29조 제1항).
③ 자격취소처분을 하고자 하는 시·도지사는 청문을 실시하여야 한다(법 제35조 제2항).
④ 공인중개사의 자격이 취소된 자는 자격취소처분을 받은 날부터 7일 이내에 그 공인중개사자격증을 교부한 시·도지사에게 공인중개사자격증을 반납하여야 한다(법 제35조 제3항, 규칙 제21조).
⑤ 자격증의 분실 등의 사유로 공인중개사자격증을 반납할 수 없는 자는 자격증반납을 대신하여 그 이유를 기재한 사유서를 시·도지사에게 제출하여야 한다(법 제35조 제4항).

16 공인중개사법령상 개업공인중개사의 업무정지사유이면서 중개행위를 한 소속공인중개사의 자격정지사유에 해당하는 것을 모두 고른 것은?
• 29회

㉠ 인장등록을 하지 아니한 경우
㉡ 중개대상물 확인·설명서에 서명 및 날인을 하지 아니한 경우
㉢ 거래계약서에 서명 및 날인을 하지 아니한 경우
㉣ 중개대상물 확인·설명서를 교부하지 않은 경우

① ㉠, ㉡
② ㉢, ㉣
③ ㉠, ㉡, ㉢
④ ㉡, ㉢, ㉣
⑤ ㉠, ㉡, ㉢, ㉣

키워드 업무정지, 자격정지

해설 ㉣ 중개대상물 확인·설명서를 교부하지 않은 경우는 개업공인중개사를 대상으로 하며, 이 경우 업무정지의 대상이다.

17 공인중개사법령상 소속공인중개사의 자격정지사유에 해당하는 것을 모두 고른 것은?
• 28회

㉠ 공인중개사자격증을 대여한 경우
㉡ 부정한 방법으로 공인중개사의 자격을 취득한 경우
㉢ 둘 이상의 중개사무소의 소속공인중개사가 된 경우
㉣ 거래당사자 쌍방을 대리하는 행위를 한 경우

① ㉠, ㉡
② ㉠, ㉢
③ ㉢, ㉣
④ ㉠, ㉡, ㉣
⑤ ㉡, ㉢, ㉣

키워드 자격정지

해설 ㉠ 공인중개사자격증을 대여한 경우와 ㉡ 부정한 방법으로 공인중개사의 자격을 취득한 경우는 자격취소사유에 해당한다. 자격정지사유에 해당하는 것은 ㉢㉣이다.

정답 15 ② 16 ③ 17 ③

CHAPTER 11 벌칙(행정벌)

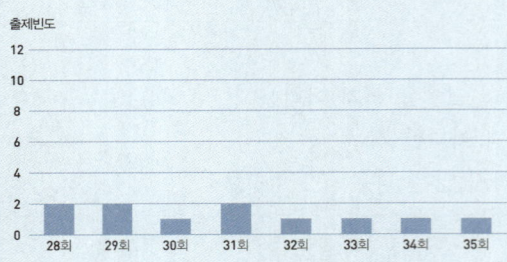

■ 8개년 출제 문항 수
총 40문제 中 평균 약 1.5문제 출제

■ 이 단원을 공략하고 싶다면?
행정형벌, 행정질서벌에 대해 알아두자

↳ 기본서 [공인중개사법령 및 중개실무] pp. 307~320

대표기출 1 | 2024년 제35회 14번 문제 | 난이도 하

공인중개사법령상 다음의 행위를 한 자에 대하여 3년의 징역에 처할 수 있는 경우는?

① 거짓이나 그 밖의 부정한 방법으로 중개사무소의 개설등록을 한 경우
② 공인중개사가 다른 사람에게 자기의 성명을 사용하여 중개업무를 하게 한 경우
③ 등록관청의 관할구역 안에 2개의 중개사무소를 둔 경우
④ 개업공인중개사가 천막 그 밖에 이동이 용이한 임시 중개시설물을 설치한 경우
⑤ 공인중개사가 아닌 자로서 공인중개사 또는 이와 유사한 명칭을 사용한 경우

기출공략 [키워드] 행정형벌

「공인중개사법」상 행정형벌사유에 관해 학습하여야 합니다.

28회, 29회, 31회, 33회, 35회

공인중개사법령상 다음의 행위를 한 자에 대하여 3년의 징역에 처할 수 있는 경우는?
(①)

① 거짓이나 그 밖의 부정한 방법으로 중개사무소의 개설등록을 한 경우 (O)
→ 3년 이하의 징역 또는 3천만원 이하의 벌금사유

② 공인중개사가 다른 사람에게 자기의 성명을 사용하여 중개업무를 하게 한 경우 (×)
→ 1년 이하의 징역 또는 1천만원 이하의 벌금사유

③ 등록관청의 관할구역 안에 2개의 중개사무소를 둔 경우 (×)
→ 1년 이하의 징역 또는 1천만원 이하의 벌금사유

④ 개업공인중개사가 천막 그 밖에 이동이 용이한 임시 중개시설물을 설치한 경우 (×)
  → 1년 이하의 징역 또는 1천만원 이하의 벌금사유

⑤ 공인중개사가 아닌 자로서 공인중개사 또는 이와 유사한 명칭을 사용한 경우 (×)
  → 1년 이하의 징역 또는 1천만원 이하의 벌금사유

이론플러스 3년 이하의 징역 또는 3천만원 이하의 벌금사유

1. 중개사무소의 개설등록을 하지 아니하고 중개업을 한 자
2. 거짓이나 그 밖의 부정한 방법으로 중개사무소의 개설등록을 한 자
3. 관계 법령에서 양도·알선 등이 금지된 부동산의 분양·임대 등과 관련 있는 증서 등의 매매·교환 등을 중개하거나 그 매매를 업으로 하는 행위
4. 중개의뢰인과 직접 거래를 하거나 거래당사자 쌍방을 대리하는 행위
5. 탈세 등 관계 법령을 위반할 목적으로 소유권보존등기 또는 이전등기를 하지 아니한 부동산이나 관계 법령의 규정에 의하여 전매 등 권리의 변동이 제한된 부동산의 매매를 중개하는 등 부동산 투기를 조장하는 행위
6. 부당한 이익을 얻거나 제3자에게 부당한 이익을 얻게 할 목적으로 거짓으로 거래가 완료된 것처럼 꾸미는 등 중개대상물의 시세에 부당한 영향을 주거나 줄 우려가 있는 행위
7. 단체를 구성하여 특정 중개대상물에 대하여 중개를 제한하거나 단체 구성원 이외의 자와 공동중개를 제한하는 행위
8. 안내문, 온라인 커뮤니티 등을 이용하여 특정 개업공인중개사등에 대한 중개의뢰를 제한하거나 제한을 유도하는 행위
9. 안내문, 온라인 커뮤니티 등을 이용하여 중개대상물에 대하여 시세보다 현저하게 높게 표시·광고 또는 중개하는 특정 개업공인중개사등에게만 중개의뢰를 하도록 유도함으로써 다른 개업공인중개사등을 부당하게 차별하는 행위
10. 안내문, 온라인 커뮤니티 등을 이용하여 특정 가격 이하로 중개를 의뢰하지 아니하도록 유도하는 행위
11. 정당한 사유 없이 개업공인중개사등의 중개대상물에 대한 정당한 표시·광고 행위를 방해하는 행위
12. 개업공인중개사등에게 중개대상물을 시세보다 현저하게 높게 표시·광고하도록 강요하거나 대가를 약속하고 시세보다 현저하게 높게 표시·광고하도록 유도하는 행위

대표기출 2   2023년 제34회 19번 문제 | 난이도 **상**

공인중개사법령상 규정 위반으로 과태료가 부과되는 경우 과태료 부과기준에서 정하는 금액이 가장 적은 경우는?

① 휴업한 중개업의 재개신고를 하지 않은 경우
② 중개사무소등록증을 게시하지 않은 경우
③ 중개사무소의 이전신고를 하지 않은 경우
④ 연수교육을 정당한 사유 없이 받지 않은 기간이 50일인 경우
⑤ 손해배상책임의 보장에 관한 사항을 설명하지 않은 경우

기출공략   [키워드] 과태료 부과기준

> 과태료 부과기준에 관해 학습하여야 합니다.
>
> 34회

공인중개사법령상 규정 위반으로 과태료가 부과되는 경우 과태료 부과기준에서 정하는 금액이 가장 적은 경우는? (①)

① 휴업한 중개업의 재개신고를 하지 않은 경우(○)
　→ 20만원
② 중개사무소등록증을 게시하지 않은 경우(×)
　→ 30만원
③ 중개사무소의 이전신고를 하지 않은 경우(×)
　→ 30만원
④ 연수교육을 정당한 사유 없이 받지 않은 기간이 50일인 경우(×)
　→ 30만원
⑤ 손해배상책임의 보장에 관한 사항을 설명하지 않은 경우(×)
　→ 30만원

이론플러스   **과태료 부과기준**(공인중개사법 시행령 별표 2)

1. 휴업한 중개업의 재개신고를 하지 않은 경우: 20만원
2. 중개사무소등록증을 게시하지 않은 경우: 30만원
3. 중개사무소의 이전신고를 하지 않은 경우: 30만원
4. 연수교육을 정당한 사유 없이 받지 않은 기간이 50일인 경우: 30만원
5. 손해배상책임의 보장에 관한 사항을 설명하지 않은 경우: 30만원

01
공인중개사법령상 3년 이하의 징역 또는 3천만원 이하의 벌금에 처해지는 개업공인중개사등의 행위가 아닌 것은?
• 33회

① 관계 법령에서 양도가 금지된 부동산의 분양과 관련 있는 증서의 매매를 중개하는 행위
② 법정 중개보수를 초과하여 수수하는 행위
③ 중개의뢰인과 직접 거래를 하는 행위
④ 거래당사자 쌍방을 대리하는 행위
⑤ 단체를 구성하여 특정 중개대상물에 대하여 중개를 제한하는 행위

키워드 행정형벌

해설 법정 중개보수를 초과하여 수수하는 행위는 1년 이하의 징역 또는 1천만원 이하의 벌금 사유에 해당한다(법 제49조 제1항 제10호).

02
공인중개사법령상 벌금부과기준에 해당하는 자를 모두 고른 것은?
• 31회

㉠ 중개사무소 개설등록을 하지 아니하고 중개업을 한 공인중개사
㉡ 거짓으로 중개사무소의 개설등록을 한 자
㉢ 등록관청의 관할구역 안에 두 개의 중개사무소를 가설등록한 개업공인중개사
㉣ 임시 중개시설물을 설치한 개업공인중개사
㉤ 중개대상물이 존재하지 않아서 거래할 수 없는 중개대상물을 광고한 개업공인중개사

① ㉠
② ㉠, ㉡
③ ㉡, ㉢, ㉤
④ ㉠, ㉡, ㉢, ㉣
⑤ ㉠, ㉡, ㉢, ㉣, ㉤

키워드 행정형벌

해설 ㉤ 중개대상물이 존재하지 않아서 거래할 수 없는 중개대상물을 광고한 개업공인중개사는 부당한 표시·광고행위를 한 것이며, 이 경우 500만원 이하의 과태료 부과대상이 된다.

정답 01 ② 02 ④

03 공인중개사법령상 1년 이하의 징역 또는 1천만원 이하의 벌금에 해당하지 않는 자는?

• 29회

① 공인중개사가 아닌 자로서 공인중개사 또는 이와 유사한 명칭을 사용한 자
② 개업공인중개사가 아닌 자로서 중개업을 하기 위하여 중개대상물에 대한 표시·광고를 한 자
③ 개업공인중개사가 아닌 자로서 '공인중개사사무소', '부동산중개' 또는 이와 유사한 명칭을 사용한 자
④ 관계 법령에서 양도·알선 등이 금지된 부동산의 분양·임대 등과 관련 있는 증서 등의 매매·교환 등을 중개한 개업공인중개사
⑤ 다른 사람에게 자기의 상호를 사용하여 중개업무를 하게 한 개업공인중개사

키워드 행정형벌

해설 관계 법령에서 양도·알선 등이 금지된 부동산의 분양·임대 등과 관련 있는 증서 등의 매매·교환 등을 중개한 개업공인중개사는 3년 이하의 징역 또는 3천만원 이하의 벌금 사유에 해당한다.

04 다음 중 공인중개사법령상 과태료를 부과할 경우 과태료의 부과기준에서 정하는 과태료 금액이 가장 큰 경우는?

• 30회

① 공제업무의 개선명령을 이행하지 않은 경우
② 휴업한 중개업의 재개신고를 하지 않은 경우
③ 중개사무소의 이전신고를 하지 않은 경우
④ 중개사무소등록증을 게시하지 않은 경우
⑤ 휴업기간의 변경신고를 하지 않은 경우

키워드 과태료 부과기준

해설
① 공제업무의 개선명령을 이행하지 않은 경우 – 500만원 이하의 과태료
② 휴업한 중개업의 재개신고를 하지 않은 경우 – 100만원 이하의 과태료
③ 중개사무소의 이전신고를 하지 않은 경우 – 100만원 이하의 과태료
④ 중개사무소등록증을 게시하지 않은 경우 – 100만원 이하의 과태료
⑤ 휴업기간의 변경신고를 하지 않은 경우 – 100만원 이하의 과태료

05 공인중개사법령상 과태료의 부과대상자와 부과기관이 바르게 연결된 것을 모두 고른 것은?

• 31회

㉠ 부동산거래정보망의 이용 및 정보제공방법 등에 관한 운영규정의 내용을 위반하여 부동산거래정보망을 운영한 거래정보사업자 – 국토교통부장관
㉡ 공인중개사법령에 따른 보고의무를 위반하여 보고를 하지 아니한 거래정보사업자 – 국토교통부장관
㉢ 중개사무소등록증을 게시하지 아니한 개업공인중개사 – 등록관청
㉣ 공인중개사자격이 취소된 자로 공인중개사자격증을 반납하지 아니한 자 – 등록관청
㉤ 중개사무소 개설등록이 취소된 자로 중개사무소등록증을 반납하지 아니한 자 – 시·도지사

① ㉠, ㉢
② ㉠, ㉡, ㉢
③ ㉡, ㉣, ㉤
④ ㉠, ㉡, ㉢, ㉣
⑤ ㉠, ㉡, ㉢, ㉣, ㉤

키워드 과태료 부과대상자 및 부과기관

해설 ㉣ 공인중개사자격이 취소된 자로 공인중개사자격증을 반납하지 아니한 자 – 시·도지사
㉤ 중개사무소 개설등록이 취소된 자로 중개사무소등록증을 반납하지 아니한 자 – 등록관청

정답 03 ④ 04 ① 05 ②

06 공인중개사법령상 과태료 부과대상자와 부과기관의 연결이 틀린 것은? • 29회

① 공제사업 운용실적을 공시하지 아니한 자 – 국토교통부장관
② 공인중개사협회의 임원에 대한 징계·해임의 요구를 이행하지 아니한 자 – 국토교통부장관
③ 연수교육을 정당한 사유 없이 받지 아니한 자 – 등록관청
④ 휴업기간의 변경신고를 하지 아니한 자 – 등록관청
⑤ 성실·정확하게 중개대상물의 확인·설명을 하지 아니한 자 – 등록관청

키워드 과태료 부과대상자 및 부과기관
해설 연수교육을 정당한 사유 없이 받지 아니한 자는 시·도지사가 과태료 부과기관이다.

07 공인중개사법령상 개업공인중개사의 행위 중 과태료 부과대상이 아닌 것은? • 32회

① 중개대상물의 거래상의 중요사항에 관해 거짓된 언행으로 중개의뢰인의 판단을 그르치게 한 경우
② 휴업신고에 따라 휴업한 중개업을 재개하면서 등록관청에 그 사실을 신고하지 않은 경우
③ 중개대상물에 관한 권리를 취득하려는 중개의뢰인에게 해당 중개대상물의 권리관계를 성실·정확하게 확인·설명하지 않은 경우
④ 인터넷을 이용하여 중개대상물에 대한 표시·광고를 하면서 중개대상물의 종류별로 가격 및 거래형태를 명시하지 않은 경우
⑤ 연수교육을 정당한 사유 없이 받지 않은 경우

키워드 과태료 부과대상자
해설 ① 법 제38조 제2항 제9호에 해당하므로 상대적 등록취소사유에 해당한다(1년 이하의 징역 또는 1천만원 이하의 벌금).
②④ 100만원 이하의 과태료
③⑤ 500만원 이하의 과태료

이론플러스 과태료 부과기준

1. 500만원 이하의 과태료가 부과되는 경우(법 제51조 제2항)

> ⊙ 국토교통부장관이 거래정보사업자를 대상으로 부과하는 경우: 운영규정 위반, 조사·명령 위반
> ⓒ 시·도지사가 실무교육을 받은 개업공인중개사 및 소속공인중개사를 대상으로 부과하는 경우: 연수교육 미이수
> ⓒ 국토교통부장관이 협회를 대상으로 부과하는 경우: 운영실적 미공시, 개선명령 미이행, 시정명령 미이행, 조사·명령 위반
> ⓔ 등록관청이 개업공인중개사를 대상으로 부과하는 경우: 성실·정확하게 중개대상물의 확인·설명을 하지 않거나 설명의 근거자료를 제시하지 아니한 자
> ⓜ 등록관청이 개업공인중개사 및 중개보조원을 대상으로 부과하는 경우: 중개의뢰인에게 본인이 중개보조원이라는 사실을 미리 알리지 아니한 경우

2. 100만원 이하의 과태료가 부과되는 경우(법 제51조 제3항)

> ⊙ 중개사무소등록증 등을 게시하지 아니한 자
> ⓒ 사무소의 명칭에 '공인중개사사무소', '부동산중개'라는 문자를 사용하지 아니한 자 또는 옥외 광고물에 성명을 표기하지 아니하거나 거짓으로 표기한 자
> ⓒ 중개대상물의 중개에 관한 표시·광고를 할 때, 중개보조원에 관한 사항은 명시해서는 아니 된다는 규정을 위반하여 표시·광고한 경우
> ⓔ 인터넷에 중개대상물에 대한 표시·광고를 할 때, 중개대상물의 종류별로 소재지, 면적, 가격 등의 사항을 명시하여야 한다는 규정을 위반하여 표시·광고한 경우
> ⓜ 중개사무소의 이전신고를 하지 아니한 자
> ⓗ 휴업, 폐업, 휴업한 중개업의 재개 또는 휴업기간의 변경신고를 하지 아니한 자
> ⓢ 손해배상책임에 관한 사항을 설명하지 아니하거나 관계 증서의 사본 또는 관계 증서에 관한 전자문서를 교부하지 아니한 자
> ⓞ 공인중개사자격증을 반납하지 아니하거나 공인중개사자격증을 반납할 수 없는 사유서를 제출하지 아니한 자 또는 거짓으로 공인중개사자격증을 반납할 수 없는 사유서를 제출한 자
> ⓩ 중개사무소등록증을 반납하지 아니한 자
> ⓚ 법 제7638호 부칙 제6조 제2항에 규정된 개업공인중개사가 사무소의 명칭에 '공인중개사사무소'의 문자를 사용한 경우

정답 06 ③ 07 ①

CHAPTER 12
부동산 거래신고 등에 관한 법률

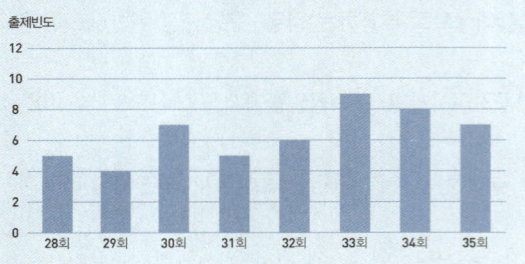

■ 8개년 출제 문항 수
총 40문제 中 평균 약 6.5문제 출제

■ 이 단원을 공략하고 싶다면?
부동산 거래신고, 주택 임대차계약 신고, 외국인 등의 국내 부동산 취득, 토지거래허가규정에 대해 알아두자

↪ 기본서 [공인중개사법령 및 중개실무] pp. 322~438

대표기출 1 | 2024년 제35회 25번 문제 | 난이도 상

부동산 거래신고 등에 관한 법령상 부동산 거래신고에 관한 설명으로 틀린 것은?

① 거래당사자 또는 개업공인중개사는 부동산거래계약 신고내용 중 거래 지분 비율이 잘못 기재된 경우 신고관청에 신고내용의 정정을 신청할 수 있다.
② 자연인 甲이 단독으로 「주택법」상 투기과열지구 외에 소재하는 주택을 실제 거래가격 6억원으로 매수한 경우 입주 예정 시기 등 그 주택의 이용계획은 신고사항이다.
③ 법인이 주택의 매수자로서 거래계약을 체결한 경우 임대 등 주택의 이용계획은 신고사항이다.
④ 부동산의 매수인은 신고인이 부동산거래계약 신고필증을 발급받은 때에 「부동산등기 특별조치법」에 따른 검인을 받은 것으로 본다.
⑤ 개업공인중개사가 신고한 후 해당 거래계약이 해제된 경우 그 계약을 해제한 거래당사자는 해제가 확정된 날부터 30일 이내에 해당 신고관청에 단독으로 신고하여야 한다.

기출공략 [키워드] 부동산 거래신고

부동산 거래신고 내용에 관해 학습하여야 합니다.

28회, 29회, 30회, 31회, 32회, 33회, 34회, 35회

부동산 거래신고 등에 관한 법령상 부동산 거래신고에 관한 설명으로 틀린 것은? (⑤)

① 거래당사자 또는 개업공인중개사는 부동산거래계약 신고내용 중 거래 지분 비율이 잘못 기재된 경우 신고관청에 신고내용의 정정을 신청할 수 있다. (O)

② 자연인 甲이 단독으로 「주택법」상 투기과열지구 외에 소재하는 주택을 실제 거래가격 6억원으로 매수한 경우 입주 예정 시기 등 그 주택의 이용계획은 신고사항이다. (O)

③ 법인이 주택의 매수자로서 거래계약을 체결한 경우 임대 등 주택의 이용계획은 신고사항이다. (O)

④ 부동산의 매수인은 신고인이 부동산거래계약 신고필증을 발급받은 때에 「부동산등기 특별조치법」에 따른 검인을 받은 것으로 본다. (O)

⑤ 개업공인중개사가 신고한 후 해당 거래계약이 해제된 경우 그 ~~계약을 해제한 거래당사자~~는 해제가 확정된 날부터 30일 이내에 해당 신고관청에 단독으로 신고하여야 한다. (×)

→ 개업공인중개사가 거래계약서를 작성·교부하여 부동산 거래신고를 개업공인중개사가 한 경우에는 개업공인중개사가 30일 이내에 해제등의 신고(공동으로 중개를 한 경우에는 해당 개업공인중개사가 공동으로 신고하는 것을 말한다)를 할 수 있다.

이론플러스 부동산 거래신고서 **작성방법**(부동산 거래신고 등에 관한 법률 시행규칙 별지 제1호 서식 참고)

1. ①·② 거래당사자가 다수인 경우 매도인 또는 매수인의 주소란에 ⑥의 거래대상별 거래 지분을 기준으로 각자의 거래 지분 비율(매도인과 매수인의 거래 지분 비율은 일치해야 합니다)을 표시하고, 거래당사자가 외국인인 경우 거래당사자의 국적을 반드시 적어야 하며, 외국인이 부동산 등을 매수하는 경우 매수용도란의 주거용(아파트), 주거용(단독주택), 주거용(그 밖의 주택), 레저용, 상업용, 공장용, 그 밖의 용도 중 하나에 ✔표시를 합니다.

2. ③ '법인신고서등'란은 별지 제1호의2 서식의 법인 주택 거래계약 신고서, 별지 제1호의3 서식의 주택취득자금 조달 및 입주계획서, 제2조 제7항 각 호의 구분에 따른 서류, 같은 항 후단에 따른 사유서 및 별지 제1호의4 서식의 토지취득자금 조달 및 토지이용계획서를 이 신고서와 함께 제출하는지 또는 별도로 제출하는지를 ✔표시하고, 그 밖의 경우에는 해당 없음에 ✔표시를 합니다.

3. ④ 부동산 매매의 경우 '종류'란에는 토지, 건축물 또는 토지 및 건축물(복합부동산의 경우)에 ✔표시를 하고, 해당 부동산이 '건축물' 또는 '토지 및 건축물'인 경우에는 ( )에 건축물의 종류를 '아파트, 연립, 다세대, 단독, 다가구, 오피스텔, 근린생활시설, 사무소, 공장 등' 「건축법 시행령」 별표 1에 따른 용도별 건축물의 종류를 적습니다.

4. ⑤ 공급계약은 시행사 또는 건축주 등이 최초로 부동산을 공급(분양)하는 계약을 말하며, 준공 전과 준공 후 계약 여부에 따라 ✔표시하고, '임대주택 분양전환'은 임대주택사업자(법인으로 한정)가 임대기한이 완료되어 분양전환하는 주택인 경우에 ✔표시합니다. 전매는 부동산을 취득할 수 있는 권리의 매매로서, '분양권' 또는 '입주권'에 ✔표시를 합니다.
5. ⑥ 소재지는 지번(아파트 등 집합건축물의 경우에는 동·호수)까지, 지목/면적은 토지대장상의 지목·면적, 건축물대장상의 건축물 면적(집합건축물의 경우 호수별 전용면적, 그 밖의 건축물의 경우 연면적), 등기사항증명서상의 대지권 비율, 각 거래대상의 토지와 건축물에 대한 거래지분을 정확하게 적습니다.
6. ⑦ '계약대상 면적'란에는 실제 거래면적을 계산하여 적되, 건축물 면적은 집합건축물의 경우 전용면적을 적고, 그 밖의 건축물의 경우 연면적을 적습니다.
7. ⑧ '물건별 거래가격'란에는 각각의 부동산별 거래가격을 적습니다. 최초 공급계약(분양) 또는 전매계약(분양권, 입주권)의 경우 분양가격, 발코니 확장 등 선택비용 및 추가 지급액 등(프리미엄 등 분양가격을 초과 또는 미달하는 금액)을 각각 적습니다. 이 경우 각각의 비용에 부가가치세가 있는 경우 부가가치세를 포함한 금액으로 적습니다.
8. ⑨ '총 실제 거래가격'란에는 전체 거래가격(둘 이상의 부동산을 함께 거래하는 경우 각각의 부동산별 거래가격의 합계 금액)을 적고, 계약금/중도금/잔금 및 그 지급일을 적습니다.
9. ⑩ '종전 부동산'란은 입주권 매매의 경우에만 작성하고, 거래금액란에는 추가 지급액 등(프리미엄 등 분양가격을 초과 또는 미달하는 금액) 및 권리가격, 합계 금액, 계약금, 중도금, 잔금을 적습니다.
10. ⑪ '계약의 조건 및 참고사항'란은 부동산거래계약 내용에 계약조건이나 기한을 붙인 경우, 거래와 관련한 참고내용이 있을 경우에 적습니다.
11. 다수의 부동산, 관련 필지, 매도·매수인, 개업공인중개사등 기재사항이 복잡한 경우에는 다른 용지에 작성하여 간인 처리한 후 첨부합니다.
12. 소유권이전등기 신청은 「부동산등기 특별조치법」 제2조 제1항 각 호의 구분에 따른 날부터 60일 이내에 신청해야 하며, 이를 이행하지 않는 경우에는 같은 법 제11조에 따라 과태료가 부과될 수 있사오니 유의하시기 바랍니다.

대표기출 2 | 2024년 제35회 24번 문제 | 난이도 중

부동산 거래신고 등에 관한 법령상 주택 임대차계약의 신고에 관한 설명으로 옳은 것은?
(단, 다른 법률에 따른 신고의 의제는 고려하지 않음)

① A특별자치시 소재 주택으로서 보증금이 6천만원이고 월 차임이 30만원으로 임대차계약을 신규 체결한 경우 신고대상이다.
② B시 소재 주택으로서 보증금이 5천만원이고 월 차임이 40만원으로 임대차계약을 신규 체결한 경우 신고대상이 아니다.
③ 자연인 甲과「지방공기업법」에 따른 지방공사 乙이 신고대상인 주택 임대차계약을 체결한 경우 甲과 乙은 관할 신고관청에 공동으로 신고하여야 한다.
④ C광역시 D군 소재 주택으로서 보증금이 1억원이고 월 차임이 100만원으로 신고된 임대차계약에서 보증금 및 차임의 증감 없이 임대차 기간만 연장하는 갱신계약은 신고대상이 아니다.
⑤ 개업공인중개사가 신고대상인 주택 임대차계약을 중개한 경우 해당 개업공인중개사가 신고하여야 한다.

기출공략 [키워드] 주택 임대차계약 신고

> 주택 임대차계약 신고에 관한 내용을 학습하여야 합니다.
>
> 32회, 34회, 35회

부동산 거래신고 등에 관한 법령상 주택 임대차계약의 신고에 관한 설명으로 옳은 것은?
(단, 다른 법률에 따른 신고의 의제는 고려하지 않음) (④)

① A특별자치시 소재 주택으로서 보증금이 6천만원이고 월 차임이 30만원으로 임대차계약을 신규 체결한 경우 ~~신고대상이다.~~ (×)
→ 임대차계약당사자가 주택에 대하여 보증금이 6천만원을 초과하거나 월차임이 30만원을 초과하는 주택 임대차계약을 체결한 경우 신고대상이 된다. 따라서 보증금이 6천만원이고 월차임이 30만원으로 임대차계약을 체결한 경우 신고대상이 아니다.

② B시 소재 주택으로서 보증금이 5천만원이고 월 차임이 40만원으로 임대차계약을 신규 체결한 경우 ~~신고대상이 아니다.~~ (×)
→ 임대차계약당사자가 주택에 대하여 보증금이 6천만원을 초과하거나 월차임이 30만원을 초과하는 주택 임대차계약을 체결한 경우 신고대상이 된다. 따라서 보증금이 5천만원이고 월차임이 40만원으로 임대차계약을 체결한 경우 신고대상에 해당한다.

CHAPTER 12 부동산 거래신고 등에 관한 법률

③ 자연인 甲과「지방공기업법」에 따른 지방공사 乙이 신고대상인 주택 임대차계약을 체결한 경우 甲과 乙은 관할 신고관청에 ~~공동~~으로 신고하여야 한다. (×)
  → 임대차계약당사자 중 일방이 국가등인 경우에는 국가등이 신고하여야 한다. 국가등이 주택 임대차계약을 신고하려는 경우에는 임대차 신고서에 단독으로 서명 또는 날인해 신고관청에 제출해야 한다.

④ C광역시 D군 소재 주택으로서 보증금이 1억원이고 월 차임이 100만원으로 신고된 임대차계약에서 보증금 및 차임의 증감 없이 임대차 기간만 연장하는 갱신계약은 신고대상이 아니다. (○)
  → 임대차계약당사자가 주택 임대차계약을 갱신하는 경우로서 보증금 및 차임의 증감 없이 임대차 기간만 연장하는 계약은 신고사항에 해당하지 않는다.

⑤ 개업공인중개사가 신고대상인 주택 임대차계약을 중개한 경우 해당 ~~개업공인중개사~~가 신고하여야 한다. (×)
  → 주택 임대차계약을 신고하려는 임대차계약당사자는 주택 임대차계약 신고서에 공동으로 서명 또는 날인해 신고관청에 제출해야 한다. 부동산 거래신고제도와는 달리 주택 임대차계약 신고제도에서는 개업공인중개사가 개입한 경우 개업공인중개사가 신고하여야 하는 규정은 없다.

> **이론플러스** **주택 임대차계약 신고방법**

1. 원칙(공동신고)
   주택 임대차계약을 신고하려는 임대차계약당사자는 주택 임대차계약 신고서(이하 '임대차신고서'라 한다)에 공동으로 서명 또는 날인해 신고관청에 제출해야 한다.

2. 예외(단독신고)
   임대차계약당사자 중 일방이 신고를 거부하는 경우에는 국토교통부령으로 정하는 바에 따라 단독으로 신고할 수 있다.

3. 국가 등이 신고하는 경우
   임대차계약당사자 중 일방이 국가 등인 경우에는 국가 등이 신고하여야 한다. 국가 등이 주택 임대차계약을 신고하려는 경우에는 임대차신고서에 단독으로 서명 또는 날인해 신고관청에 제출해야 한다.

대표기출 3 2024년 제35회 26번 문제 | 난이도 중

부동산 거래신고 등에 관한 법령상 외국인등의 대한민국 안의 부동산(이하 '국내 부동산'이라 함) **취득에 관한 설명으로 틀린 것은?** (단, 상호주의에 따른 제한은 고려하지 않음)

① 정부간 기구는 외국인등에 포함된다.
② 외국의 법령에 따라 설립된 법인이 건축물의 신축으로 국내 부동산을 취득한 때에는 부동산을 취득한 날부터 60일 이내에 신고관청에 취득신고를 하여야 한다.
③ 외국인이 국내 부동산을 취득하는 교환계약을 체결하였을 때에는 계약체결일부터 60일 이내에 신고관청에 취득신고를 하여야 한다.
④ 외국인이 국내 부동산을 매수하기 위하여 체결한 매매계약은 부동산 거래신고의 대상이다.
⑤ 국내 부동산을 가지고 있는 대한민국국민이 외국인으로 변경된 경우 그 외국인이 해당 부동산을 계속보유하려는 때에는 외국인으로 변경된 날부터 6개월 이내에 신고관청에 계속보유신고를 하여야 한다.

기출공략 [키워드] 외국인등의 국내 부동산 취득규정

> 외국인등의 국내 부동산 취득에 관한 규정을 학습하여야 합니다.
> 28회, 29회, 30회, 31회, 32회, 33회, 34회, 35회

부동산 거래신고 등에 관한 법령상 외국인등의 대한민국 안의 부동산(이하 '국내 부동산'이라 함) **취득에 관한 설명으로 틀린 것은?** (단, 상호주의에 따른 제한은 고려하지 않음) (②)

① 정부간 기구는 외국인등에 포함된다. (O)
② 외국의 법령에 따라 설립된 법인이 건축물의 신축으로 국내 부동산을 취득한 때에는 부동산을 취득한 날부터 ~~60일 이내~~에 신고관청에 취득신고를 하여야 한다. (×)
  → 6개월 이내
③ 외국인이 국내 부동산을 취득하는 교환계약을 체결하였을 때에는 계약체결일부터 60일 이내에 신고관청에 취득신고를 하여야 한다. (O)
④ 외국인이 국내 부동산을 매수하기 위하여 체결한 매매계약은 부동산 거래신고의 대상이다. (O)
⑤ 국내 부동산을 가지고 있는 대한민국국민이 외국인으로 변경된 경우 그 외국인이 해당 부동산을 계속보유하려는 때에는 외국인으로 변경된 날부터 6개월 이내에 신고관청에 계속보유신고를 하여야 한다. (O)

이론플러스 계약 외의 원인에 의한 취득신고

외국인등이 상속·경매 그 밖에 다음에 해당하는 계약 외의 원인으로 대한민국 안의 부동산등을 취득한 때에는 부동산등을 취득한 날부터 6개월 이내에 신고관청에 신고하여야 한다.

1. 「공익사업을 위한 토지 등의 취득 및 보상에 관한 법률」 및 그 밖의 법률에 따른 환매권의 행사
2. 법원의 확정판결
3. 법인의 합병
4. 건축물의 신축·증축·개축·재축

대표기출 4 2024년 제35회 22번 문제 | 난이도 중

부동산 거래신고 등에 관한 법령상 토지거래허가구역(이하 '허가구역'이라 함)의 지정에 관한 설명으로 옳은 것은?

① 허가구역이 둘 이상의 시·도의 관할구역에 걸쳐 있는 경우 해당 시·도지사가 공동으로 지정한다.
② 토지의 투기적인 거래 성행으로 지가가 급격히 상승하는 등의 특별한 사유가 있으면 7년 이내의 기간을 정하여 허가구역을 지정할 수 있다.
③ 허가구역의 지정은 시장·군수 또는 구청장이 허가구역 지정의 통지를 받은 날부터 5일 후에 그 효력이 발생한다.
④ 허가구역 지정에 관한 공고내용의 통지를 받은 시장·군수 또는 구청장은 지체 없이 그 공고내용을 관할 등기소의 장에게 통지해야 한다.
⑤ 허가구역 지정에 관한 공고내용의 통지를 받은 시장·군수 또는 구청장은 그 사실을 7일 이상 공고해야 하고, 그 공고내용을 30일간 일반이 열람할 수 있도록 해야 한다.

기출공략 [키워드] 토지거래허가

「부동산 거래신고 등에 관한 법률」상 토지거래허가규정에 관해 학습하여야 합니다.

29회, 32회, 33회, 34회, 35회

부동산 거래신고 등에 관한 법령상 토지거래허가구역(이하 '허가구역'이라 함)의 지정에 관한 설명으로 옳은 것은? (④)

① 허가구역이 둘 이상의 시·도의 관할구역에 걸쳐 있는 경우 ~~해당 시·도지사~~가 공동으로 지정한다. (✕)
  → 허가구역이 둘 이상의 시·도의 관할구역에 걸쳐 있는 경우 국토교통부장관이 지정할 수 있다.

② 토지의 투기적인 거래 성행으로 지가가 급격히 상승하는 등의 특별한 사유가 있으면 ~~10년~~ 이내의 기간을 정하여 허가구역을 지정할 수 있다. (×)

→ 국토교통부장관 또는 시·도지사는 국토의 이용 및 관리에 관한 계획의 원활한 수립과 집행, 합리적인 토지이용 등을 위하여 토지의 투기적인 거래가 성행하거나 지가(地價)가 급격히 상승하는 지역과 그러한 우려가 있는 지역으로서 대통령령으로 정하는 지역에 대해서는 5년 이내의 기간을 정하여 토지거래계약에 관한 허가구역으로 지정할 수 있다.

③ 허가구역의 지정은 시장·군수 또는 구청장이 허가구역 지정의 ~~통지를 받은~~ 날부터 5일 후에 그 효력이 발생한다. (×)

→ 허가구역의 지정은 허가구역의 지정을 공고한 날부터 5일 후에 그 효력이 발생한다.

④ 허가구역 지정에 관한 공고내용의 통지를 받은 시장·군수 또는 구청장은 지체 없이 그 공고내용을 관할 등기소의 장에게 통지해야 한다. (○)

⑤ 허가구역 지정에 관한 공고내용의 통지를 받은 시장·군수 또는 구청장은 그 사실을 7일 이상 공고해야 하고, 그 공고내용을 ~~30일간~~ 일반이 열람할 수 있도록 해야 한다. (×)

→ 허가구역 지정에 관한 공고내용의 통지를 받은 시장·군수 또는 구청장은 지체 없이 그 공고내용을 그 허가구역을 관할하는 등기소의 장에게 통지하여야 하며, 지체 없이 그 사실을 7일 이상 공고하고, 그 공고내용을 15일간 일반이 열람할 수 있도록 하여야 한다.

이론플러스 토지거래허가구역의 지정, 심의, 공고·열람 절차

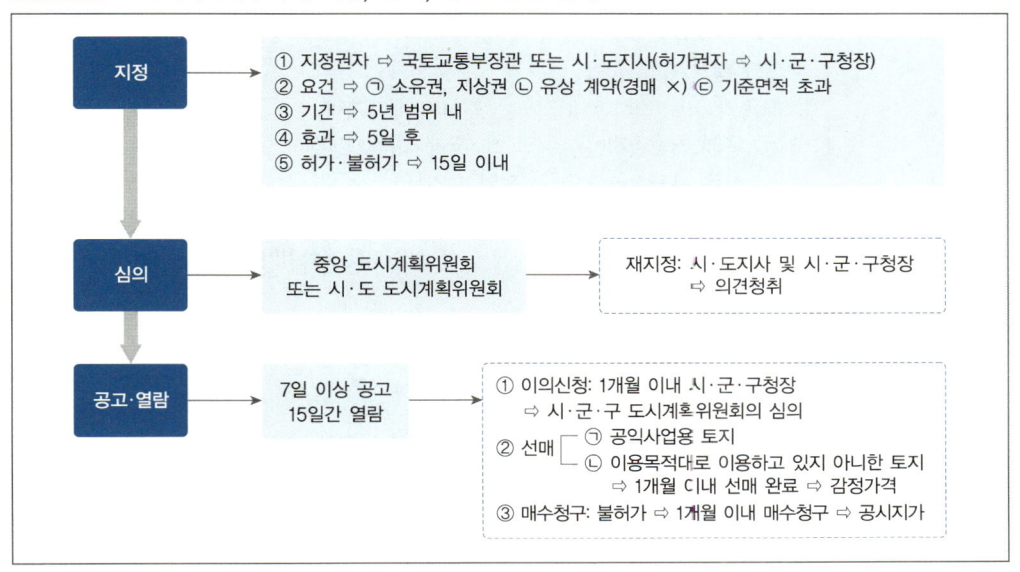

01 부동산 거래신고 등에 관한 법령상 부동산 거래신고의 대상이 아닌 것은?

• 35회

① 「주택법」에 따른 조정대상지역에 소재하는 주택의 증여계약
② 「공공주택 특별법」에 따른 부동산의 공급계약
③ 토지거래허가를 받은 토지의 매매계약
④ 「택지개발촉진법」에 따른 부동산 공급계약을 통하여 부동산을 공급받는 자로 선정된 지위의 매매계약
⑤ 「빈집 및 소규모주택 정비에 관한 특례법」에 따른 사업시행계획인가로 취득한 입주자로 선정된 지위의 매매계약

키워드 부동산 거래신고대상

해설 「부동산 거래신고 등에 관한 법률」에서 규정하고 있는 부동산 거래신고대상은 다음과 같다.

> 1. 부동산의 매매계약
> 2. 「택지개발촉진법」, 「주택법」 등 다음의 법률에 따른 부동산에 대한 공급계약
>   ㉠ 「건축물의 분양에 관한 법률」
>   ㉡ 「공공주택 특별법」
>   ㉢ 「도시개발법」
>   ㉣ 「도시 및 주거환경정비법」
>   ㉤ 「빈집 및 소규모주택 정비에 관한 특례법」
>   ㉥ 「산업입지 및 개발에 관한 법률」
>   ㉦ 「주택법」
>   ㉧ 「택지개발촉진법」
> 3. 다음의 어느 하나에 해당하는 지위의 매매계약
>   ㉠ 「택지개발촉진법」, 「주택법」 등에 따른 부동산에 대한 공급계약을 통하여 부동산을 공급받는 자로 선정된 지위
>   ㉡ 「도시 및 주거환경정비법」에 따른 관리처분계획의 인가 및 「빈집 및 소규모주택 정비에 관한 특례법」에 따른 사업시행계획인가로 취득한 입주자로 선정된 지위

따라서 ①의 주택의 증여계약은 부동산 거래신고대상에 해당하지 않는다.

02 부동산 거래신고 등에 관한 법령상 부동산거래계약 신고서의 작성방법으로 틀린 것은?
상
• 34회

① 관련 필지 등 기재사항이 복잡한 경우에는 다른 용지에 작성하여 간인 처리한 후 첨부한다.
② '거래대상'의 '종류' 중 '공급계약'은 시행사 또는 건축주등이 최초로 부동산을 공급(분양)하는 계약을 말한다.
③ '계약대상 면적'란에는 실제 거래면적을 계산하여 적되, 집합건축물이 아닌 건축물의 경우 건축물면적은 연면적을 적는다.
④ '거래대상'의 '종류' 중 '임대주택 분양전환'은 법인이 아닌 임대주택사업자가 임대기한이 완료되어 분양전환하는 주택인 경우에 ✔표시를 한다.
⑤ 전매계약(분양권, 입주권)의 경우 '물건별 거래가격'란에는 분양가격, 발코니 확장 등 선택비용 및 추가 지급액 등을 각각 적되, 각각의 비용에 대한 부가가치세가 있는 경우 이를 포함한 금액으로 적는다.

키워드 부동산 거래신고

해설 「부동산 거래신고 등에 관한 법률 시행규칙」 별지 제1호 서식에 의하면 공급계약은 시행사 또는 건축주등이 최초로 부동산을 공급(분양)하는 계약을 말하며, 준공 전과 준공 후 계약 여부에 따라 ✔표시하고, '임대주택 분양전환'은 임대주택사업자(법인으로 한정)가 임대기한이 완료되어 분양전환하는 주택인 경우에 ✔표시한다. 전매는 부동산을 취득할 수 있는 권리의 매매로서, '분양권' 또는 '입주권'에 ✔표시를 한다.

정답 01 ① 02 ④

03 부동산 거래신고 등에 관한 법령상 부동산 매매계약의 거래신고에 관한 설명으로 **틀린** 것은? (단, 거래당사자는 모두 자연인이고, 공동중개는 고려하지 않음) • 34회

① 신고할 때는 실제 거래가격을 신고해야 한다.
② 거래당사자간 직접 거래의 경우 매도인이 거래신고를 거부하면 매수인이 단독으로 신고할 수 있다.
③ 거래신고 후에 매도인이 매매계약을 취소하면 매도인이 단독으로 취소를 신고해야 한다.
④ 개업공인중개사가 매매계약의 거래계약서를 작성·교부한 경우에는 그 개업공인중개사가 신고를 해야 한다.
⑤ 개업공인중개사가 매매계약을 신고한 경우에 그 매매계약이 해제되면 그 개업공인중개사가 해제를 신고할 수 있다.

키워드 부동산 거래신고

해설 거래당사자는 부동산 거래신고를 한 후 해당 거래계약이 해제, 무효 또는 취소(이하 '해제등'이라 함)된 경우 해제등이 확정된 날부터 30일 이내에 해당 신고관청에 공동으로 신고하여야 한다.

04 부동산 거래신고 등에 관한 법령상 부동산거래계약 신고서 작성에 관한 설명으로 **틀린** 것은? • 33회

① 거래당사자가 외국인인 경우 거래당사자의 국적을 반드시 적어야 한다.
② '계약대상 면적'란에는 실제 거래면적을 계산하여 적되, 건축물 면적은 집합건축물의 경우 전용면적을 적는다.
③ '종전 부동산'란은 입주권 매매의 경우에만 작성한다.
④ '계약의 조건 및 참고사항'란은 부동산거래계약 내용에 계약조건이나 기한을 붙인 경우, 거래와 관련한 참고내용이 있을 경우에 적는다.
⑤ 거래대상의 종류가 공급계약(분양)인 경우 물건별 거래가격 및 총 실제 거래가격에 부가가치세를 제외한 금액을 적는다.

> **키워드** 부동산 거래신고
>
> **해설** 최초 공급계약(분양) 또는 전매계약(분양권, 입주권)의 경우 분양가격, 발코니 확장 등 선택비용 및 추가 지불액(프리미엄 등 분양가격을 초과 또는 미달하는 금액)을 각각 적는다. 이 경우 각각의 비용에 부가가치세가 있는 경우 부가가치세를 포함한 금액으로 적는다.

05 상

甲이 「건축법 시행령」에 따른 단독주택을 매수하는 계약을 체결하였을 때, 부동산 거래신고 등에 관한 법령에 따라 甲 본인이 그 주택에 입주할지 여부를 신고해야 하는 경우를 모두 고른 것은? (甲, 乙, 丙은 자연인이고, 丁은 지방공기업법상 지방공단임) • 32회

> ㉠ 甲이 「주택법」상 투기과열지구에 소재하는 乙 소유의 주택을 실제 거래가격 3억원으로 매수하는 경우
> ㉡ 甲이 「주택법」상 '투기과열지구 또는 조정대상지역' 외의 장소에 소재하는 丙 소유의 주택을 실제 거래가격 5억원으로 매수하는 경우
> ㉢ 甲이 「주택법」상 투기과열지구에 소재하는 丁 소유의 주택을 실제 거래가격 10억원으로 매수하는 경우

① ㉠
② ㉡
③ ㉠, ㉡
④ ㉠, ㉢
⑤ ㉡, ㉢

> **키워드** 부동산 거래신고
>
> **해설** ㉠ 법인 외의 자가 투기과열지구 또는 조정대상지역에 소재하는 주택을 매수하는 경우 금액에 상관없이 입주할지 여부를 신고해야 한다.
> ㉢ 「부동산 거래신고 등에 관한 법률 시행령」 제3조 제1항의 규정에 따라 매수인 중 국가등(丁)이 포함되어 있는 경우, 그 주택에 입주할지 여부는 신고사항이 아니다. 하지만 국가등(丁)이 매도인이므로 그 주택에 입주할지 여부는 신고사항이다.

정답 03 ③ 04 ⑤ 05 ④

06 부동산 거래신고 등에 관한 법령상 부동산 거래신고에 관한 설명으로 옳은 것은?

• 31회

① 부동산매매계약을 체결한 경우 거래당사자는 거래계약의 체결일부터 3개월 이내에 신고관청에 단독 또는 공동으로 신고하여야 한다.
② 「주택법」에 따라 지정된 조정대상지역에 소재하는 주택으로서 실제 거래가격이 5억원이고, 매수인이 국가인 경우 국가는 매도인과 공동으로 실제 거래가격 등을 신고하여야 한다.
③ 권리대상인 부동산 소재지를 관할하는 특별자치도 행정시의 시장은 부동산 거래신고의 신고관청이 된다.
④ 개업공인중개사가 거래계약서를 작성·교부한 경우에는 거래당사자 또는 해당 개업공인중개사가 신고할 수 있다.
⑤ 부동산거래계약을 신고하려는 개업공인중개사는 부동산거래계약 신고서에 서명 또는 날인하여 관할 등록관청에 제출하여야 한다.

키워드 부동산 거래신고

해설 ① 부동산매매계약을 체결한 경우 거래당사자는 거래계약의 체결일부터 30일 이내에 신고관청에 공동으로 신고하여야 한다.
② 「주택법」에 따라 지정된 조정대상지역에 소재하는 주택으로서 실제 거래가격이 5억원이고, 매수인이 국가인 경우 국가가 실제 거래가격 등을 신고하여야 한다.
④ 개업공인중개사가 거래계약서를 작성·교부한 경우에는 해당 개업공인중개사가 신고하여야 한다.
⑤ 부동산거래계약을 신고하려는 개업공인중개사는 부동산거래계약 신고서에 서명 또는 날인하여 관할 신고관청에 제출하여야 한다.

07 부동산 거래신고 등에 관한 법령상 부동산 매매계약에 관한 신고사항 및 신고서의 작성에 관한 설명으로 옳은 것은? • 31회

① 「국토의 계획 및 이용에 관한 법률」에 따른 개발제한사항은 신고사항에 포함되지 않는다.
② 「주택법」에 따라 지정된 투기과열지구에 소재하는 주택으로서 실제 거래가격이 3억원 이상인 주택의 거래계약을 체결한 경우 신고서를 제출할 때 매수인과 매도인이 공동으로 서명 및 날인한 자금조달·입주계획서를 함께 제출하여야 한다.
③ 부동산거래계약 신고서의 물건별 거래가격란에 발코니 확장 등 선택비용에 대한 기재란은 없다.
④ 부동산거래계약 신고서를 작성할 때 건축물의 면적은 집합건축물의 경우 연면적을 적고, 그 밖의 건축물의 경우 전용면적을 적는다.
⑤ 개업공인중개사가 거짓으로 부동산거래계약 신고서를 작성하여 신고한 경우에는 벌금형 부과사유가 된다.

키워드 부동산 거래신고

해설 ② 주택의 실제 거래가격에 관계없이 매수인이 단독으로 서명 또는 날인한 자금조달계획 및 입주계획을 제출해야 한다.
③ 부동산거래계약 신고서의 물건별 거래가격란에 발코니 확장 등 선택비용에 대한 내용을 기재하여야 한다.
④ 부동산거래계약 신고서를 작성할 때 건축물의 면적은 집합건축물의 경우 전용면적을 적고, 그 밖의 건축물의 경우 연면적을 적는다.
⑤ 개업공인중개사가 거짓으로 부동산거래계약 신고서를 작성하여 신고한 경우 벌금형 부과사유가 아니다. 이 경우 취득가액의 100분의 10 이하에 상당하는 금액의 과태료의 대상이 된다.

정답 06 ③ 07 ①

08 부동산 거래신고 등에 관한 법령상 부동산 거래신고의 대상이 되는 계약이 <u>아닌</u> 것은?

• 30회

① 「주택법」에 따라 공급된 주택의 매매계약
② 「택지개발촉진법」에 따라 공급된 토지의 임대차계약
③ 「도시개발법」에 따른 부동산에 대한 공급계약
④ 「체육시설의 설치·이용에 관한 법률」에 따라 등록된 시설이 있는 건물의 매매계약
⑤ 「도시 및 주거환경정비법」에 따른 관리처분계약의 인가로 취득한 입주자로 선정된 지위의 매매계약

키워드 부동산 거래신고대상

해설 「택지개발촉진법」에 따라 공급된 토지의 임대차계약은 부동산 거래신고의 대상이 되지 않는다.

09 부동산 거래신고 등에 관한 법령상 부동산 거래신고에 관한 설명으로 옳은 것은? (다툼이 있으면 판례에 따름)

• 30회

① 개업공인중개사가 거래계약서를 작성·교부한 경우 거래당사자는 60일 이내에 부동산 거래신고를 하여야 한다.
② 소속공인중개사 및 중개보조원은 부동산 거래신고를 할 수 있다.
③ 「지방공기업법」에 따른 지방공사와 개인이 매매계약을 체결한 경우 양 당사자는 공동으로 신고하여야 한다.
④ 거래대상 부동산의 공법상 거래규제 및 이용제한에 관한 사항은 부동산거래계약 신고서의 기재사항이다.
⑤ 매매대상 토지 중 공장부지로 편입되지 아니할 부분의 토지를 매도인에게 원가로 반환한다는 조건을 당사자가 약정한 경우 그 사항은 신고사항이다.

키워드 부동산 거래신고

해설 ① 개업공인중개사가 거래계약서를 작성·교부한 경우 개업공인중개사는 30일 이내에 부동산 거래신고를 하여야 한다.
② 소속공인중개사는 개업공인중개사를 대신하여 부동산 거래신고를 할 수 있지만, 중개보조원은 불가능하다.
③ 「지방공기업법」에 따른 지방공사와 개인이 매매계약을 체결한 경우, 즉 거래당사자 중 일방이 국가 및 지방자치단체, 공공기관인 경우(국가등)에는 국가등이 신고하여야 한다.

④ 거래대상 부동산의 공법상 거래규제 및 이용제한에 관한 사항은 부동산거래계약 신고서의 기재사항에 포함되지 않는다.

> **이론플러스** 부동산 거래신고사항 중 공통신고사항
>
> 1. 거래당사자의 인적사항
> 2. 계약 체결일, 중도금 지급일 및 잔금 지급일
> 3. 거래대상 부동산등(부동산을 취득할 수 있는 권리에 관한 계약의 경우에는 그 권리의 대상인 부동산을 말한다)의 소재지·지번·지목 및 면적
> 4. 거래대상 부동산등의 종류(부동산을 취득할 수 있는 권리에 관한 계약의 경우에는 그 권리의 종류를 말한다)
> 5. 실제 거래가격
> 6. 계약의 조건이나 기한이 있는 경우에는 그 조건 또는 기한
> 7. 위탁관리인의 인적사항
> 8. 개업공인중개사가 거래계약서를 작성·교부한 경우에는 다음의 사항
>   ㉠ 개업공인중개사의 인적사항
>   ㉡ 개업공인중개사가 개설등록한 중개사무소의 상호·전화번호 및 소재지

정답 08 ② 09 ⑤

10 부동산 거래신고 등에 관한 법령상 부동산거래계약의 변경신고사항이 <u>아닌</u> 것은?

• 35회

① 거래가격
② 공동매수의 경우 매수인의 추가
③ 거래 지분 비율
④ 거래대상 부동산의 면적
⑤ 거래 지분

키워드 부동산거래계약의 변경신고사항

해설 공동매수의 경우 매수인 중 일부가 추가되는 경우가 아닌, 매수인 중 일부가 제외되는 경우가 변경신고사항에 해당한다.

이론플러스 거래당사자 또는 개업공인중개사는 부동산거래계약 신고내용 중 다음의 어느 하나에 해당하는 사항이 변경된 경우에는 「부동산등기법」에 따른 부동산에 관한 등기신청 전에 신고관청에 신고내용의 변경을 신고할 수 있다.

1. 거래 지분 비율
2. 거래 지분
3. 거래대상 부동산등의 면적
4. 계약의 조건 또는 기한
5. 거래가격
6. 중도금·잔금 및 지급일
7. 공동매수의 경우 일부 매수인의 변경(매수인 중 일부가 제외되는 경우만 해당한다)
8. 거래대상 부동산등이 다수인 경우 일부 부동산등의 변경(거래대상 부동산 중 일부가 제외되는 경우만 해당한다)
9. 위탁관리인의 성명, 주민등록번호, 주소 및 전화번호(휴대전화번호 포함)

11 ㅤ 부동산 거래신고 등에 관한 법령상 부동산거래계약 신고내용의 정정신청사항이 아닌 것은?
• 30회

① 거래대상 건축물의 종류
② 개업공인중개사의 성명·주소
③ 거래대상 부동산의 면적
④ 거래 지분 비율
⑤ 거래당사자의 전화번호

키워드 부동산거래계약의 정정신청사항

해설 개업공인중개사의 성명·주소는 정정신청사항에 포함되지 않는다.

이론플러스 거래당사자 또는 개업공인중개사는 부동산거래계약 신고내용 중 다음의 어느 하나에 해당하는 사항이 잘못 기재된 경우에는 신고관청에 신고내용의 정정을 신청할 수 있다.

> 1. 거래당사자의 주소·전화번호 또는 휴대전화번호
> 2. 거래 지분 비율
> 3. 개업공인중개사의 전화번호·상호 또는 사무소 소재지
> 4. 거래대상 건축물의 종류
> 5. 거래대상 부동산등(부동산을 취득할 수 있는 권리에 관한 계약의 경우에는 그 권리의 대상인 부동산을 말한다)의 지목, 면적, 거래 지분 및 대지권 비율

정답 10 ② 11 ②

12 ⓢ 부동산 거래신고 등에 관한 법령상 부동산 거래신고의 대상이 되는 계약을 모두 고른 것은?

• 28회

㉠ 「건축물의 분양에 관한 법률」에 따른 부동산에 대한 공급계약
㉡ 「도시개발법」에 따른 부동산에 대한 공급계약
㉢ 「주택법」에 따른 부동산에 대한 공급계약을 통하여 부동산을 공급받는 자로 선정된 지위의 매매계약
㉣ 「도시 및 주거환경정비법」에 따른 관리처분계획의 인가로 취득한 입주자로 선정된 지위의 매매계약

① ㉠, ㉡
② ㉢, ㉣
③ ㉠, ㉡, ㉢
④ ㉡, ㉢, ㉣
⑤ ㉠, ㉡, ㉢, ㉣

키워드 부동산 거래신고
해설 ㉠㉡㉢㉣ 모두 부동산 거래신고의 대상이 되는 계약이다.

13 상

甲이 서울특별시에 있는 자기 소유의 주택에 대해 임차인 乙과 보증금 3억원의 임대차계약을 체결하는 경우, 「부동산 거래신고 등에 관한 법률」에 따른 신고에 관한 설명으로 옳은 것을 모두 고른 것은? (단, 甲과 乙은 자연인임) • 34회

> ㉠ 보증금이 증액되면 乙이 단독으로 신고해야 한다.
> ㉡ 乙이 「주민등록법」에 따라 전입신고를 하는 경우 주택 임대차계약의 신고를 한 것으로 본다.
> ㉢ 임대차계약서를 제출하면서 신고를 하고 접수가 완료되면 「주택임대차보호법」에 따른 확정일자가 부여된 것으로 본다.

① ㉠
② ㉡
③ ㉠, ㉡
④ ㉡, ㉢
⑤ ㉠, ㉡, ㉢

키워드 주택 임대차계약 신고

해설 ㉠ 임대차계약당사자는 주택(주택임대차보호법 제2조에 따른 주택을 말하며, 주택을 취득할 수 있는 권리를 포함한다)에 대하여 보증금이 6천만원을 초과하거나 월차임이 30만원을 초과하는 주택 임대차계약(계약을 갱신하는 경우로서 보증금 및 차임의 증감 없이 임대차기간만 연장하는 계약은 제외한다)을 체결한 경우 임대차계약의 체결일부터 30일 이내에 주택 소재지를 관할하는 신고관청에 공동으로 신고하여야 한다. 따라서 보증금이 증액된 경우 공동으로 신고하여야 한다.

정답 12 ⑤ 13 ④

14 중

개업공인중개사 甲이 A도 B시 소재의 X주택에 관한 乙과 丙간의 임대차계약 체결을 중개하면서 「부동산 거래신고 등에 관한 법률」에 따른 주택 임대차계약의 신고에 관하여 설명한 내용의 일부이다. ( )에 들어갈 숫자를 바르게 나열한 것은? (X주택은 주택임대차보호법의 적용대상이며, 乙과 丙은 자연인임)

• 32회

> 보증금이 (㉠)천만원을 초과하거나 월차임이 (㉡)만원을 초과하는 주택 임대차계약을 신규로 체결한 계약당사자는 그 보증금 또는 차임 등을 임대차계약의 체결일부터 (㉢)일 이내에 주택 소재지를 관할하는 신고관청에 공동으로 신고해야 한다.

① ㉠: 3, ㉡: 30, ㉢: 60
② ㉠: 3, ㉡: 50, ㉢: 30
③ ㉠: 6, ㉡: 30, ㉢: 30
④ ㉠: 6, ㉡: 30, ㉢: 60
⑤ ㉠: 6, ㉡: 50, ㉢: 60

키워드 주택 임대차계약 신고

해설 보증금이 (㉠ 6)천만원을 초과하거나 월차임이 (㉡ 30)만원을 초과하는 주택 임대차계약을 신규로 체결한 계약당사자는 그 보증금 또는 차임 등을 임대차계약의 체결일부터 (㉢ 30)일 이내에 주택 소재지를 관할하는 신고관청에 공동으로 신고해야 한다.

이론플러스 주택 임대차계약의 신고사항

1. 임대차계약당사자의 인적사항
   ① 자연인인 경우: 성명, 주소, 주민등록번호(외국인인 경우에는 외국인등록번호를 말한다) 및 연락처
   ② 법인인 경우: 법인명, 사무소 소재지, 법인등록번호 및 연락처
   ③ 법인 아닌 단체인 경우: 단체명, 소재지, 고유번호 및 연락처
2. 임대차 목적물(주택을 취득할 수 있는 권리에 관한 계약인 경우에는 그 권리의 대상인 주택을 말한다)의 소재지, 종류, 임대 면적 등 임대차 목적물 현황
3. 보증금 또는 월차임
4. 계약 체결일 및 계약 기간
5. 계약갱신요구권의 행사 여부(계약을 갱신한 경우만 해당한다)
6. 해당 주택 임대차계약을 중개한 개업공인중개사의 사무소 명칭, 사무소 소재지, 대표자 성명, 등록번호, 전화번호 및 소속공인중개사 성명

15 중

부동산 거래신고 등에 관한 법령상 국내 토지를 외국인이 취득하는 것에 관한 설명이다. ( )에 들어갈 숫자로 옳은 것은? (단, 상호주의에 따른 제한은 고려하지 않음)

• 34회

- 외국인이 토지를 매수하는 계약을 체결하면 계약체결일부터 (㉠)일 이내에 신고해야 한다.
- 외국인이 토지를 증여받는 계약을 체결하면 계약체결일부터 (㉡)일 이내에 신고해야 한다.
- 외국인이 토지를 상속받으면 취득일부터 (㉢)개월 이내에 신고해야 한다.

① ㉠: 30, ㉡: 30, ㉢: 3
② ㉠: 30, ㉡: 30, ㉢: 6
③ ㉠: 30, ㉡: 60, ㉢: 6
④ ㉠: 60, ㉡: 30, ㉢: 3
⑤ ㉠: 60, ㉡: 60, ㉢: 6

키워드 외국인등의 국내 부동산 취득규정

해설
- 외국인등이 매매계약을 체결한 경우 부동산 거래신고대상이며, 이 경우 계약체결일부터 (㉠ 30)일 이내에 신고해야 한다.
- 외국인등이 대한민국 안의 부동산등을 취득하는 계약(부동산 거래신고대상 계약을 한 경우는 제외)을 체결하였을 때에는 계약체결일부터 (㉡ 60)일 이내에 신고관청에 신고해야 한다.
- 외국인등이 상속·경매 그 밖에 대통령령으로 정하는 계약 외의 원인으로 대한민국 안의 부동산등을 취득한 때에는 부동산등을 취득한 날부터 (㉢ 6)개월 이내에 신고관청에 신고해야 한다.

이론플러스 신고와 허가

1. 신고
   ① 계약(교환, 증여) ⇨ 60일 이내 신고 × ⇨ 300만원 이하 과태료
   매매계약 ⇨ 부동산 거래신고대상 ⇨ 30일 이내 신고 × ⇨ 500만원 이하 과태료
   ② 계약 이외(상속, 경매, 합병, 판결) ⇨ 경매 ⇨ 대금 납부일(취득일) ⇨ 6개월 이내 신고 × ⇨ 100만원 이하 과태료
   ③ 계속 보유 ⇨ 시민권자 ⇨ 변경된 날 ⇨ 6개월 이내 신고 × ⇨ 100만원 이하 과태료
2. 허가 ⇨ 신고관청 ⇨ 군, 문, 생, 야, 천연기념물 ⇨ 30일, 15일 이내 처분 ⇨ 2년 이하 징역 또는 2천만원 이하 벌금

정답 14 ③ 15 ③

16 부동산 거래신고 등에 관한 법령상 외국인등에 해당되는 것을 모두 고른 것은? • 33회

㉠ 국제연합의 전문기구
㉡ 대한민국의 국적을 보유하고 있지 아니한 개인
㉢ 외국의 법령에 따라 설립된 법인
㉣ 비정부간 국제기구
㉤ 외국 정부

① ㉠, ㉡
② ㉡, ㉢, ㉤
③ ㉠, ㉡, ㉢, ㉤
④ ㉠, ㉢, ㉣, ㉤
⑤ ㉠, ㉡, ㉢, ㉣, ㉤

키워드 부동산 거래신고 등에 관한 법령상 외국인 정의

해설 외국인등이란 다음의 어느 하나에 해당하는 개인·법인 또는 단체를 말한다.

> 1. 대한민국의 국적을 보유하고 있지 아니한 개인
> 2. 외국의 법령에 따라 설립된 법인 또는 단체
> 3. 사원 또는 구성원의 2분의 1 이상이 대한민국의 국적을 보유하고 있지 아니한 법인 또는 단체
> 4. 업무를 집행하는 사원이나 이사 등 임원의 2분의 1 이상이 대한민국의 국적을 보유하고 있지 아니한 법인 또는 단체
> 5. 대한민국의 국적을 보유하고 있지 아니한 사람이나 외국의 법령에 따라 설립된 법인 또는 단체가 자본금의 2분의 1 이상이나 의결권의 2분의 1 이상을 가지고 있는 법인 또는 단체
> 6. 외국 정부
> 7. 대통령령으로 정하는 국제기구
>   ① 국제연합과 그 산하기구·전문기구
>   ② 정부간 기구
>   ③ 준정부간 기구
>   ④ 비정부간 국제기구

따라서 ㉠㉡㉢㉣㉤ 모두 외국인등에 해당된다.

17 중

부동산 거래신고 등에 관한 법령상 외국인의 부동산 취득 등에 관한 설명으로 옳은 것은? (단, 상호주의에 따른 제한은 고려하지 않음) • 33회 수정

① 「자연환경보전법」에 따른 생태·경관보전지역에서 외국인이 토지취득의 허가를 받지 아니하고 체결한 토지취득계약은 유효하다.
② 외국인이 건축물의 신축을 원인으로 대한민국 안의 부동산을 취득한 때에는 신고관청으로부터 부동산 취득의 허가를 받아야 한다.
③ 외국인이 취득하려는 토지가 토지거래허가구역과 「문화유산의 보존 및 활용에 관한 법률」에 따른 지정문화유산과 이를 위한 보호물 또는 보호구역에 있으면 토지거래계약허가와 토지취득허가를 모두 받아야 한다.
④ 대한민국 안의 부동산을 가지고 있는 대한민국국민이 외국인으로 변경된 경우 그 외국인이 해당 부동산을 계속 보유하려는 경우에는 부동산 보유의 허가를 받아야 한다.
⑤ 외국인으로부터 「자연환경보전법」에 따른 생태·경관보전지역 내의 토지취득의 허가 신청서를 받은 신고관청은 신청서를 받은 날부터 15일 이내에 허가 또는 불허가 처분을 해야 한다.

키워드 외국인등의 국내 부동산 취득규정

해설 ① 「자연환경보전법」에 따른 생태·경관보전지역에서 외국인이 토지취득의 허가를 받지 아니하고 체결한 토지취득계약은 무효이다.
② 외국인이 건축물의 신축을 원인으로 대한민국 안의 부동산을 취득한 때에는 부동산 등을 취득한 날부터 6개월 이내에 신고관청에 신고하여야 한다.
③ 외국인이 취득하려는 토지가 토지거래허가구역과 「문화유산의 보존 및 활용에 관한 법률」에 따른 지정문화유산과 이를 위한 보호물 또는 보호구역에 있으면 토지거래계약허가와 토지취득허가 중 하나만 받으면 된다.
④ 대한민국 안의 부동산을 가지고 있는 대한민국국민이 외국인으로 변경된 경우 그 외국인이 해당 부동산을 계속 보유하려는 경우에는 외국인등으로 변경된 날부터 6개월 이내에 신고관청에 신고하여야 한다.

정답 16 ⑤ 17 ⑤

18 부동산 거래신고 등에 관한 법령상 외국인등의 부동산 취득에 관한 설명으로 옳은 것을 모두 고른 것은? (단, 법 제7조에 따른 상호주의는 고려하지 않음)
• 32회

> ㉠ 대한민국의 국적을 보유하고 있지 않은 개인이 이사 등 임원의 2분의 1 이상인 법인은 외국인등에 해당한다.
> ㉡ 외국인등이 건축물의 개축을 원인으로 대한민국 안의 부동산을 취득한 때에도 부동산 취득신고를 해야 한다.
> ㉢ 「군사기지 및 군사시설 보호법」에 따른 군사기지 및 군사시설 보호구역 안의 토지는 외국인등이 취득할 수 없다.
> ㉣ 외국인등이 허가 없이 「자연환경보전법」에 따른 생태·경관보전지역 안의 토지를 취득하는 계약을 체결한 경우 그 계약은 효력이 발생하지 않는다.

① ㉠, ㉢
② ㉠, ㉣
③ ㉠, ㉡, ㉣
④ ㉡, ㉢, ㉣
⑤ ㉠, ㉡, ㉢, ㉣

키워드 외국인등의 국내 부동산 취득규정

해설 ㉢ 외국인등이 취득하려는 토지가 「군사기지 및 군사시설 보호법」에 따른 군사기지 및 군사시설 보호구역 안의 토지인 경우 토지취득계약을 체결하기 전에 신고관청으로부터 토지취득허가를 받아 취득할 수 있다.

이론플러스 외국인등이 토지취득허가를 받아야 하는 내용

내용	위반 시 제재	방법
1. 허가대상 토지 ① 군사기지 및 군사시설 보호구역 ② 지정문화유산과 이를 위한 보호물 또는 보호구역 ③ 천연기념물·명승 및 시·도자연유산과 이를 위한 보호물 또는 보호구역 ④ 생태·경관보전지역 ⑤ 야생생물 특별보호구역 2. 시·군·구청장은 허가신청을 받은 날부터 15일 이내에 허가·불허가 처분을 하여야 함(군사기지 등 국방목적을 위한 토지는 30일 이내) 3. 토지거래허가 규정을 위반하여 체결한 토지취득계약은 그 효력이 발생하지 않음	2년 이하의 징역 또는 2천만원 이하의 벌금	방문 / 전자문서 중 선택

19 부동산 거래신고 등에 관한 법령상 외국인등의 부동산 취득 등에 관한 설명으로 옳은 것을 모두 고른 것은?

• 31회

> ㉠ 국제연합도 외국인등에 포함된다.
> ㉡ 외국인등이 대한민국 안의 부동산에 대한 매매계약을 체결하였을 때에는 계약체결일부터 60일 이내에 신고관청에 신고하여야 한다.
> ㉢ 외국인이 상속으로 대한민국 안의 부동산을 취득한 때에는 부동산을 취득한 날부터 1년 이내에 신고관청에 신고하여야 한다.
> ㉣ 외국인이 「수도법」에 따른 상수원보호구역에 있는 토지를 취득하려는 경우 토지취득계약을 체결하기 전에 신고관청으로부터 토지취득의 허가를 받아야 한다.

① ㉠
② ㉠, ㉣
③ ㉡, ㉢
④ ㉠, ㉡, ㉣
⑤ ㉠, ㉡, ㉢, ㉣

키워드 외국인등의 국내 부동산 취득규정

해설 ㉡ 외국인등이 대한민국 안의 부동산에 대한 매매계약을 체결하였을 때에는 계약체결일부터 30일 이내에 신고관청에 부동산 거래신고를 하여야 한다.
㉢ 외국인이 상속으로 대한민국 안의 부동산을 취득한 때에는 부동산을 취득한 날부터 6개월 이내에 신고관청에 신고하여야 한다.
㉣ 외국인등이 취득하려는 토지가 다음의 어느 하나에 해당하는 구역·지역 등에 있으면 토지취득계약을 체결하기 전에 신고관청으로부터 토지취득의 허가를 받아야 한다. 따라서 「수도법」에 따른 상수원보호구역에 있는 토지를 취득하려는 경우는 허가대상에 포함되지 않는다.

> 1. 「군사기지 및 군사시설 보호법」에 따른 군사기지 및 군사시설 보호구역, 그 밖에 국방목적을 위하여 외국인등의 토지취득을 특별히 제한할 필요가 있는 지역으로서 국방목적상 필요한 섬 지역 등으로서 국방부장관 또는 국가정보원장의 요청이 있는 경우에 국토교통부장관이 관계 중앙행정기관의 장과 협의한 후 중앙도시계획위원회의 심의를 거쳐 고시하는 지역
> 2. 「문화유산의 보존 및 활용에 관한 법률」에 다른 지정문화유산과 이를 위한 보호물 또는 보호구역
> 3. 「자연유산의 보존 및 활용에 관한 법률」에 따라 지정된 천연기념물·명승 및 시·도자연유산과 이를 위한 보호물 또는 보호구역
> 4. 「자연환경보전법」에 따른 생태·경관보전지역
> 5. 「야생생물 보호 및 관리에 관한 법률」에 따른 야생생물 특별보호구역

정답 18 ③ 19 ①

20 부동산 거래신고 등에 관한 법령상 외국인등의 부동산 취득 등에 관한 특례에 대한 설명으로 옳은 것은? (단, 헌법과 법률에 따라 체결된 조약의 이행에 필요한 경우는 고려하지 않음)

• 30회 수정

① 국제연합의 전문기구가 경매로 대한민국 안의 부동산등을 취득한 때에는 부동산등을 취득한 날부터 3개월 이내에 신고관청에 신고하여야 한다.
② 외국인등이 상가건물 등 임대차계약을 체결하는 경우 계약체결일로부터 6개월 이내에 신고관청에 신고하여야 한다.
③ 특별자치시장은 외국인등이 신고한 부동산등의 취득·계속보유 신고내용을 매 분기 종료일부터 1개월 이내에 직접 국토교통부장관에게 제출하여야 한다.
④ 외국인등의 토지거래 허가신청서를 받은 신고관청은 신청서를 받은 날부터 30일 이내에 허가 또는 불허가처분을 하여야 한다.
⑤ 외국인등이 법원의 확정판결로 대한민국 안의 부동산등을 취득한 때에는 신고하지 않아도 된다.

키워드 외국인등의 부동산 취득 등에 관한 특례

해설 ① 국제연합의 전문기구가 경매로 대한민국 안의 부동산등을 취득한 때에는 부동산등을 취득한 날부터 6개월 이내에 신고관청에 신고하여야 한다.
② 외국인등이 상가건물 등 임대차계약을 체결하는 경우 신고대상이 되지 않는다.
④ 「야생생물보호 및 관리에 관한 법률」에 따른 야생생물 특별보호구역 내의 토지에 대하여 외국인등의 토지거래 허가신청서를 받은 신고관청은 신청서를 받은 날부터 15일 이내에 허가 또는 불허가 처분을 하여야 한다. 단, 「군사기지 및 군사시설 보호법」에 따른 군사기지 및 군사시설보호구역은 30일 이내에 허가 또는 불허가처분을 하여야 한다.
⑤ 외국인등이 법원의 확정판결로 대한민국 안의 부동산등을 취득한 때에는 6개월 이내에 신고관청에 신고하여야 한다.

21 부동산 거래신고 등에 관한 법령상 토지거래허가구역 등에 관한 설명으로 틀린 것은?
(단, 거래당사자는 모두 대한민국 국적의 자연인임) • 34회

① 허가구역의 지정은 그 지정을 공고한 날부터 7일 후에 그 효력이 발생한다.
② 허가구역에 있는 토지거래에 대한 처분에 이의가 있는 자는 그 처분을 받은 날부터 1개월 이내에 시장·군수 또는 구청장에게 이의를 신청할 수 있다.
③ 허가구역에 있는 토지에 관하여 사용대차계약을 체결하는 경우에는 토지거래허가를 받을 필요가 없다.
④ 허가관청은 허가신청서를 받은 날부터 15일 이내에 허가 또는 불허가처분을 하여야 한다.
⑤ 허가신청에 대하여 불허가처분을 받은 자는 그 통지를 받은 날부터 1개월 이내에 시장·군수 또는 구청장에게 해당 토지에 관한 권리의 매수를 청구할 수 있다.

키워드 토지거래허가
해설 허가구역의 지정은 허가구역의 지정을 공고한 날부터 5일 후에 그 효력이 발생한다.

정답 20 ③ 21 ①

22 부동산 거래신고 등에 관한 법령상 '허가구역 내 토지거래에 대한 허가'의 규정이 적용되지 않는 경우를 모두 고른 것은?

• 35회

㉠ 「부동산 거래신고 등에 관한 법률」에 따라 외국인이 토지취득의 허가를 받은 경우
㉡ 「공익사업을 위한 토지 등의 취득 및 보상에 관한 법률」에 따라 토지를 환매하는 경우
㉢ 「한국농어촌공사 및 농지관리기금법」에 따라 한국농어촌공사가 농지의 매매를 하는 경우

① ㉠
② ㉡
③ ㉠, ㉢
④ ㉡, ㉢
⑤ ㉠, ㉡, ㉢

키워드 토지거래허가

해설 「부동산 거래신고 등에 관한 법률」에 따르면 다음의 경우에는 토지거래허가규정을 적용하지 아니한다.

1. 「공익사업을 위한 토지 등의 취득 및 보상에 관한 법률」에 따른 토지의 수용
2. 「민사집행법」에 따른 경매
3. 그 밖에 다음에서 정하는 경우
   ① 「공익사업을 위한 토지 등의 취득 및 보상에 관한 법률」에 따라 토지를 협의취득·사용하거나 환매하는 경우
   ② 「국유재산법」에 따른 국유재산종합계획에 따라 국유재산을 일반경쟁입찰로 처분하는 경우
   ③ 「공유재산 및 물품 관리법」에 따른 공유재산의 관리계획에 따라 공유재산을 일반경쟁입찰로 처분하는 경우
   ④ 「도시 및 주거환경정비법」에 따른 관리처분계획 또는 「빈집 및 소규모주택 정비에 관한 특례법」에 따른 사업시행계획에 따라 분양하거나 보류지 등을 매각하는 경우
   ⑤ 「도시개발법」에 따른 조성토지 등의 공급계획에 따라 토지를 공급하는 경우, 환지 예정지로 지정된 종전 토지를 처분하는 경우, 환지처분을 하는 경우 또는 체비지 등을 매각하는 경우
   ⑥ 「주택법」에 따른 사업계획의 승인을 받아 조성한 대지를 공급하는 경우 또는 주택(부대시설 및 복리시설을 포함하며, 주택과 주택 외의 시설을 동일 건축물로 건축하여 공급하는 경우에는 그 주택 외의 시설을 포함한다)을 공급하는 경우
   ⑦ 「택지개발촉진법」에 따라 택지를 공급하는 경우
   ⑧ 「산업입지 및 개발에 관한 법률」에 따른 산업단지개발사업 또는 준산업단지를 개발하기 위한 사업으로 조성된 토지를 사업시행자(사업시행자로부터 분양에 관한 업무를 위탁받은 산업단지관리공단을 포함한다)가 분양하는 경우
   ⑨ 「농어촌정비법」에 따른 환지계획에 따라 환지처분을 하는 경우 또는 농지 등의 교환·분할·합병을 하는 경우

⑩ 「농어촌정비법」에 따른 사업시행자가 농어촌정비사업을 시행하기 위하여 농지를 매입하는 경우
⑪ 「상법」, 「채무자 회생 및 파산에 관한 법률」의 절차에 따라 법원의 허가를 받아 권리를 이전하거나 설정하는 경우
⑫ 국세 및 지방세의 체납처분 또는 강제집행을 하는 경우
⑬ 국가 또는 지방자치단체가 법령에 따라 비상재해 시 필요한 응급조치를 위하여 권리를 이전하거나 설정하는 경우
⑭ 「한국농어촌공사 및 농지관리기금법」에 따라 한국농어촌공사가 농지의 매매·교환 및 분할을 하는 경우
⑮ 「부동산 거래신고 등에 관한 법률」에 따라 외국인등이 토지취득의 허가를 받은 경우
⑯ 한국자산관리공사가 「한국자산관리공사 설립 등에 관한 법률」에 따라 토지를 취득하거나 경쟁입찰을 거쳐서 매각하는 경우 또는 한국자산관리공사에 매각이 의뢰되어 3회 이상 공매하였으나 유찰된 토지를 매각하는 경우
⑰ 「국토의 계획 및 이용에 관한 법률」 또는 「개발제한구역의 지정 및 관리에 관한 특별조치법」에 따라 매수청구된 토지를 취득하는 경우
⑱ 「신행정수도 후속대책을 위한 연기·공주지역 행정중심복합도시 건설을 위한 특별법」, 「혁신도시 조성 및 발전에 관한 특별법」 또는 「기업도시개발 특별법」에 따라 조성된 택지 또는 주택을 공급하는 경우
⑲ 「건축물의 분양에 관한 법률」에 따라 건축물을 분양하는 경우
⑳ 「산업집적활성화 및 공장설립에 관한 법률」에 따라 지식산업센터를 분양하는 경우
㉑ 법령에 따라 조세·부담금 등을 토지로 물납하는 경우

따라서 ㉠ㄴㄷ 모두 허가구역 내 토지거래에 대한 허가의 규정이 적용되지 않는다.

정답 22 ⑤

23

부동산 거래신고 등에 관한 법령에 대한 설명이다. (   )에 들어갈 숫자는? (단, 국토교통부장관 또는 시·도지사가 따로 정하여 공고한 경우와 종전 규정에 따라 공고된 면제대상 토지면적 기준은 고려하지 않음)

• 33회

> 경제 및 지가의 동향과 거래단위면적 등을 종합적으로 고려하여 「국토의 계획 및 이용에 관한 법률」에 따른 도시지역 중 아래의 세부 용도지역별 면적 이하의 토지에 대한 토지거래계약허가는 필요하지 아니하다.
> • 주거지역: (㉠)m²   • 상업지역: (㉡)m²
> • 공업지역: (㉢)m²   • 녹지지역: (㉣)m²

① ㉠: 60,   ㉡: 100,   ㉢: 100,   ㉣: 200
② ㉠: 60,   ㉡: 150,   ㉢: 150,   ㉣: 200
③ ㉠: 180, ㉡: 180,   ㉢: 660,   ㉣: 500
④ ㉠: 180, ㉡: 200,   ㉢: 660,   ㉣: 200
⑤ ㉠: 180, ㉡: 250,   ㉢: 500,   ㉣: 1천

키워드 토지거래허가

해설
• 주거지역: (㉠ 60)m²   • 상업지역: (㉡ 150)m²
• 공업지역: (㉢ 150)m²   • 녹지지역: (㉣ 200)m²

이론플러스 토지거래허가면적

국토교통부장관 또는 시·도지사가 허가구역을 지정할 당시 해당 지역에서의 거래실태 등을 고려하여 다음의 각 구분에 따른 면적으로 하는 것이 타당하지 않다고 인정하여 해당 기준면적의 10% 이상 300% 이하의 범위에서 따로 정하여 공고한 경우에는 그에 따른다. 기준면적에 관한 사항은 다음과 같다.

> 1. 「국토의 계획 및 이용에 관한 법률」에 따른 도시지역: 다음의 세부 용도지역별 구분에 따른 면적
>   ① 주거지역: 60m²
>   ② 상업지역: 150m²
>   ③ 공업지역: 150m²
>   ④ 녹지지역: 200m²
>   ⑤ 위 ①부터 ④까지의 구분에 따른 용도지역의 지정이 없는 구역: 60m²
> 2. 도시지역 외의 지역: 250m². 다만, 농지(농지법에 따른 농지를 말한다)의 경우에는 500m²로 하고, 임야의 경우에는 1천m²로 한다.

24 부동산 거래신고 등에 관한 법령상 토지거래계약을 허가받은 자가 그 토지를 허가받은 목적대로 이용하지 않을 수 있는 예외사유가 아닌 것은? (단, 그 밖의 사유로 시·군·구 도시계획위원회가 인정한 경우는 고려하지 않음) • 34회

① 「건축법 시행령」에 따른 제1종 근린생활시설인 건축물을 취득하여 실제로 이용하는 자가 해당 건축물의 일부를 임대하는 경우
② 「건축법 시행령」에 따른 단독주택 중 다중주택인 건축물을 취득하여 실제로 이용하는 자가 해당 건축물의 일부를 임대하는 경우
③ 「산업집적활성화 및 공장설립에 관한 법률」에 따른 공장을 취득하여 실제로 이용하는 자가 해당 공장의 일부를 임대하는 경우
④ 「건축법 시행령」에 따른 제2종 근린생활시설인 건축물을 취득하여 실제로 이용하는 자가 해당 건축물의 일부를 임대하는 경우
⑤ 「건축법 시행령」에 따른 공동주택 중 다세대주택인 건축물을 취득하여 실제로 이용하는 자가 해당 건축물의 일부를 임대하는 경우

키워드 토지거래허가

해설 「건축법 시행령」에 따른 단독주택(다중주택 및 공관은 제외)을 취득하여 실제로 이용하는 자가 해당 건축물의 일부를 임대하는 경우는 허가목적대로 이용하지 않아도 된다.

25 ❙상❙ 부동산 거래신고 등에 관한 법령상 토지거래허가구역 내의 토지매매에 관한 설명으로 옳은 것을 모두 고른 것은? (단, 법령상 특례는 고려하지 않으며, 다툼이 있으면 판례에 따름)
• 34회

> ㉠ 허가를 받지 아니하고 체결한 매매계약은 그 효력이 발생하지 않는다.
> ㉡ 허가를 받기 전에 당사자는 매매계약상 채무불이행을 이유로 계약을 해제할 수 있다.
> ㉢ 매매계약의 확정적 무효에 일부 귀책사유가 있는 당사자도 그 계약의 무효를 주장할 수 있다.

① ㉠
② ㉡
③ ㉠, ㉢
④ ㉡, ㉢
⑤ ㉠, ㉡, ㉢

키워드 토지거래허가구역

해설 ㉠ 토지거래허가를 받지 아니하고 체결한 매매계약은 효력이 발생하지 않는다.
㉡ 「국토의 계획 및 이용에 관한 법률」상 토지거래허가구역 내의 토지에 관한 매매계약은 관할관청으로부터 허가받기 전의 상태에서는 법률상 미완성의 법률행위로서 이른바 유동적 무효의 상태에 있어 그 계약내용에 따른 본래적 효력은 발생하지 아니하므로, 관할관청의 거래허가를 받아 매매계약이 소급하여 유효한 계약이 되기 전까지 양쪽 당사자는 서로 소유권의 이전이나 대금의 지급과 관련하여 어떠한 내용의 이행청구를 할 수 없으며, 일방 당사자는 상대방의 매매계약내용에 따른 채무불이행을 이유로 하여 계약을 해제할 수도 없다(대판 2010.5.13, 2009다92685).
㉢ 토지거래허가를 받지 아니하여 유동적 무효상태에 있는 계약이라고 하더라도 일단 거래허가신청을 하여 불허되었다면 특별한 사정이 없는 한, 불허된 때로부터는 그 거래계약은 확정적으로 무효가 된다고 보아야 하고, 거래허가신청을 하지 아니하여 유동적 무효인 상태에 있던 거래계약이 확정적으로 무효가 된 경우에는 거래계약이 확정적으로 무효로 됨에 있어서 귀책사유가 있는 자라고 하더라도 그 계약의 무효를 주장하는 것이 신의칙에 반한다고 할 수는 없다(이 경우 상대방은 그로 인한 손해의 배상을 청구할 수는 있음)(대판 1995.2.28, 94다51789).

26 부동산 거래신고 등에 관한 법령상 2년 이하의 징역 또는 계약 체결 당시의 개별공시지가에 따른 해당 토지가격의 100분의 30에 해당하는 금액 이하의 벌금에 처해지는 자는?
• 33회

① 신고관청의 관련 자료의 제출요구에도 거래대금 지급을 증명할 수 있는 자료를 제출하지 아니한 자
② 토지거래허가구역 내에서 토지거래계약허가를 받은 사항을 변경하려는 경우 변경허가를 받지 아니하고 토지거래계약을 체결한 자
③ 외국인이 경매로 대한민국 안의 부동산을 취득한 후 취득신고를 하지 아니한 자
④ 개업공인중개사에게 부동산 거래신고를 하지 아니하게 한 자
⑤ 부동산의 매매계약을 체결한 후 신고의무자가 아닌 자가 거짓으로 부동산 거래신고를 하는 자

키워드 부동산 거래신고 등에 관한 법률상 제재

해설 토지거래허가구역 내에서 허가 또는 변경허가를 받지 아니하고 토지거래계약을 체결하거나, 속임수나 그 밖의 부정한 방법으로 토지거래계약허가를 받은 경우 2년 이하의 징역 또는 계약 체결 당시의 개별공시지가에 따른 해당 토지가격의 100분의 30에 해당하는 금액 이하의 벌금사유에 해당한다.

정답 25 ③ 26 ②

27 부동산 거래신고 등에 관한 법령상 토지거래허가구역 등에 관한 설명으로 틀린 것은?

• 33회

① 시장·군수 또는 구청장은 공익사업용 토지에 대해 토지거래계약에 관한 허가신청이 있는 경우, 한국토지주택공사가 그 매수를 원하는 경우에는 한국토지주택공사를 선매자(先買者)로 지정하여 그 토지를 협의 매수하게 할 수 있다.
② 국토교통부장관 또는 시·도지사는 허가구역의 지정 사유가 없어졌다고 인정되면 지체 없이 허가구역의 지정을 해제해야 한다.
③ 토지거래허가신청에 대해 불허가처분을 받은 자는 그 통지를 받은 날부터 1개월 이내에 시장·군수 또는 구청장에게 해당 토지에 관한 권리의 매수를 청구할 수 있다.
④ 허가구역의 지정은 허가구역의 지정을 공고한 날의 다음 날부터 그 효력이 발생한다.
⑤ 토지거래허가를 받으려는 자는 그 허가신청서에 계약내용과 그 토지의 이용계획, 취득자금 조달계획 등을 적어 시장·군수 또는 구청장에게 제출해야 한다.

키워드 토지거래허가구역

해설 허가구역의 지정은 허가구역의 지정을 공고한 날부터 5일 후에 그 효력이 발생한다.

28 부동산 거래신고 등에 관한 법령상 이행강제금에 관한 설명이다. (　)에 들어갈 숫자로 옳은 것은?

• 33회

> 시장·군수는 토지거래계약허가를 받아 토지를 취득한 자가 당초의 목적대로 이용하지 아니하고 방치한 경우 그에 대하여 상당한 기간을 정하여 토지의 이용 의무를 이행하도록 명할 수 있다. 그 의무의 이행기간은 (㉠)개월 이내로 정하여야 하며, 그 정해진 기간 내에 이행되지 않은 경우, 토지 취득가액의 100분의 (㉡)에 상당하는 금액의 이행강제금을 부과한다.

① ㉠: 3, ㉡: 7　　② ㉠: 3, ㉡: 10
③ ㉠: 6, ㉡: 7　　④ ㉠: 6, ㉡: 10
⑤ ㉠: 12, ㉡: 15

키워드 이행강제금

해설 시장·군수 또는 구청장은 토지의 이용 의무를 이행하지 아니한 자에 대하여는 상당한 기간을 정하여 토지의 이용 의무를 이행하도록 명할 수 있다. 이 경우 이행명령은 문서로 하여야 하며, 이행기간은 (㉠ 3)개월 이내로 정하여야 한다. 시장·군수 또는 구청장은 이행명령이 정하여진 기간에 이행되지 아니한 경우에는 토지 취득가액의 100분의 10의 범위에서 다음에서 정하는 금액의 이행강제금을 부과한다.

> 1. 토지거래계약허가를 받아 토지를 취득한 자가 당초의 목적대로 이용하지 아니하고 방치한 경우: 토지 취득가액의 100분의 (㉡ 10)에 상당하는 금액
> 2. 토지거래계약허가를 받아 토지를 취득한 자가 직접 이용하지 아니하고 임대한 경우: 토지 취득가액의 100분의 7에 상당하는 금액
> 3. 토지거래계약허가를 받아 토지를 취득한 자가 허가관청의 승인 없이 당초의 이용목적을 변경하여 이용하는 경우: 토지 취득가액의 100분의 5에 상당하는 금액
> 4. 위 1.부터 3.까지에 해당하지 아니하는 경우: 토지 취득가액의 100분의 7에 상당하는 금액

29 부동산 거래신고 등에 관한 법령상 토지거래허가 등에 관한 설명으로 옳은 것은 모두 몇 개인가?

• 33회

> • 농지에 대하여 토지거래계약허가를 받은 경우에는 「농지법」에 따른 농지전용허가를 받은 것으로 본다.
> • 국세의 체납처분을 하는 경우에는 '허가구역 내 토지거래에 대한 허가'의 규정을 적용한다.
> • 시장·군수는 토지 이용 의무기간이 지난 후에도 이행강제금을 부과할 수 있다.
> • 토지의 소유권자에게 부과된 토지 이용에 관한 의무는 그 토지에 관한 소유권의 변동과 동시에 그 승계인에게 이전한다.

① 0개 ② 1개 ③ 2개
④ 3개 ⑤ 4개

키워드 토지거래허가

해설
• 농지에 대하여 토지거래계약허가를 받은 경우에는 「농지법」 제8조에 따른 농지취득자격증명을 받은 것으로 본다.
• 국세 및 지방세의 체납처분 또는 강제집행을 하는 경우에는 '허가구역 내 토지거래에 대한 허가'의 규정을 적용하지 아니한다.
• 시장·군수 또는 구청장은 토지 이용 의무기간이 지난 후에는 이행강제금을 부과할 수 없다.

정답 27 ④ 28 ② 29 ②

30 상

부동산 거래신고 등에 관한 법령상 토지거래허가에 관한 내용으로 옳은 것은?

• 32회 수정

① 토지거래허가구역의 지정은 지정을 공고한 날부터 3일 후에 효력이 발생한다.
② 토지거래허가구역의 지정 당시 국토교통부장관 또는 시·도지사가 따로 정하여 공고하지 않은 경우, 「국토의 계획 및 이용에 관한 법률」에 따른 도시지역 중 녹지지역 안의 300m² 면적의 토지거래계약에 관하여는 허가가 필요 없다.
③ 토지거래계약을 허가받은 자는 대통령령으로 정하는 사유가 있는 경우 외에는 토지 취득일부터 10년간 그 토지를 허가받은 목적대로 이용해야 한다.
④ 허가받은 목적대로 토지를 이용하지 않았음을 이유로 이행강제금 부과처분을 받은 자가 시장·군수·구청장에게 이의를 제기하려면 그 처분을 고지받은 날부터 60일 이내에 해야 한다.
⑤ 토지거래허가신청에 대해 불허가처분을 받은 자는 그 통지를 받은 날부터 1개월 이내에 시장·군수·구청장에게 해당 토지에 관한 권리의 매수를 청구할 수 있다.

키워드 토지거래허가

해설
① 토지거래허가구역의 지정은 지정을 공고한 날부터 5일 후에 효력이 발생한다.
② 토지거래허가구역의 지정 당시 국토교통부장관 또는 시·도지사가 따로 정하여 공고하지 않은 경우, 「국토의 계획 및 이용에 관한 법률」에 따른 도시지역 중 녹지지역 안의 200m² 이하 면적의 토지거래계약에 관하여는 허가가 필요 없다.
③ 토지거래계약을 허가받은 자는 대통령령으로 정하는 사유가 있는 경우 외에는 토지 취득일부터 5년의 범위에서 그 토지를 허가받은 목적대로 이용해야 한다.
④ 허가받은 목적대로 토지를 이용하지 않았음을 이유로 이행강제금 부과처분을 받은 자가 시장·군수·구청장에게 이의를 제기하려면 그 처분을 고지받은 날부터 30일 이내에 해야 한다.

31 상

부동산 거래신고 등에 관한 법령상 토지거래계약허가를 받아 취득한 토지를 허가받은 목적대로 이용하고 있지 않은 경우 시장·군수·구청장이 취할 수 있는 조치가 아닌 것은?
• 32회

① 과태료를 부과할 수 있다.
② 토지거래계약허가를 취소할 수 있다.
③ 3개월 이내의 기간을 정하여 토지의 이용 의무를 이행하도록 문서로 명할 수 있다.
④ 해당 토지에 관한 토지거래계약 허가신청이 있을 때 국가, 지방자치단체, 한국토지주택공사가 그 토지의 매수를 원하면 이들 중에서 매수할 자를 지정하여 협의매수하게 할 수 있다.
⑤ 해당 토지를 직접 이용하지 않고 임대하고 있다는 이유로 이행명령을 했음에도 정해진 기간에 이행되지 않은 경우, 토지 취득가액의 100분의 7에 상당하는 금액의 이행강제금을 부과한다.

키워드 토지거래허가

해설 시장·군수 또는 구청장은 토지의 이용 의무를 이행하지 아니한 자에 대하여는 상당한 기간을 정하여 토지의 이용 의무를 이행하도록 명할 수 있다. 이 경우 이행명령은 문서로 하여야 하며, 이행기간은 3개월 이내로 정하여야 한다. 시장·군수 또는 구청장은 이행명령이 정하여진 기간에 이행되지 아니한 경우에는 토지 취득가액의 100분의 10의 범위에서 다음에서 정하는 금액의 이행강제금을 부과한다. 따라서 과태료 부과사유는 아니다.

> 1. 토지거래계약허가를 받아 토지를 취득한 자가 당초의 목적대로 이용하지 아니하고 방치한 경우: 토지 취득가액의 100분의 10에 상당하는 금액
> 2. 토지거래계약허가를 받아 토지를 취득한 자가 직접 이용하지 아니하고 임대한 경우: 토지 취득가액의 100분의 7에 상당하는 금액
> 3. 토지거래계약허가를 받아 토지를 취득한 자가 허가관청의 승인 없이 당초의 이용목적을 변경하여 이용하는 경우: 토지 취득가액의 100분의 5에 상당하는 금액
> 4. 위 1.부터 3.까지에 해당하지 아니하는 경우: 토지 취득가액의 100분의 7에 상당하는 금액

정답 30 ⑤ 31 ①

32 부동산 거래신고 등에 관한 법령상 토지거래허가구역(이하 '허가구역'이라 함)에 관한 설명으로 옳은 것은?

• 32회 수정

① 시·도지사는 법령의 개정으로 인해 토지이용에 대한 행위제한이 강화되는 지역을 허가구역으로 지정할 수 있다.
② 토지의 투기적인 거래 성행으로 지가가 급격히 상승하는 등의 특별한 사유가 있으면 5년을 넘는 기간으로 허가구역을 지정할 수 있다.
③ 허가구역 지정의 공고에는 허가구역에 대한 축척 5만분의 1 또는 2만5천분의 1의 지형도가 포함되어야 한다.
④ 허가구역을 지정한 시·도지사는 지체 없이 허가구역지정에 관한 공고내용을 관할 등기소의 장에게 통지해야 한다.
⑤ 허가구역 지정에 이의가 있는 자는 그 지정이 공고된 날부터 1개월 내에 시장·군수·구청장에게 이의를 신청할 수 있다.

키워드 토지거래허가구역

해설 ① 시·도지사는 법령의 제정·개정 또는 폐지나 그에 따른 고시·공고로 인하여 토지이용에 대한 행위제한이 완화되거나 해제되는 지역을 허가구역으로 지정할 수 있다.
② 토지의 투기적인 거래 성행으로 지가가 급격히 상승하는 등의 특별한 사유가 있으면 5년 이내의 기간을 정하여 허가구역을 지정할 수 있다.
③ 허가구역으로 지정한 때에 공고되는 내용은 다음과 같다.

> 1. 토지거래계약에 관한 허가구역의 지정기간
> 2. 허가 대상자, 허가 대상 용도와 지목
> 3. 허가구역 내 토지의 소재지·지번·지목·면적 및 용도지역(국토의 계획 및 이용에 관한 법률에 따른 용도지역을 말한다)
> 4. 허가구역에 대한 축척 5만분의 1 또는 2만5천분의 1의 지형도
> 5. 허가 면제 대상 토지면적

따라서 허가구역 지정의 공고에는 허가구역에 대한 축척 5만분의 1 또는 2만5천분의 1의 지형도가 포함되어야 하므로 옳은 지문이 된다.
④ 국토교통부장관 또는 시·도지사는 허가구역을 지정한 때에는 공고내용을 국토교통부장관은 시·도지사를 거쳐 시장·군수 또는 구청장에게 통지하고, 시·도지사는 국토교통부장관, 시장·군수 또는 구청장에게 통지하여야 한다. 통지를 받은 시장·군수 또는 구청장은 지체 없이 그 공고내용을 그 허가구역을 관할하는 등기소의 장에게 통지하여야 하며, 지체 없이 그 사실을 7일 이상 공고하고, 그 공고내용을 15일간 일반이 열람할 수 있도록 하여야 한다.
⑤ 토지거래허가처분에 이의가 있는 자는 그 처분을 받은 날부터 1개월 이내에 시장·군수 또는 구청장에게 이의를 신청할 수 있다. 하지만 허가구역 지정에 이의가 있는 경우 동법에서는 이의신청제도를 두고 있지 않다.

33 부동산 거래신고 등에 관한 법령상 토지거래허가구역에 관한 설명으로 옳은 것은?

• 31회

① 국토교통부장관은 토지의 투기적인 거래가 성행하는 지역에 대해서는 7년의 기간을 정하여 토지거래계약에 관한 허가구역을 지정할 수 있다.
② 시·도지사가 토지거래허가구역을 지정하려면 시·도도시계획위원회의 심의를 거쳐 인접 시·도지사의 의견을 들어야 한다.
③ 시·도지사가 토지거래허가구역을 지정한 때에는 이를 공고하고 그 공고내용을 국토교통부장관, 시장·군수 또는 구청장에게 통지하여야 한다.
④ 허가구역의 지정은 허가구역의 지정을 공고한 날부터 3일 후에 효력이 발생한다.
⑤ 「국토의 계획 및 이용에 관한 법률」에 따른 도시지역 중 주거지역의 경우 600m² 이하의 토지에 대해서는 토지거래계약허가가 면제된다.

키워드 토지거래허가구역

해설 ① 국토교통부장관 또는 시·도지사는 토지의 투기적인 거래가 성행하거나 지가가 급격히 상승하는 지역과 그러한 우려가 있는 지역에 대해서는 5년 이내의 기간을 정하여 토지거래계약에 관한 허가구역으로 지정할 수 있다.
② 국토교통부장관 또는 시·도지사는 허가구역을 지정하려면 「국토의 계획 및 이용에 관한 법률」에 따른 중앙도시계획위원회 또는 시·도도시계획위원회의 심의를 거쳐야 한다. 다만, 지정기간이 끝나는 허가구역을 계속하여 다시 허가구역으로 지정하려면 중앙도시계획위원회 또는 시·도도시계획위원회의 심의 전에 미리 시·도지사(국토교통부장관이 허가구역을 지정하는 경우만 해당한다) 및 시장·군수 또는 구청장의 의견을 들어야 한다.
④ 허가구역의 지정은 허가구역의 지정을 공고한 날부터 5일 후에 그 효력이 발생한다.
⑤ 「국토의 계획 및 이용에 관한 법률」에 따른 도시지역 중 주거지역의 경우 60m² 이하의 토지에 대해서는 토지거래계약허가가 면제된다.

정답 32 ③ 33 ③

34 부동산 거래신고 등에 관한 법령상 이행강제금에 관한 설명으로 옳은 것은? • 31회

① 이행명령은 구두 또는 문서로 하며 이행기간은 3개월 이내로 정하여야 한다.
② 토지거래계약허가를 받아 토지를 취득한 자가 당초의 목적대로 이용하지 아니하고 방치하여 이행명령을 받고도 정하여진 기간에 이를 이행하지 아니한 경우, 시장·군수 또는 구청장은 토지 취득가액의 100분의 10에 상당하는 금액의 이행강제금을 부과한다.
③ 이행강제금 부과처분에 불복하는 경우 이의를 제기할 수 있으나, 그에 관한 명문의 규정을 두고 있지 않다.
④ 이행명령을 받은 자가 그 명령을 이행하는 경우 새로운 이행강제금의 부과를 즉시 중지하며, 명령을 이행하기 전에 부과된 이행강제금도 징수할 수 없다.
⑤ 최초의 이행명령이 있었던 날을 기준으로 1년에 두 번씩 그 이행명령이 이행될 때까지 반복하여 이행강제금을 부과·징수할 수 있다.

키워드 이행강제금

해설 ① 이행명령은 문서로 하여야 하며, 이행기간은 3개월 이내로 정하여야 한다.
③ 이행강제금 부과처분에 불복하는 경우 이의를 제기할 수 있으며, 이의를 제기하려는 경우에는 부과처분을 고지받은 날부터 30일 이내에 하여야 한다.
④ 시장·군수 또는 구청장은 이행명령을 받은 자가 그 명령을 이행하는 경우 새로운 이행강제금의 부과를 즉시 중지하되, 명령을 이행하기 전에 이미 부과된 이행강제금은 징수하여야 한다.
⑤ 시장·군수 또는 구청장은 최초의 이행명령이 있었던 날을 기준으로 1년에 한 번씩 그 이행명령이 이행될 때까지 반복하여 이행강제금을 부과·징수할 수 있다.

35 부동산 거래신고 등에 관한 법령상 이행강제금에 대하여 개업공인중개사가 중개의뢰인에게 설명한 내용으로 옳은 것은?
• 30회

① 군수는 최초의 의무이행 위반이 있었던 날을 기준으로 1년에 한 번씩 그 이행명령이 이행될 때까지 반복하여 이행강제금을 부과·징수할 수 있다.
② 시장은 토지의 이용 의무기간이 지난 후에도 이행명령 위반에 대해서는 이행강제금을 반복하여 부과할 수 있다.
③ 시장·군수 또는 구청장은 이행명령을 받은 자가 그 명령을 이행하는 경우라도 명령을 이행하기 전에 이미 부과된 이행강제금은 징수하여야 한다.
④ 토지거래계약허가를 받아 토지를 취득한 자가 직접 이용하지 아니하고 임대한 경우에는 토지 취득가액의 100분의 20에 상당하는 금액을 이행강제금으로 부과한다.
⑤ 이행강제금 부과처분을 받은 자가 국토교통부장관에게 이의를 제기하려는 경우에는 부과처분을 고지받은 날부터 14일 이내에 하여야 한다.

키워드 이행강제금

해설 ① 시장·군수 또는 구청장은 최초의 이행명령이 있었던 날을 기준으로 1년에 한 번씩 그 이행명령이 이행될 때까지 반복하여 이행강제금을 부과·징수할 수 있다.
② 시장·군수 또는 구청장은 토지의 이용 의무기간이 지난 후에는 이행강제금을 부과할 수 없다.
④ 토지거래계약허가를 받아 토지를 취득한 자가 직접 이용하지 아니하고 임대한 경우에는 토지 취득가액의 100분의 7에 상당하는 금액을 이행강제금으로 부과한다.
⑤ 이행강제금 부과처분을 받은 자가 시장·군수 또는 구청장에게 이의를 제기하려는 경우에는 부과처분을 고지받은 날부터 30일 이내에 하여야 한다.

정답 34 ② 35 ③

36 상

부동산 거래신고 등에 관한 법령상 토지거래계약 불허가처분 토지에 대하여 매수청구를 받은 경우, 매수할 자로 지정될 수 있는 자를 모두 고른 것은?

• 30회

㉠ 지방자치단체
㉡ 「한국은행법」에 따른 한국은행
㉢ 「지방공기업법」에 따른 지방공사
㉣ 「한국석유공사법」에 따른 한국석유공사
㉤ 「항만공사법」에 따른 항만공사
㉥ 「한국관광공사법」에 따른 한국관광공사

① ㉡, ㉤
② ㉠, ㉣, ㉥
③ ㉡, ㉢, ㉤
④ ㉠, ㉣, ㉤, ㉥
⑤ ㉠, ㉡, ㉢, ㉣, ㉤, ㉥

키워드 매수청구

해설 매수할 자로 지정될 수 있는 자는 ㉠㉣㉥이다.

이론플러스 매수청구를 받은 시장·군수 또는 구청장은 국가, 지방자치단체, 한국토지주택공사, 다음에서 정하는 공공기관 또는 공공단체 중에서 매수할 자를 지정하여, 매수할 자로 하여금 예산의 범위에서 공시지가를 기준으로 하여 해당 토지를 매수하게 하여야 한다. 따라서 ㉡㉢㉤은 다음의 기관에 해당하지 않는다.

1. 「한국농수산식품유통공사법」에 따른 한국농수산식품유통공사
2. 「대한석탄공사법」에 따른 대한석탄공사
3. 「한국토지주택공사법」에 따른 한국토지주택공사
4. 「한국관광공사법」에 따른 한국관광공사
5. 「한국농어촌공사 및 농지관리기금법」에 따른 한국농어촌공사
6. 「한국도로공사법」에 따른 한국도로공사
7. 「한국석유공사법」에 따른 한국석유공사
8. 「한국수자원공사법」에 따른 한국수자원공사
9. 「한국전력공사법」에 따른 한국전력공사
10. 「한국철도공사법」에 따른 한국철도공사

37 부동산 거래신고 등에 관한 법령상 포상금의 지급에 관한 설명으로 틀린 것을 모두 고른 것은?

• 34회

> ㉠ 가명으로 신고하여 신고인을 확인할 수 없는 경우에는 포상금을 지급하지 아니할 수 있다.
> ㉡ 신고관청에 포상금지급신청서가 접수된 날부터 1개월 이내에 포상금을 지급하여야 한다.
> ㉢ 신고관청은 하나의 위반행위에 대하여 2명 이상이 각각 신고한 경우에는 포상금을 균등하게 배분하여 지급한다.

① ㉠
② ㉠, ㉡
③ ㉠, ㉢
④ ㉡, ㉢
⑤ ㉠, ㉡, ㉢

키워드 포상금

해설 ㉡ 신고관청 또는 허가관청은 신청서가 접수된 날부터 2개월 이내에 포상금을 지급하여야 한다.
㉢ 신고관청 또는 허가관청은 하나의 위반행위에 대하여 2명 이상이 각각 신고 또는 고발한 경우에는 최초로 신고 또는 고발한 사람에게 포상금을 지급한다.

정답 36 ② 37 ④

38 상

부동산 거래신고 등에 관한 법령상 신고포상금 지급대상에 해당하는 위반행위를 모두 고른 것은?

• 32회

> ㉠ 부동산 매매계약의 거래당사자가 부동산의 실제 거래가격을 거짓으로 신고하는 행위
> ㉡ 부동산 매매계약에 관하여 개업공인중개사에게 신고를 하지 않도록 요구하는 행위
> ㉢ 토지거래계약허가를 받아 취득한 토지를 허가받은 목적대로 이용하지 않는 행위
> ㉣ 부동산 매매계약에 관하여 부동산의 실제 거래가격을 거짓으로 신고하도록 조장하는 행위

① ㉠, ㉢
② ㉠, ㉣
③ ㉡, ㉣
④ ㉠, ㉡, ㉢
⑤ ㉡, ㉢, ㉣

키워드 포상금

해설 시장·군수 또는 구청장은 다음의 어느 하나에 해당하는 자를 관계 행정기관이나 수사기관에 신고하거나 고발한 자에게 예산의 범위에서 포상금을 지급할 수 있다(동법 제25조의2 제1항).

> 1. 부동산등의 실제 거래가격을 거짓으로 신고한 자(신고의무자가 아닌 자가 거짓으로 신고한 경우를 포함)
> 2. 신고대상에 해당하는 계약을 체결하지 아니하였음에도 불구하고 거짓으로 부동산 거래신고를 한 자
> 3. 신고 후 해당 계약이 해제등이 되지 아니하였음에도 불구하고 거짓으로 부동산거래의 해제등 신고를 한 자
> 4. 주택 임대차계약의 신고, 변경 및 해제신고 규정을 위반하여 주택 임대차계약의 보증금·차임 등 계약금액을 거짓으로 신고한 자
> 5. 토지거래허가 또는 변경허가를 받지 아니하고 토지거래계약을 체결한 자 또는 거짓이나 그 밖의 부정한 방법으로 토지거래계약허가를 받은 자
> 6. 토지거래계약허가를 받아 취득한 토지에 대하여 허가받은 목적대로 이용하지 아니한 자

따라서 ㉡㉣은 포상금 지급사유에 해당하지 않으며, 동법에서 규정하고 있는 500만원 이하의 과태료사유에 해당한다(동법 제28조 제2항 제2호·제3호).

39 부동산 거래신고 등에 관한 법령상 신고포상금에 관한 설명으로 옳은 것은? • 30회

① 포상금의 지급에 드는 비용은 국고로 충당한다.
② 해당 위반행위에 관여한 자가 신고한 경우라도 신고포상금은 지급하여야 한다.
③ 익명으로 고발하여 고발인을 확인할 수 없는 경우에는 해당 신고포상금은 국고로 환수한다.
④ 부동산등의 거래가격을 신고하지 않은 자를 수사기관이 적발하기 전에 수사기관에 1건 고발한 경우 1천 5백만원의 신고포상금을 받을 수 있다.
⑤ 신고관청 또는 허가관청으로부터 포상금 지급 결정을 통보받은 신고인은 포상금을 받으려면 국토교통부령으로 정하는 포상금 지급신청서를 작성하여 신고관청 또는 허가관청에 제출하여야 한다.

키워드 포상금

해설 ① 포상금의 지급에 드는 비용은 시·군이나 구의 재원으로 충당한다.
②③ 다음의 어느 하나에 해당하는 경우에는 포상금을 지급하지 아니할 수 있다.

> 1. 공무원이 직무와 관련하여 발견한 사실을 신고하거나 고발한 경우
> 2. 해당 위반행위를 하거나 위반행위에 관여한 자가 신고하거나 고발한 경우
> 3. 익명이나 가명으로 신고 또는 고발하여 신고인 또는 고발인을 확인할 수 없는 경우

④ 부동산등의 거래가격을 신고하지 않은 자는 포상금 지급대상에 포함되지 않는다.

정답 38 ① 39 ⑤

PART 2 중개실무

CHAPTER 01	중개대상물 조사 및 확인
CHAPTER 02	거래계약의 체결
CHAPTER 03	개별적 중개실무

3회독 체크

각 단원의 회독 수를 체크해보세요.

19.7 %
(약 8문제)

PART 2 최근 8개년 출제비중

제35회 출제경향

제35회 시험에서 PART 2는 13문제가 출제되었습니다. 특히 「집합건물의 소유 및 관리에 관한 법률」에서 최근 연속적으로 출제되어 새로운 출제 포인트로 자리매김하였습니다.

8개년 회차별 출제빈도 분석표

회차	28회	29회	30회	31회	32회	33회	34회	35회	비중(%)
CHAPTER 01	1	3	2	1	2	3	3	3	28.6
CHAPTER 02			1		1			2	6.3
CHAPTER 03	5	4	4	5	4	6	5	8	65.1

* 복합문제이거나, 법률이 개정 및 제정된 경우 분류 기준에 따라 위 수치와 달라질 수 있습니다.

CHAPTER 01 중개대상물 조사 및 확인

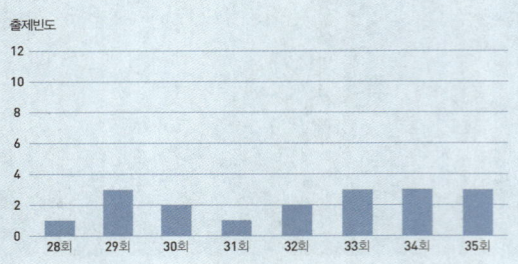

■ 8개년 출제 문항 수
총 40문제 중 평균 약 2문제 출제

■ 이 단원을 공략하고 싶다면?
확인·설명서, 분묘기지권, 농지취득자격증명에 대해 알아두자

↳ 기본서 [공인중개사법령 및 중개실무] pp. 459~535

대표기출 1 | 2024년 제35회 39번 문제 | 난이도 중

개업공인중개사가 토지를 매수하려는 중개의뢰인에게 분묘기지권에 관하여 설명한 내용으로 옳은 것을 모두 고른 것은? (다툼이 있으면 판례에 따름)

> ㉠ 분묘기지권을 시효취득한 사람은 시효취득한 때부터 지료를 지급할 의무가 발생한다.
> ㉡ 특별한 사정이 없는 한 분묘기지권자가 분묘의 수호와 봉사를 계속하는 한 그 분묘가 존속하는 동안은 분묘기지권이 존속한다.
> ㉢ 분묘기지권을 취득한 자는 그 분묘기지권의 등기 없이도 그 분묘가 설치된 토지의 매수인에게 대항할 수 있다.

① ㉡
② ㉠, ㉡
③ ㉠, ㉢
④ ㉡, ㉢
⑤ ㉠, ㉡, ㉢

기출공략 [키워드] 분묘기지권

분묘기지권에 관해 학습하여야 합니다.

29회, 30회, 32회, 33회, 34회, 35회

개업공인중개사가 토지를 매수하려는 중개의뢰인에게 분묘기지권에 관하여 설명한 내용으로 옳은 것을 모두 고른 것은? (다툼이 있으면 판례에 따름) (④)

㉠ 분묘기지권을 시효취득한 사람은 ~~시효취득한 때~~부터 지료를 지급할 의무가 발생한다. (×)
→ 「장사 등에 관한 법률」의 시행일 이전에 타인의 토지에 분묘를 설치한 다음 20년간 평온·공연하게 그 분묘의 기지를 점유함으로써 분묘기지권을 시효·취득하였더라도 분묘기지권자는 토지소유자가 분묘기지에 관한 지료를 청구하면 그 청구한 날부터의 지료를 지급할 의무가 있다고 보아야 한다(대판 전합체 2021.4.29, 2017다228007).
㉡ 특별한 사정이 없는 한 분묘기지권자가 분묘의 수호와 봉사를 계속하는 한 그 분묘가 존속하는 동안은 분묘기지권이 존속한다. (O)
㉢ 분묘기지권을 취득한 자는 그 분묘기지권의 등기 없이도 그 분묘가 설치된 토지의 매수인에게 대항할 수 있다. (O)

이론플러스 지료지급

1. 토지소유자의 승낙을 얻어 분묘를 설치한 경우 지료지급(승낙형)
   승낙에 의하여 분묘기지권을 취득하는 경우에는 취득시효에 의한 분묘기지권이 인정될 여지가 없고, 승낙 당시 지료지급약정을 한 경우 그 약정의 효력은 분묘기지권자를 승계한 사람에게도 미친다고 보아야 한다(대판 2021.9.16, 2017다271834·271841).

2. 토지소유자의 승낙을 얻지 아니하고 분묘를 설치한 후 20년간 평온·공연하게 분묘기지를 점유한 경우 지료지급(시효취득형)
   「장사 등에 관한 법률」의 시행일 이전에 타인의 토지에 분묘를 설치한 다음 20년간 평온·공연하게 그 분묘의 기지를 점유함으로써 분묘기지권을 시효·취득하였더라도 분묘기지권자는 토지소유자가 분묘기지에 관한 지료를 청구하면 그 청구한 날부터의 지료를 지급할 의무가 있다고 보아야 한다(대판 전합체 2021.4.29, 2017다228007).

3. 분묘의 이전 또는 철거의 특약 없이 토지를 처분하는 경우 지료지급(양도형)
   자기 소유 토지에 분묘를 설치한 사람이 그 토지를 양도하면서 분묘를 이장하겠다는 특약을 하지 않음으로써 분묘기지권을 취득한 경우, 특별한 사정이 없는 한 분묘기지권자는 분묘기지권이 성립한 때로부터 토지소유자에게 그 분묘의 기지에 대한 토지사용의 대가로서 지료를 지급할 의무가 있다고 보아야 한다(대판 2021.5.27, 2020다295892).

대표기출 2 | 2024년 제35회 20번 문제 | 난이도 중

공인중개사법령상 중개대상물 확인·설명서[Ⅱ](비주거용 건축물)에서 개업공인중개사 기본 확인사항이 아닌 것은?

① 토지의 소재지, 면적 등 대상물건의 표시
② 소유권 외의 권리사항 등 등기부 기재사항
③ 관리비
④ 입지조건
⑤ 거래예정금액

기출공략 [키워드] 확인·설명서

중개대상물의 확인·설명서에 대한 문제가 주로 출제됩니다. 확인·설명서[Ⅰ] ~ [Ⅳ]의 기재사항에 대해 중점적으로 학습하여야 합니다.

28회, 29회, 31회, 33회, 34회, 35회

공인중개사법령상 중개대상물 확인·설명서[Ⅱ](비주거용 건축물)에서 개업공인중개사 기본 확인사항이 아닌 것은? (③)

① 토지의 소재지, 면적 등 대상물건의 표시 (O)
② 소유권 외의 권리사항 등 등기부 기재사항 (O)
③ 관리비 (×)
  → 확인·설명서[Ⅰ]의 관리에 관한 사항에는 포함되지만, 확인·설명서[Ⅱ]의 관리에 관한 사항에는 포함되지 않는다.
④ 입지조건 (O)
⑤ 거래예정금액 (O)

이론플러스 확인·설명서 기재사항

기재사항	Ⅰ(주거용)	Ⅱ(비주거용)	Ⅲ(토지)	Ⅳ(입목·광업재단·공장재단)
권리관계	O	O	O	O
거래예정금액	O	O	O	O
중개보수	O	O	O	O
취득조세	O	O	O	O
실제 권리관계 또는 공시되지 않은 물건권리사항	O	O	O	O

내·외부 시설물의 상태	○	○	×	×
비선호시설	○	×	○	×
환경조건	○	×	×	×

01 개업공인중개사가 중개의뢰인에게 분묘가 있는 토지에 관하여 설명한 내용으로 틀린 것을 모두 고른 것은? (다툼이 있으면 판례에 따름) • 34회

> ㉠ 토지소유자의 승낙에 의하여 성립하는 분묘기지권의 경우 성립 당시 토지소유자와 분묘의 수호·관리자가 지료지급의무의 존부에 관하여 약정을 하였다면 그 약정의 효력은 분묘기지의 승계인에게 미치지 않는다.
> ㉡ 분묘기지권은 지상권 유사의 관습상 물권이다.
> ㉢ 「장사 등에 관한 법률」 시행일(2001.1.13.) 이후 토지소유자의 승낙 없이 설치한 분묘에 대해서 분묘기지권의 시효취득을 주장할 수 있다.

① ㉠
② ㉢
③ ㉠, ㉢
④ ㉡, ㉢
⑤ ㉠, ㉡, ㉢

키워드 분묘기지권

해설 ㉠ 분묘의 기지인 토지가 분묘의 수호·관리권자 아닌 다른 사람의 소유인 경우에 그 토지소유자가 분묘 수호·관리권자에 대하여 분묘의 설치를 승낙한 때에는 그 분묘의 기지에 관하여 분묘기지권을 설정한 것으로 보아야 한다. 이와 같이 승낙에 의하여 성립하는 분묘기지권의 경우 성립 당시 토지소유자와 분묘의 수호·관리자가 지료지급의무의 존부나 범위 등에 관하여 약정을 하였다면 그 약정의 효력은 분묘기지의 승계인에 대하여도 미친다(대판 2021.9.16, 2017다271834·271841).

㉢ 「장사 등에 관한 법률」 시행일(2001.1.13.) 이후 토지소유자의 승낙 없이 설치한 분묘에 대해서 분묘기지권의 시효취득을 주장할 수 없다(대판 전합체 2021.4.29, 2017다228007).

정답 01 ③

02 개업공인중개사가 묘지를 설치하고자 토지를 매수하려는 중개의뢰인에게 장사 등에 관한 법령에 관하여 설명한 내용으로 **틀린** 것은?
• 34회

① 가족묘지는 가족당 1개소로 제한하되, 그 면적은 100m² 이하여야 한다.
② 개인묘지란 1기의 분묘 또는 해당 분묘에 매장된 자와 배우자 관계였던 자의 분묘를 같은 구역 안에 설치하는 묘지를 말한다.
③ 법인묘지에는 폭 4m 이상의 도로와 그 도로로부터 각 분묘로 통하는 충분한 진출입로를 설치하여야 한다.
④ 화장한 유골을 매장하는 경우 매장 깊이는 지면으로부터 30cm 이상이어야 한다.
⑤ 「민법」에 따라 설립된 사단법인은 법인묘지의 설치허가를 받을 수 없다.

키워드 장사 등에 관한 법률

해설 「장사 등에 관한 법률」에 의하면 법인묘지에는 폭 5m 이상의 도로와 그 도로로부터 각 분묘로 통하는 충분한 진출입로를 설치하고, 주차장을 마련하여야 한다.

03 개업공인중개사가 분묘가 있는 토지를 매수하려는 의뢰인에게 분묘기지권에 관해 설명한 것으로 옳은 것은? (다툼이 있으면 판례에 따름)   • 33회

① 분묘기지권의 존속기간은 지상권의 존속기간에 대한 규정이 유추적용되어 30년으로 인정된다.
② 「장사 등에 관한 법률」이 시행되기 전에 설치된 분묘의 경우 그 법의 시행 후에는 분묘기지권의 시효취득이 인정되지 않는다.
③ 자기 소유 토지에 분묘를 설치한 사람이 분묘이장의 특약 없이 토지를 양도함으로써 분묘기지권을 취득한 경우, 특별한 사정이 없는 한 분묘기지권이 성립한 때부터 지료지급의무가 있다.
④ 분묘기지권을 시효로 취득한 사람은 토지소유자의 지료지급청구가 있어도 지료지급의무가 없다.
⑤ 분묘가 멸실된 경우 유골이 존재하여 분묘의 원상회복이 가능한 일시적인 멸실에 불과하여도 분묘기지권은 소멸한다.

키워드 분묘기지권

해설 ① 분묘기지권은 지상권에 유사한 일종의 물권으로, 그 존속기간에 관하여는 「민법」의 지상권에 관한 규정에 따를 것이 아니라, 당사자 사이에 약정이 있는 등 특별한 사정이 있으면 그에 따를 것이며, 그런 사정이 없는 경우에는 권리자가 분묘의 수호와 봉제사를 계속하고 그 분묘가 존속하고 있는 동안은 분묘기지권은 존속한다(대판 2009.5.14, 2009다1092).
② 「장사 등에 관한 법률」이 시행되기 전에 설치된 분묘의 경우 그 법의 시행 후에는 분묘기지권의 시효취득이 인정된다.
④ 분묘기지권을 시효로 취득하였더라도, 분묘기지권자는 토지소유자가 분묘기지에 관한 지료를 청구하면 그 청구한 날부터의 지료를 지급할 의무가 있다고 보아야 한다(대판 전합체 2021.4.29, 2017다228007).
⑤ 분묘가 멸실된 경우 유골이 존재하여 분묘의 원상회복이 가능한 일시적인 멸실에 불과하여도 분묘기지권은 소멸하지 아니하고 존속한다.

이론플러스 양도형 분묘기지권 관련 판례

> 대법원은 "자기 소유 토지에 분묘를 설치한 사람이 토지를 양도하면서 분묘를 이장하겠다는 특약을 하지 않음으로써 분묘기지권을 취득한 경우, 분묘기지권자는 분묘기지권이 성립한 때부터 토지소유자에게 그 분묘의 기지에 대한 토지사용의 대가로서 지료를 지급할 의무가 있다."고 판시하였다(대판 2021.5.27, 2020다295892).

정답 02 ③ 03 ③

04 ❸ 분묘가 있는 토지에 관하여 개업공인중개사가 중개의뢰인에게 설명한 내용으로 틀린 것은? (다툼이 있으면 판례에 따름)

• 32회

① 분묘기지권은 등기사항증명서를 통해 확인할 수 없다.
② 분묘기지권은 분묘의 설치 목적인 분묘의 수호와 제사에 필요한 범위 내에서 분묘 기지 주위의 공지를 포함한 지역에까지 미친다.
③ 분묘기지권이 인정되는 경우 분묘가 멸실되었더라도 유골이 존재하여 분묘의 원상회복이 가능하고 일시적인 멸실에 불과하다면 분묘기지권은 소멸하지 않는다.
④ 분묘기지권에는 그 효력이 미치는 범위 안에서 새로운 분묘를 설치할 권능은 포함되지 않는다.
⑤ 甲이 자기 소유 토지에 분묘를 설치한 후 그 토지를 乙에게 양도하면서 분묘를 이장하겠다는 특약을 하지 않음으로써 甲이 분묘기지권을 취득한 경우, 특별한 사정이 없는 한 甲은 분묘의 기지에 대한 토지사용의 대가로서 지료를 지급할 의무가 없다.

키워드 분묘기지권

해설 甲이 자기 소유 토지에 분묘를 설치한 후 그 토지를 乙에게 양도하면서 분묘를 이장하겠다는 특약을 하지 않음으로써 甲이 분묘기지권을 취득한 경우, 특별한 사정이 없는 한 甲은 분묘의 기지에 대한 토지사용의 대가로서 지료를 지급하여야 한다. 해당 지문은 양도형 분묘기지권에 관한 지문이다. 대법원은 "자기 소유 토지에 분묘를 설치한 사람이 토지를 양도하면서 분묘를 이장하겠다는 특약을 하지 않음으로써 분묘기지권을 취득한 경우, 분묘기지권자는 분묘기지권이 성립한 때부터 토지소유자에게 그 분묘의 기지에 대한 토지사용의 대가로서 지료를 지급할 의무가 있다."고 판시하였다(대판 2021.5.27, 2020다295892).

05 토지를 매수하여 사설묘지를 설치하려는 중개의뢰인에게 개업공인중개사가 장사 등에 관한 법령에 관하여 설명한 내용으로 옳은 것은? • 35회

① 개인묘지를 설치하려면 그 묘지를 설치하기 전에 해당 묘지를 관할하는 시장등에게 신고해야 한다.
② 가족묘지를 설치하려면 해당 묘지를 관할하는 시장등의 허가를 받아야 한다.
③ 개인묘지나 가족묘지의 면적은 제한을 받지만, 분묘의 형태나 봉분의 높이는 제한을 받지 않는다.
④ 분묘의 설치기간은 원칙적으로 30년이지만, 개인묘지의 경우에는 3회에 한하여 그 기간을 연장할 수 있다.
⑤ 설치기간이 끝난 분묘의 연고자는 그 끝난 날부터 1개월 이내에 해당 분묘에 설치된 시설물을 철거하고 매장된 유골을 화장하거나 봉안해야 한다.

키워드 분묘기지권

해설 ① 개인묘지는 설치 후 30일 이내에 그 사실을 특별자치시장·특별자치도지사·시장·군수·구청장에게 신고하여야 한다.
③ 개인묘지나 가족묘지의 면적은 제한을 받으며, 분묘의 형태는 봉분, 평분 또는 평장으로 하되, 봉분의 높이는 지면으로부터 1m, 평분의 높이는 50cm 이하여야 한다.
④ 공설묘지 및 사설묘지에 설치된 분묘의 설치기간은 30년으로 한다. 다만, 설치기간이 경과한 분묘의 연고자가 시·도지사, 시장·군수·구청장 또는 법인묘지의 설치·관리를 허가받은 자에게 해당 설치기간의 연장을 신청하는 경우에는 1회에 한하여 그 설치기간을 30년으로 하여 연장하여야 한다.
⑤ 분묘의 연고자는 설치기간이 끝난 날부터 1년 이내에 해당 분묘에 설치된 시설물을 철거하고 매장된 유골을 화장 또는 봉안하여야 한다.

정답 04 ⑤ 05 ②

06 개업공인중개사가 묘소가 설치되어 있는 임야를 중개하면서 중개의뢰인에게 설명한 내용으로 틀린 것은? (다툼이 있으면 판례에 따름) • 30회 수정

① 분묘가 1995년에 설치되었다 하더라도 「장사 등에 관한 법률」이 2001년에 시행되었기 때문에 분묘기지권을 시효취득할 수 없다.
② 암장되어 있어 객관적으로 인식할 수 있는 외형을 갖추고 있지 않은 묘소에는 분묘기지권이 인정되지 않는다.
③ 아직 사망하지 않은 사람을 위한 장래의 묘소인 경우 분묘기지권이 인정되지 않는다.
④ 분묘기지권이 시효취득된 경우 토지소유자가 지료를 청구하면 분묘기지권자는 지료를 지급하여야 한다.
⑤ 분묘기지권의 효력이 미치는 지역의 범위 내라고 할지라도 기존의 분묘 외에 새로운 분묘를 신설할 권능은 포함되지 않는다.

키워드 분묘기지권

해설 분묘가 1995년에 설치되었다면 「장사 등에 관한 법률」이 2001년에 시행되었기 때문에 분묘기지권을 시효취득할 수 있다.

이론플러스 「장사 등에 관한 법률」상 분묘기지권

「장사 등에 관한 법률」은 매장, 화장 및 개장에 관한 사항 등을 규정함으로써 국토의 효율적인 이용에 이바지하기 위하여 2001년 1월 13일부터 설치하는 장사시설에 관하여 적용되는 법이다. 동법이 시행되기 전에 설치된 묘지는 동법이 적용되지 않는다. 따라서 분묘가 1995년에 설치된 경우 동법이 적용되지 않으므로 분묘기지권을 시효취득할 수 있다(대판 전합체 2017.1.19, 2013다17292).

07 개업공인중개사가 「농지법」에 대하여 중개의뢰인에게 설명한 내용으로 **틀린** 것은? (다툼이 있으면 판례에 따름)
• 29회

① 경매로 농지를 매수하려면 매수신청 시에 농지취득자격증명서를 제출해야 한다.
② 개인이 소유하는 임대 농지의 양수인은 「농지법」에 따른 임대인의 지위를 승계한 것으로 본다.
③ 농지전용협의를 마친 농지를 취득하려는 자는 농지취득자격증명을 발급받을 필요가 없다.
④ 농지를 취득하려는 자가 농지에 대한 매매계약을 체결하는 등으로 농지에 관한 소유권이전등기청구권을 취득하였다면, 농지취득자격증명 발급신청권을 보유하게 된다.
⑤ 주말·체험영농을 목적으로 농지를 소유하려면 세대원 전부가 소유하는 총면적이 1천m² 미만이어야 한다.

키워드 농지법

해설 경매로 농지를 매수하려면 매각허가·불허가결정 7일까지 농지취득자격증명서를 제출해야 한다. 이를 미제출한 경우 경락불허가사유에 해당한다(대결 2014.4.3, 2014마62).

정답 06 ① 07 ①

08 공인중개사법령상 중개대상물 확인·설명서[I](주거용 건축물)의 작성방법으로 옳은 것을 모두 고른 것은?
• 34회

> ㉠ 임대차의 경우 '취득 시 부담할 조세의 종류 및 세율'은 적지 않아도 된다.
> ㉡ '환경조건'은 중개대상물에 대해 개업공인중개사가 매도(임대)의뢰인에게 자료를 요구하여 확인한 사항을 적는다.
> ㉢ 중개대상물에 법정지상권이 있는지 여부는 '실제 권리관계 또는 공시되지 않은 물건의 권리사항'란에 개업공인중개사가 직접 확인한 사항을 적는다.

① ㉠
② ㉠, ㉡
③ ㉠, ㉢
④ ㉡, ㉢
⑤ ㉠, ㉡, ㉢

키워드 확인·설명서

해설 ㉢ 실제 권리관계 또는 공시되지 않은 물건의 권리사항은 매도(임대)의뢰인이 고지한 사항(법정지상권, 유치권, 주택임대차보호법에 따른 임대차, 토지에 부착된 조각물 및 정원수, 계약 전 소유권 변동 여부, 도로의 점용허가 여부 및 권리·의무 승계대상 여부 등)을 적는다.

09 개업공인중개사가 주택의 임대차를 중개하면서 중개대상물 확인·설명서[I](주거용 건축물)를 작성하는 경우 제외하거나 생략할 수 있는 것을 모두 고른 것은?
• 33회

> ㉠ 취득 시 부담할 조세의 종류 및 세율
> ㉡ 개별공시지가(m^2당) 및 건물(주택)공시가격
> ㉢ 다가구주택 확인서류 제출 여부
> ㉣ 건축물의 방향

① ㉠, ㉡
② ㉠, ㉢
③ ㉢, ㉣
④ ㉠, ㉡, ㉣
⑤ ㉡, ㉢, ㉣

> **키워드** 확인·설명서
>
> **해설** ㉠ 취득 시 부담할 조세의 종류 및 세율은 중개가 완성되기 전 「지방세법」의 내용을 확인하여 적는다(임대차의 경우에는 제외한다).
> ㉡ 거래예정금액 등의 '거래예정금액'은 중개가 완성되기 전 거래예정금액을, '개별공시지가(m²당)' 및 '건물(주택)공시가격'은 중개가 완성되기 전 공시된 공시지가 또는 공시가격을 적는다[임대차계약의 경우에는 '개별공시지가(m²당)' 및 '건물(주택)공시가격'을 생략할 수 있다].

10 공인중개사법령상 중개대상물 확인·설명서[Ⅱ](비주거용 건축물)에서 개업공인중개사의 기본 확인사항이 아닌 것은?   • 33회

① 소재지, 면적 등 대상물건의 표시에 관한 사항
② 소유권 외의 권리사항
③ 비선호시설(1km 이내)의 유무에 관한 사항
④ 관리주체 등 관리에 관한 사항
⑤ 소유권에 관한 사항

> **키워드** 확인·설명서
>
> **해설** 비선호시설(1km 이내)의 유무에 관한 사항은 확인·설명서[Ⅰ](주거용 건축물), 확인·설명서[Ⅲ](토지)에는 기재되지만, 확인·설명서[Ⅱ](비주거용 건축물), 확인·설명서[Ⅳ](입목·공장재단·광업재단)에는 기재되지 않는다.

정답 08 ② 09 ① 10 ③

11 공인중개사법령상 개업공인중개사가 확인·설명하여야 할 사항 중 중개대상물 확인·설명서[Ⅰ](주거용 건축물), [Ⅱ](비주거용 건축물), [Ⅲ](토지), [Ⅳ](입목·광업재단·공장재단) 서식에 공통적으로 기재되어 있는 것을 모두 고른 것은?

• 31회

> ㉠ 권리관계(등기부 기재사항)
> ㉡ 비선호시설
> ㉢ 거래예정금액
> ㉣ 환경조건(일조량·소음)
> ㉤ 실제 권리관계 또는 공시되지 않은 물건권리사항

① ㉠, ㉡
② ㉡, ㉣
③ ㉠, ㉢, ㉤
④ ㉠, ㉢, ㉣, ㉤
⑤ ㉠, ㉡, ㉢, ㉣, ㉤

키워드 확인·설명서

해설 ㉡ 비선호시설: 확인·설명서[Ⅰ](주거용 건축물), 확인·설명서[Ⅲ](토지)에는 기재되지만, 확인·설명서[Ⅱ](비주거용 건축물), 확인·설명서[Ⅳ](입목·광업재단·공장재단)에는 기재되지 않는다.
㉣ 환경조건(일조량·소음): 확인·설명서[Ⅰ](주거용 건축물)에만 기재된다.

정답 11 ③

에듀윌이
너를
지지할게

ENERGY

걸음마를 시작하기 전에
규칙을 먼저 공부하는 사람은 없다.
직접 걸어 보고 계속 넘어지면서
배우는 것이다.

– 리처드 브랜슨(Richard Branson)

CHAPTER 02 거래계약의 체결

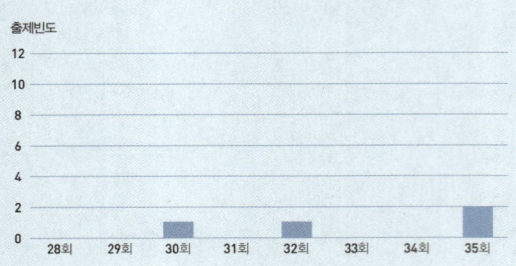

■ 8개년 출제 문항 수
총 40문제 中 평균 약 0.5문제 출제

■ 이 단원을 공략하고 싶다면?
공유, 부동산 전자계약시스템의 내용을 알아두자

→ 기본서 [공인중개사법령 및 중개실무] pp. 536~555

대표기출 1 | 2024년 제35회 35번 문제 | 난이도 상

개업공인중개사가 X토지를 공유로 취득하고자 하는 甲, 乙에게 설명한 내용으로 옳은 것을 모두 고른 것은? (다툼이 있으면 판례에 따름)

> ㉠ 甲의 지분이 1/2, 乙의 지분이 1/2인 경우, 乙과 협의 없이 X토지 전체를 사용·수익하는 甲에 대하여 乙은 X토지의 인도를 청구할 수 있다.
> ㉡ 甲의 지분이 2/3, 乙의 지분이 1/3인 경우, 甲이 X토지를 임대하였다면 乙은 그 임대차의 무효를 주장할 수 없다.
> ㉢ 甲의 지분이 1/3, 乙의 지분이 2/3인 경우, 乙은 甲의 동의 없이 X토지를 타인에게 매도할 수 없다.

① ㉠
② ㉡
③ ㉠, ㉢
④ ㉡, ㉢
⑤ ㉠, ㉡, ㉢

기출공략 [키워드] 공유재산

공유지분처분, 공유물처분 등에 관하여 학습하여야 합니다.

35회

개업공인중개사가 X토지를 공유로 취득하고자 하는 甲, 乙에게 설명한 내용으로 옳은 것을 모두 고른 것은? (다툼이 있으면 판례에 따름) (④)

> ㉠ 甲의 지분이 1/2, 乙의 지분이 1/2인 경우, 乙과 협의 없이 X토지 전체를 사용·수익하는 甲에 대하여 乙은 X토지의 인도를 ~~청구할 수 있다~~. (×)
> → 공유물의 소수지분권자인 피고가 다른 공유자와 협의하지 않고 공유물의 전부 또는 일부를 독점적으로 점유하는 경우 다른 소수지분권자인 원고가 피고를 상대로 공유물의 인도를 청구할 수는 없다고 보아야 한다. 일부 공유자가 공유물의 전부나 일부를 독점적으로 점유한다면 이는 다른 공유자의 지분권에 기초한 사용·수익권을 침해하는 것이다. 공유자는 자신의 지분권 행사를 방해하는 행위에 대해서 「민법」 제214조에 따른 방해배제청구권을 행사할 수 있고, 공유물에 대한 지분권은 공유자 개개인에게 귀속되는 것이므로 공유자 각자가 행사할 수 있다(대판 전합체 2020.5.21, 2018다287522).
> ㉡ 甲의 지분이 2/3, 乙의 지분이 1/3인 경우, 甲이 X토지를 임대하였다면 乙은 그 임대차의 무효를 주장할 수 없다. (O)
> ㉢ 甲의 지분이 1/3, 乙의 지분이 2/3인 경우, 乙은 甲의 동의 없이 X토지를 타인에게 매도할 수 없다. (O)

이론플러스 공동소유 재산의 처분

1. 공유: 공유지분의 처분은 다른 공유자의 동의 없이도 가능하나, 공유물의 처분은 공유자 전원의 동의가 있어야 하므로 이를 확인해야 한다.
2. 합유: 합유물의 처분은 물론 합유지분의 처분도 합유자 전원의 동의가 있어야 한다.
3. 총유: 사단 자신이 목적물의 처분권한을 가지므로 총유에는 지분이 없다. 총유물의 처분은 사원총회의 결의가 있어야 하므로 이를 조사해야 한다. 종중재산의 소유는 종원총유에 속하는 것이므로 그 관리 및 처분에 관하여는 먼저 종중규약에 정하는 바가 있으면 이에 따라야 하고, 없는 경우에는 종중 총회의 결의를 거쳐야 한다. 비록 종중대표자에 의한 종중재산의 처분이라 하더라도 그러한 절차를 거치지 아니한 경우는 그 행위는 무효가 된다.

대표기출 2 | 2021년 제32회 13번 문제 | 난이도 중

「전자문서 및 전자거래 기본법」에 따른 공인전자문서센터에 보관된 경우, 공인중개사법령상 개업공인중개사가 원본, 사본 또는 전자문서를 보존기간 동안 보존해야 할 의무가 면제된다고 명시적으로 규정된 것을 모두 고른 것은?

> ㉠ 중개대상물 확인·설명서
> ㉡ 손해배상책임보장에 관한 증서
> ㉢ 소속공인중개사 고용신고서
> ㉣ 거래계약서

① ㉠
② ㉠, ㉣
③ ㉡, ㉢
④ ㉡, ㉢, ㉣
⑤ ㉠, ㉡, ㉢, ㉣

기출공략 [키워드] 전자계약

> 부동산 전자계약시스템을 이용하는 경우 장점에 관하여 학습하여야 합니다.
> 30회, 32회

「전자문서 및 전자거래 기본법」에 따른 공인전자문서센터에 보관된 경우, 공인중개사법령상 개업공인중개사가 원본, 사본 또는 전자문서를 보존기간 동안 보존해야 할 의무가 면제된다고 명시적으로 규정된 것을 모두 고른 것은? (②)

> ㉠ 중개대상물 확인·설명서 (O)
>   → 「전자문서 및 전자거래 기본법」에 따른 공인전자문서센터에 보관된 경우 별도로 보관하지 않아도 된다.
> ㉡ 손해배상책임보장에 관한 증서 (✕)
> ㉢ 소속공인중개사 고용신고서 (✕)
> ㉣ 거래계약서 (O)
>   → 「전자문서 및 전자거래 기본법」에 따른 공인전자문서센터에 보관된 경우 별도로 보관하지 않아도 된다.

이론플러스	부동산 전자계약의 혜택	
구분	소비자(거래의뢰인) 혜택	공인중개사 혜택
편리성	① 공인중개사 신분 확인 및 계약결과 안내 서비스 ② 주택임대차 확정일자 자동 부여(수수료 면제)	① 부동산 실거래 신고의무 면제 ② 종이계약서 보관 불필요
경제성	대출 우대금리 적용	부동산 서류 발급 최소화(건축물대장, 토지대장 등 생략)
안전성	계약서류 위·변조 및 부실한 확인·설명 차단	① 무자격·무등록 불법 중개행위 차단 ② 개인정보 암호화로 안심거래 지원

01 개업공인중개사가 중개의뢰인에게 건물의 소유를 목적으로 한 토지임대차를 중개하면서 임대인을 상대로 지상건물에 대한 매수청구권을 행사할 수 있는 임차인에 대하여 설명하였다. 이에 해당하는 자를 모두 고른 것은? (다툼이 있으면 판례에 따르며, 특별한 사정은 고려하지 않음) • 35회

㉠ 종전 임차인이 신축한 건물을 매수한 임차인
㉡ 차임연체를 이유로 계약을 해지당한 임차인
㉢ 건물을 신축하였으나 행정관청의 허가를 받지 않은 임차인
㉣ 토지에 지상권이 설정된 경우 지상권자로부터 그 토지를 임차하여 건물을 신축한 임차인

① ㉠, ㉡
② ㉡, ㉢
③ ㉢, ㉣
④ ㉠, ㉡, ㉣
⑤ ㉠, ㉢, ㉣

키워드 매수청구권

해설 ㉡ 차임연체를 이유로 계약을 해지당한 임차인은 지상건물에 대한 매수청구권을 가지지 못한다.

정답 01 ⑤

02 부동산 전자계약에 관한 설명으로 옳은 것은?

• 30회

① 시·도지사는 부동산거래의 계약·신고·허가·관리 등의 업무와 관련된 정보체계를 구축·운영하여야 한다.
② 부동산거래계약의 신고를 하는 경우 전자인증의 방법으로 신분을 증명할 수 없다.
③ 정보처리시스템을 이용하여 주택 임대차계약을 체결하였더라도 해당 주택의 임차인은 정보처리시스템을 통하여 전자계약증서에 확정일자 부여를 신청할 수 없다.
④ 개업공인중개사가 부동산거래계약시스템을 통하여 부동산거래계약을 체결한 경우 부동산거래계약이 체결된 때에 부동산거래계약 신고서를 제출한 것으로 본다.
⑤ 거래계약서 작성 시 확인·설명사항이 「전자문서 및 전자거래 기본법」에 따른 공인전자문서센터에 보관된 경우라도 개업공인중개사는 확인·설명사항을 서면으로 작성하여 보존하여야 한다.

키워드 전자계약

해설 ① 국토교통부장관은 부동산거래 및 주택 임대차의 계약·신고·허가·관리 등의 업무와 관련된 정보체계를 구축·운영할 수 있다.
② 전자인증의 방법으로 신분을 증명할 수 있다.
③ 정보처리시스템을 통하여 전자계약증서에 확정일자 부여를 신청할 수 있다.
⑤ 서면으로 작성하여 보존하지 않아도 된다.

정답 02 ④

CHAPTER 03 개별적 중개실무

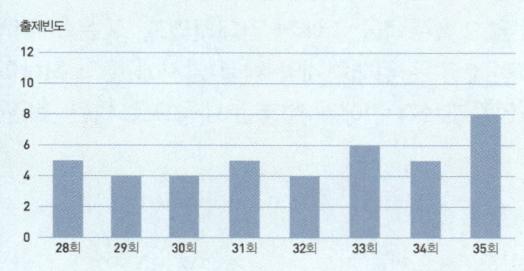

┃8개년 출제 문항 수
총 40문제 中 평균 약 5문제 출제

┃이 단원을 공략하고 싶다면?
「부동산 실권리자명의 등기에 관한 법률」, 「주택임대차보호법」, 「상가건물 임대차보호법」, 경매절차에 대해 알아두자

↳ 기본서 [공인중개사법령 및 중개실무] pp. 556~665

대표기출 1 2024년 제35회 36번 문제 │ 난이도 **상**

甲이 乙로부터 乙 소유의 X주택을 2020.1. 매수하면서 그 소유권이전등기는 자신의 친구인 丙에게로 해 줄 것을 요구하였다(이에 대한 丙의 동의가 있었음). 乙로부터 X주택의 소유권이전등기를 받은 丙은 甲의 허락을 얻지 않고 X주택을 丁에게 임대하였고, 丁은 X주택을 인도받은 후 주민등록을 이전하였다. 그런데 丁은 임대차계약 체결 당시에 甲의 허락이 없었음을 알고 있었다. 이에 대하여 개업공인중개사가 丁에게 설명한 내용으로 **틀린** 것은?
(다툼이 있으면 판례에 따름)

① 丙은 X주택의 소유권을 취득할 수 없다.
② 乙은 丙을 상대로 진정명의 회복을 위한 소유권이전등기를 청구할 수 있다.
③ 甲은 乙과의 매매계약을 기초로 乙에게 X주택의 소유권이전등기를 청구할 수 있다.
④ 丁은 甲 또는 乙에 대하여 임차권을 주장할 수 있다.
⑤ 丙은 丁을 상대로 임대차계약의 무효를 주장할 수 없지간, 甲은 그 계약의 무효를 주장할 수 있다.

기출공략 [키워드] 등기명의신탁

명의신탁약정에 관해 학습하여야 합니다.

34회, 35회

甲이 乙로부터 乙 소유의 X주택을 2020.1. 매수하면서 그 소유권이전등기는 자신의 친구인 丙에게로 해 줄 것을 요구하였다(이에 대한 丙의 동의가 있었음). 乙로부터 X주택의 소유권이전등기를 받은 丙은 甲의 허락을 얻지 않고 X주택을 丁에게 임대하였고, 丁은 X주택을 인도받은 후 주민등록을 이전하였다. 그런데 丁은 임대차계약 체결 당시에 甲의 허락이 없었음을 알고 있었다. 이에 대하여 개업공인중개사가 丁에게 설명한 내용으로 틀린 것은? (다툼이 있으면 판례에 따름) (⑤)

① 丙은 X주택의 소유권을 취득할 수 없다. (O)
② 乙은 丙을 상대로 진정명의 회복을 위한 소유권이전등기를 청구할 수 있다. (O)
③ 甲은 乙과의 매매계약을 기초로 乙에게 X주택의 소유권이전등기를 청구할 수 있다. (O)
④ 丁은 甲 또는 乙에 대하여 임차권을 주장할 수 있다. (O)
⑤ 丙은 丁을 상대로 임대차계약의 무효를 주장할 수 없지만, 甲은 그 계약의 무효를 주장할 수 있다. (×)

→ 명의신탁약정은 무효이고, 이에 따른 등기로 이루어진 부동산에 관한 물권변동도 무효이다. 그러나 이러한 무효는 제3자에게 대항하지 못한다. 따라서 甲은 丁을 상대로 그 계약의 무효를 주장할 수 없다.

이론플러스 「부동산 실권리자명의 등기에 관한 법률」

3자간 등기명의신탁, 계약명의신탁 모두 수탁자가 부동산을 제3자에게 처분하면 제3자는 선의·악의를 불문하고 유효하게 부동산의 소유권을 취득할 수 있다.

대표기출 2 | 2024년 제35회 34번 문제 | 난이도 중

개업공인중개사가 소유자 甲으로부터 X주택을 임차한 「주택임대차보호법」상 임차인 乙에게 임차권등기명령과 그에 따른 임차권등기에 대하여 설명한 내용으로 옳은 것을 모두 고른 것은? (다툼이 있으면 판례에 따름)

㉠ 법원의 임차권등기명령이 甲에게 송달되어야 임차권등기명령을 집행할 수 있다.
㉡ 乙이 임차권등기를 한 이후에 甲으로부터 X주택을 임차한 임차인은 최우선변제권을 가지지 못한다.
㉢ 乙이 임차권등기를 한 이후 대항요건을 상실하더라도, 乙이 이미 취득한 대항력이나 우선변제권을 잃지 않는다.
㉣ 乙이 임차권등기를 한 이후에는 이행지체에 빠진 甲의 보증금반환의무가 乙의 임차권등기 말소의무보다 먼저 이행되어야 한다.

① ㄴ, ㄷ ② ㄱ, ㄴ, ㄹ
③ ㄱ, ㄷ, ㄹ ④ ㄴ, ㄷ, ㄹ
⑤ ㄱ, ㄴ, ㄷ, ㄹ

> **기출공략** [키워드] 임차권등기명령
>
> 임차권등기명령제도의 의의, 효력 등에 관하여 학습하여야 합니다.
>
> 28회, 29회, 30회, 31회, 32회, 33회, 34회, 35회

개업공인중개사가 소유자 甲으로부터 X주택을 임차한 「주택임대차보호법」상 임차인 乙에게 임차권등기명령과 그에 따른 임차권등기에 대하여 설명한 내용으로 옳은 것을 모두 고른 것은? (다툼이 있으면 판례에 따름) (④)

> ㉠ 법원의 임차권등기명령이 甲에게 ~~송달되어야~~ 임차권등기명령을 집행할 수 있다. (×)
> → 임차권등기명령의 집행은 소유자 甲에게 송달하기 전에도 집행할 수 있다(주택임대차보호법 제3조의3 제3항, 민사집행법 제292조 제3항).
> ㉡ 乙이 임차권등기를 한 이후에 甲으로부터 X주택을 임차한 임차인은 최우선변제권을 가지지 못한다. (O)
> ㉢ 乙이 임차권등기를 한 이후 대항요건을 상실하더라도, 乙이 이미 취득한 대항력이나 우선변제권을 잃지 않는다. (O)
> ㉣ 乙이 임차권등기를 한 이후에는 이행지체에 빠진 甲의 보증금반환의무가 乙의 임차권등기 말소의무보다 먼저 이행되어야 한다. (O)

이론플러스 주택 임차권등기명령

1. 신청
   임대차가 종료한 후에도 임차인이 보증금을 반환받을 때까지는 임대차관계가 존속하는 것으로 본다. 임대차가 종료된 후 보증금을 반환받지 못한 임차인이 법원에 임차권등기명령을 신청하여 임차권등기가 경료되면 등기와 동시에 대항력 또는 우선변제권을 취득하도록 하고, 만일 임차인이 이미 대항력과 우선변제권을 취득한 자인 경우에는 종전의 대항력과 우선변제권을 유지하며, 임차권등기 이후에는 주택의 점유와 주민등록의 요건을 갖추지 아니하더라도 임차인이 종전에 가지고 있던 대항력과 우선변제권이 유지되도록 함으로써 임차권등기의 효력을 강화하고 임차인이 자유롭게 주거를 이전할 수 있도록 하고 있다.

2. 효력
   임차권등기명령의 집행에 의한 임차권등기가 경료된 주택(임대차의 목적이 주택의 일부분인 경우에는 해당 부분에 한정한다)을 그 이후에 임차한 임차인은 「주택임대차보호법」 제8조의 규정에 의한 우선변제(최우선변제)를 받을 권리가 없다.

대표기출 3   2024년 제35회 38번 문제 | 난이도 중

개업공인중개사가 상가건물을 임차하려는 중개의뢰인 甲에게 「상가건물 임대차보호법」의 내용에 관하여 설명한 것으로 <u>틀린</u> 것은?

① 甲이 건물을 인도받고 「부가가치세법」에 따른 사업자 등록을 신청하면 그 다음 날부터 대항력이 생긴다.
② 확정일자는 건물의 소재지 관할 세무서장이 부여한다.
③ 임대차계약을 체결하려는 甲은 임대인의 동의를 받아 관할 세무서장에게 건물의 확정일자 부여일 등 관련 정보의 제공을 요청할 수 있다.
④ 甲이 거짓이나 그 밖의 부정한 방법으로 임차한 경우 임대인은 甲의 계약갱신요구를 거절할 수 있다.
⑤ 건물의 경매 시 甲은 환가대금에서 우선변제권에 따른 보증금을 지급받은 이후에 건물을 양수인에게 인도하면 된다.

> 기출공략   [키워드] 상가건물 임대차보호법
>
> 「상가건물 임대차보호법」상 대항요건, 확정일자, 계약갱신요구권 등에 관한 내용을 중점적으로 학습하여야 합니다.
>
> 28회, 29회, 30회, 31회, 33회, 35회

개업공인중개사가 상가건물을 임차하려는 중개의뢰인 甲에게 「상가건물 임대차보호법」의 내용에 관하여 설명한 것으로 <u>틀린</u> 것은? (⑤)

① 甲이 건물을 인도받고 「부가가치세법」에 따른 사업자 등록을 신청하면 그 다음 날부터 대항력이 생긴다. (O)
② 확정일자는 건물의 소재지 관할 세무서장이 부여한다. (O)
③ 임대차계약을 체결하려는 甲은 임대인의 동의를 받아 관할 세무서장에게 건물의 확정일자 부여일 등 관련 정보의 제공을 요청할 수 있다. (O)
④ 甲이 거짓이나 그 밖의 부정한 방법으로 임차한 경우 임대인은 甲의 계약갱신요구를 거절할 수 있다. (O)
⑤ 건물의 경매 시 甲은 환가대금에서 우선변제권에 따른 보증금을 지급받은 이후에 건물을 양수인에게 인도하면 된다. (×)
  → 건물의 경매 시 환가대금에서 우선변제권에 따른 보증금을 지급받기 위하여 甲은 건물을 양수인에게 인도하였다는 증명을 하여야 한다.

이론플러스 갱신요구 거절사유

임대인은 다음의 경우에 임차인의 갱신요구를 거절할 수 있다.

1. 임차인이 3기의 차임액에 달하도록 차임을 연체한 사실이 있는 경우
2. 임차인이 거짓이나 그 밖의 부정한 방법으로 임차한 경우
3. 서로 합의하여 임대인이 임차인에게 상당한 보상을 제공한 경우
4. 임차인이 임대인의 동의 없이 목적 건물의 전부 또는 일부를 전대한 경우
5. 임차인이 임차한 건물의 전부 또는 일부를 고의 또는 중대한 과실로 파손한 경우
6. 임차한 건물의 전부 또는 일부가 멸실되어 임대차의 목적을 달성하지 못할 경우
7. 임대인이 다음의 어느 하나에 해당하는 사유로 목적 건물의 전부 또는 대부분을 철거하거나 재건축하기 위해 목적 건물의 점유를 회복할 필요가 있는 경우
   ㉠ 임대차계약 체결 당시 공사시기 및 소요기간 등을 포함한 철거 또는 재건축계획을 임차인에게 구체적으로 고지하고 그 계획에 따르는 경우
   ㉡ 건물이 노후·훼손 또는 일부 멸실되는 등 안전사고의 우려가 있는 경우
   ㉢ 다른 법령에 따라 철거 또는 재건축이 이루어지는 경우
8. 그 밖에 임차인이 임차인으로서의 의무를 현저히 위반하거나 임대차를 계속하기 어려운 중대한 사유가 있는 경우

대표기출 4 | 2024년 제35회 31번 문제 | 난이도 중

개업공인중개사 甲은 「공인중개사의 매수신청대리인 등록 등에 관한 규칙」에 따라 매수신청대리인으로 등록한 후 乙과 매수신청대리에 관한 위임계약을 체결하였다. 이에 관한 설명으로 옳은 것은?

① 甲이 법인이고 분사무소를 1개 둔 경우 매수신청대리에 따른 손해배상책임을 보장하기 위하여 설정해야 하는 보증의 금액은 6억원 이상이다.
② 甲은 매수신청대리 사건카드에 乙에게서 위임받은 사건에 관한 사항을 기재하고 서명날인한 후 이를 3년간 보존해야 한다.
③ 甲은 매수신청대리 대상물에 대한 확인·설명 사항을 서면으로 작성하여 사건카드에 철하여 3년간 보존해야 하며 乙에게 교부할 필요는 없다.
④ 등기사항증명서는 甲이 乙에게 제시할 수 있는 매수신청대리 대상물에 대한 설명의 근거자료에 해당하지 않는다.
⑤ 甲이 중개사무소를 이전한 경우 14일 이내에 乙에게 통지하고 지방법원장에게 그 사실을 신고해야 한다.

기출공략 [키워드] 매수신청대리

「공인중개사의 매수신청대리인 등록 등에 관한 규칙」에 대하여 학습하여야 합니다.

35회

개업공인중개사 甲은 「공인중개사의 매수신청대리인 등록 등에 관한 규칙」에 따라 매수신청대리인으로 등록한 후 乙과 매수신청대리에 관한 위임계약을 체결하였다. 이에 관한 설명으로 옳은 것은? (①)

① 甲이 법인이고 분사무소를 1개 둔 경우 매수신청대리에 따른 손해배상책임을 보장하기 위하여 설정해야 하는 보증의 금액은 6억원 이상이다. (O)

② 甲은 매수신청대리 사건카드에 乙에게서 위임받은 사건에 관한 사항을 기재하고 서명날인한 후 이를 ~~3~~년간 보존해야 한다. (×)
   → 甲은 매수신청대리 사건카드에 乙에게서 위임받은 사건에 관한 사항을 기재하고 서명날인한 후 이를 5년간 보존해야 한다.

③ 甲은 매수신청대리 대상물에 대한 확인·설명 사항을 서면으로 작성하여 사건카드에 철하여 ~~3~~년간 보존해야 하며 乙에게 교부할 필요는 ~~없다~~. (×)
   → 甲은 매수신청대리 대상물에 대한 확인·설명 사항을 서면으로 작성하여 서명날인한 후 그 사본은 사건카드에 철하여 5년간 보존해야 하며 乙에게 교부하여야 한다.

④ 등기사항증명서는 甲이 乙에게 제시할 수 있는 매수신청대리 대상물에 대한 설명의 근거자료에 ~~해당하지 않는다~~. (×)
   → 등기사항증명서는 甲이 乙에게 제시할 수 있는 매수신청대리 대상물에 대한 설명의 근거자료에 해당한다.

⑤ 甲이 중개사무소를 이전한 경우 ~~7일~~ 이내에 乙에게 통지하고 지방법원장에게 그 사실을 신고해야 한다. (×)
   → 甲이 중개사무소를 이전한 경우 10일 이내에 지방법원장에게 그 사실을 신고해야 한다.

이론플러스 매수대리인의 업무상 의무

1. 사건카드의 작성 및 보존
   개업공인중개사는 매수신청대리 사건카드를 비치하고, 사건을 위임받은 때에는 사건카드에 위임받은 순서에 따라 일련번호, 경매사건번호, 위임받은 연월일, 보수액과 위임인의 주소·성명, 기타 필요한 사항을 기재하고, 서명·날인한 후 5년간 이를 보존하여야 한다.
2. 매수신청대리 대상물의 확인·설명
   개업공인중개사는 위임계약을 체결한 경우 위임인에게 확인·설명 사항을 서면(매수신청대리대상물 확인·설명서)으로 작성하여 서명·날인한 후 위임인에게 교부하고, 그 사본을 사건카드에 철하여 5년간 보존하여야 한다.
3. 등록증 등의 게시
   ㉠ 등록증
   ㉡ 매수신청대리 등 보수표
   ㉢ 보증의 설정을 증명할 수 있는 서류

대표기출 5 2024년 제35회 32번 문제 | 난이도 상

개업공인중개사가 구분소유권의 목적인 건물을 매수하려는 중개의뢰인에게 「집합건물의 소유 및 관리에 관한 법률」에 관하여 설명한 내용으로 옳은 것은?

① 일부의 구분소유자만이 공용하도록 제공되는 것임이 명백한 공용부분도 구분소유자 전원의 공유에 속한다.
② 대지의 공유자는 그 대지에 구분소유권의 목적인 1동의 건물이 있을 때에도 그 건물 사용에 필요한 범위의 대지에 대해 분할을 청구할 수 있다.
③ 구분소유자는 공용부분을 개량하기 위해서 필요한 범위에서 다른 구분소유자의 전유부분의 사용을 청구할 수 있다.
④ 전유부분이 속하는 1동의 건물의 설치 또는 보전의 흠으로 인하여 다른 자에게 손해를 입힌 경우에는 그 흠은 전유부분에 존재하는 것으로 추정한다.
⑤ 대지사용권이 없는 구분소유자는 대지사용권자에게 대지사용권을 시가(時價)로 매도할 것을 청구할 수 있다.

기출공략 [키워드] 집합건물의 소유 및 관리에 관한 법률

「집합건물의 소유 및 관리에 관한 법률」의 공용부분, 전유부분에 대해 학습하여야 합니다.

32회, 33회, 34회, 35회

개업공인중개사가 구분소유권의 목적인 건물을 매수하려는 중개의뢰인에게 「집합건물의 소유 및 관리에 관한 법률」에 관하여 설명한 내용으로 옳은 것은? (③)

① 일부의 구분소유자만이 공용하도록 제공되는 것임이 명백한 공용부분도 구분소유자 전원의 공유에 속한다. (×)
  → 일부의 구분소유자만이 공용하도록 제공되는 것임이 명백한 공용부분은 구분소유자 전원의 공유에 속하지 않는다.

② 대지의 공유자는 그 대지에 구분소유권의 목적인 1동의 건물이 있을 때에도 그 건물 사용에 필요한 범위의 대지에 대해 분할을 청구할 수 있다. (×)
  → 대지의 공유자는 그 대지에 구분소유권의 목적인 1동의 건물이 있을 때에는 그 건물 사용에 필요한 범위의 대지에 대해 분할을 청구할 수 없다.

③ 구분소유자는 공용부분을 개량하기 위해서 필요한 범위에서 다른 구분소유자의 전유부분의 사용을 청구할 수 있다. (○)

④ 전유부분이 속하는 1동의 건물의 설치 또는 보전의 흠으로 인하여 다른 자에게 손해를 입힌 경우에는 그 흠은 전유부분에 존재하는 것으로 추정한다. (×)
  → 전유부분이 속하는 1동의 건물의 설치 또는 보전의 흠으로 인하여 다른 자에게 손해를 입힌 경우에는 그 흠은 공용부분에 존재하는 것으로 추정한다.

⑤ 대지사용권이 없는 구분소유자는 대지사용권자에게 대지사용권을 시가(時價)로 매도할 것을 청구할 수 있다. (×)
  → 대지사용권을 가지지 아니한 구분소유자가 있을 때에는 그 전유부분의 철거를 청구할 권리를 가진 자는 그 구분소유자에 대하여 구분소유권을 시가(時價)로 매도할 것을 청구할 수 있다.

이론플러스 전유부분과 공용부분

1. 구분소유권의 목적인 건물 부분을 전유부분이라고 한다.
2. 전유부분 외의 건물 부분, 전유부분에 속하지 아니하는 건물의 부속물 및 기타 공용부분으로 된 부속의 건물을 공용부분이라고 한다.
3. 공용부분은 전유부분의 면적의 비율에 따라 구분소유자의 공유에 속한다.

01 ㉠

2023.10.7. 甲은 친구 乙과 X부동산에 대하여 乙을 명의수탁자로 하는 명의신탁약정을 체결하였다. 개업공인중개사가 이에 관하여 설명한 내용으로 옳은 것을 모두 고른 것은? (다툼이 있으면 판례에 따름) • 34회

> ㉠ 甲과 乙 사이의 명의신탁약정은 무효이다.
> ㉡ X부동산의 소유자가 甲이라면, 명의신탁약정에 기하여 甲에서 乙로 소유권이전등기가 마쳐졌다는 이유만으로 당연히 불법원인급여에 해당한다고 볼 수 없다.
> ㉢ X부동산의 소유자가 丙이고 계약명의신탁이라면, 丙이 그 약정을 알았더라도 丙으로부터 소유권이전등기를 마친 乙은 유효하게 소유권을 취득한다.

① ㉠
② ㉡
③ ㉢
④ ㉠, ㉡
⑤ ㉠, ㉡, ㉢

키워드 명의신탁약정

해설 ㉡ X부동산의 소유자가 甲이라면, 명의신탁약정에 기하여 甲에서 乙로 소유권이전등기가 마쳐졌다는 이유만으로 당연히 불법원인급여에 해당한다고 볼 수 없다(대판 전합체 2019.6.20, 2013다218156).
㉢ X부동산의 소유자가 丙이고 계약명의신탁이라면, 丙이 그 약정을 안 경우 丙으로부터 소유권이전등기를 마친 乙은 유효하게 소유권을 취득하지 못하며, 소유권이전등기의 효력은 무효이다.

정답 01 ④

02 개업공인중개사가 중개의뢰인에게「부동산 실권리자명의 등기에 관한 법률」의 내용에 관하여 설명한 것으로 옳은 것을 모두 고른 것은? (다툼이 있으면 판례에 따름) • 33회

㉠ 부동산의 위치와 면적을 특정하여 2인 이상이 구분소유하기로 하는 약정을 하고 그 구분소유자의 공유로 등기한 경우, 그 등기는「부동산 실권리자명의 등기에 관한 법률」 위반으로 무효이다.
㉡ 배우자 명의로 부동산에 관한 물권을 등기한 경우 조세 포탈, 강제집행의 면탈 또는 법령상 제한의 회피를 목적으로 하지 아니하는 경우 그 등기는 유효하다.
㉢ 명의신탁자가 계약의 당사자가 되는 3자간 등기명의신탁이 무효인 경우 명의신탁자는 매도인을 대위하여 명의수탁자 명의의 등기의 말소를 청구할 수 있다.

① ㉠
② ㉡
③ ㉠, ㉢
④ ㉡, ㉢
⑤ ㉠, ㉡, ㉢

키워드 부동산 실권리자명의 등기에 관한 법률

해설 ㉠ 부동산의 위치와 면적을 특정하여 2인 이상이 구분소유하기로 하는 약정을 하고 그 구분소유자의 공유로 등기하는 이른바 상호명의신탁은「부동산 실권리자명의 등기에 관한 법률」상의 명의신탁약정에 해당하지 않는다(법 제2조 제1호 참조). 따라서 그 등기는「부동산 실권리자명의 등기에 관한 법률」위반이 아니므로 유효하다.

03 2020.10.1. 甲과 乙은 甲 소유의 X토지에 관해 매매계약을 체결하였다. 乙과 丙은「농지법」상 농지소유제한을 회피할 목적으로 명의신탁약정을 하였다. 그 후 甲은 乙의 요구에 따라 丙 명의로 소유권이전등기를 마쳐주었다. 그 사정을 아는 개업공인중개사가 X토지의 매수의뢰인에게 설명한 내용으로 옳은 것을 모두 고른 것은? (다툼이 있으면 판례에 따름) • 32회

㉠ 甲이 丙 명의로 마쳐준 소유권이전등기는 유효하다.
㉡ 乙은 丙을 상대로 매매대금 상당의 부당이득반환청구권을 행사할 수 있다.
㉢ 乙은 甲을 대위하여 丙 명의의 소유권이전등기의 말소를 청구할 수 있다.

① ㉠
② ㉡
③ ㉢
④ ㉠, ㉡
⑤ ㉡, ㉢

| 키워드 | 등기명의신탁 |

해설 ㉠ 3자간의 등기명의신탁(중간생략형 명의신탁)이므로, 甲이 丙 명의로 마쳐준 소유권이전등기는 무효이다.
㉡ 甲과 乙의 매매계약은 유효하고, 丙이 제3자에게 X토지를 처분한 것은 아니므로 乙은 丙을 상대로 매매대금 상당의 부당이득반환청구권을 행사할 수 없다.

04 상

A주식회사는 공장부지를 확보하기 위하여 그 직원 甲과 명의신탁약정을 맺고, 甲은 2020.6.19. 개업공인중개사 乙의 중개로 丙 소유 X토지를 매수하여 2020.8.20. 甲 명의로 등기하였다. 이에 관한 설명으로 **틀린** 것은? (다툼이 있으면 판례에 따름)

• 31회

① A와 甲 사이의 명의신탁약정은 丙의 선의, 악의를 묻지 아니하고 무효이다.
② 丙이 甲에게 소유권이전등기를 할 때 비로소 A와 甲 사이의 명의신탁약정 사실을 알게 된 경우 X토지의 소유자는 丙이다.
③ A는 甲에게 X토지의 소유권이전등기를 청구할 수 없다.
④ 甲이 X토지를 丁에게 처분하고 소유권이전등기를 한 경우 丁은 유효하게 소유권을 취득한다.
⑤ A와 甲의 명의신탁약정을 丙이 알지 못한 경우, 甲은 X토지의 소유권을 취득한다.

키워드 계약명의신탁

해설 丙이 甲에게 소유권이전등기를 할 때 비로소 A와 甲 사이의 명의신탁약정 사실을 알게 된 경우라면 X토지의 소유자는 甲이다. 이유는 丙은 A와 甲 사이의 명의신탁약정이 있다는 사실을 모르고 계약을 체결한 것이 되기 때문이다. 甲과 거래계약을 체결하는 당시에 A와 甲 사이의 명의신탁약정 사실을 모르고 계약한 경우이므로 등기이전의 효과는 유효이며, 이 경우 X토지의 소유자는 甲이 된다(대판 2018.4.10, 2017다257715 참조).

정답 02 ④ 03 ③ 04 ②

05 상

甲은 乙과 乙 소유의 X부동산의 매매계약을 체결하고, 친구 丙과의 명의신탁약정에 따라 乙로부터 바로 丙 명의로 소유권이전등기를 하였다. 이와 관련하여 개업공인중개사가 甲과 丙에게 설명한 내용으로 옳은 것을 모두 고른 것은? (다툼이 있으면 판례에 따름)

• 30회

> ㉠ 甲과 丙간의 약정이 조세포탈, 강제집행의 면탈 또는 법령상 제한의 회피를 목적으로 하지 않은 경우 명의신탁약정 및 그 등기는 유효하다.
> ㉡ 丙이 X부동산을 제3자에게 처분한 경우 丙은 甲과의 관계에서 횡령죄가 성립하지 않는다.
> ㉢ 甲과 乙 사이에 매매계약은 유효하므로 甲은 乙을 상대로 소유권이전등기를 청구할 수 있다.
> ㉣ 丙이 소유권을 취득하고 甲은 丙에게 대금 상당의 부당이득반환청구권을 행사할 수 있다.

① ㉠, ㉢
② ㉠, ㉣
③ ㉡, ㉢
④ ㉠, ㉡, ㉣
⑤ ㉡, ㉢, ㉣

키워드 부동산 실권리자명의 등기에 관한 법률

해설 ㉠ 조세포탈, 강제집행의 면탈 또는 법령상 제한의 회피를 목적으로 하지 않는 경우 명의신탁의 효력은 인정되고, 그 등기이전도 유효가 되는 경우는 다음과 같다.

> 1. 종중이 보유한 부동산에 관한 물권을 종중(종중과 그 대표자를 같이 표시하여 등기한 경우를 포함) 외의 자의 명의로 등기한 경우
> 2. 배우자 명의로 부동산에 관한 물권을 등기한 경우
> 3. 종교단체의 명의로 그 산하조직이 보유한 부동산에 관한 물권을 등기한 경우

甲과 丙간의 약정은 위 세 가지 내용에 해당하지 않으므로 명의신탁약정 및 그 등기는 무효이다.

㉣ 명의신탁약정 및 수탁자로의 소유권이전등기는 무효이므로 소유권은 원소유자인 乙에게 귀속된다. 그러므로 丙은 소유권을 취득하지 못한다. 또한 甲은 丙이 X부동산을 제3자에게 처분한 경우가 아니므로 丙에게 부당이득반환청구권을 행사할 수 없다.

06 개업공인중개사가 중개의뢰인에게 「주택임대차보호법」상 계약갱신요구권에 관하여 설명한 것으로 옳은 것은?
• 35회

① 임차인은 최초의 임대차기간을 포함한 전체 임대차기간이 10년을 초과하지 아니하는 범위에서 계약갱신요구권을 행사할 수 있다.
② 임차인뿐만 아니라 임대인도 계약갱신요구권을 행사할 수 있다.
③ 임차인이 계약갱신요구권을 행사하여 임대차계약이 갱신된 경우 임차인은 언제든지 임대인에게 계약해지를 통지할 수 있다.
④ 임차인이 계약갱신요구권을 행사하여 임대차계약이 갱신된 경우 임대인은 차임을 증액할 수 없다.
⑤ 임차인이 계약갱신요구권을 행사하려는 경우 계약기간이 끝난 후 즉시 이를 행사하여야 한다.

키워드 주택임대차보호법

해설 ① 임차인은 임대인을 대상으로 계약갱신요구권을 1회에 한하여 행사할 수 있다. 이 경우 갱신되는 임대차의 존속기간은 2년으로 본다.
② 임대인은 계약갱신요구권을 행사할 수 없다.
④ 갱신되는 임대차는 전 임대차와 동일한 조건으로 다시 계약된 것으로 본다. 다만, 차임과 보증금은 약정한 차임이나 보증금의 20분의 1의 범위에서 증액할 수 있다.
⑤ 임차인은 임대차기간이 끝나기 6개월 전부터 2개월 전까지의 기간 이내에 계약갱신을 요구할 수 있다.

정답 05 ③ 06 ③

07 甲의 저당권이 설정되어 있는 乙 소유의 X주택을 丙이 임차하려고 한다. 개업공인중개사가 중개의뢰인 丙에게 임대차계약 체결 후 발생할 수 있는 상황에 관하여 설명한 내용으로 옳은 것은? (다툼이 있으면 판례에 따름)
• 35회

① 丙이 X주택을 인도받고 그 주소로 동거하는 자녀의 주민등록을 이전하면 대항력이 인정되지 않는다.
② 丙이 부동산임대차등기를 한 때에도 X주택을 인도받고 주민등록의 이전을 하지 않으면 대항력이 인정되지 않는다.
③ 乙이 보증금반환채권을 담보하기 위하여 丙에게 전세권을 설정해 준 경우, 乙은 丙의 전세권을 양수한 선의의 제3자에게 연체차임의 공제 주장으로 대항할 수 있다.
④ 丙이 「주택임대차보호법」상 최우선변제권이 인정되는 소액임차인인 때에도 甲의 저당권이 실행되면 丙의 임차권은 소멸한다.
⑤ 丙이 임대차계약을 체결한 후 丁이 X주택에 저당권을 설정받았는데, 丁이 채권을 변제받지 못하자 X주택을 경매한 경우 甲의 저당권과 丙의 임차권은 매각으로 소멸하지 않는다.

키워드 주택임대차보호법

해설 ① 丙이 X주택을 인도받고 그 주소로 동거하는 자녀의 주민등록을 이전하여도 동거가족의 주민등록을 인정하므로 대항력은 인정된다.
② 丙이 부동산임대차등기를 한 경우 X주택을 인도받고 주민등록의 이전을 하지 않아도 대항력은 인정된다.
③ 乙이 보증금반환채권을 담보하기 위하여 丙에게 전세권을 설정해 준 경우, 乙은 丙의 전세권을 양수한 선의의 제3자에게 연체차임의 공제 주장으로 대항할 수 없다.
⑤ 丙이 임대차계약을 체결한 후 丁이 X주택에 저당권을 설정받았는데, 丁이 채권을 변제받지 못하자 X주택을 경매한 경우 甲의 저당권과 丙의 임차권은 매각으로 소멸한다.

08 개업공인중개사가 「주택임대차보호법」의 적용에 관하여 설명한 내용으로 틀린 것을 모두 고른 것은? (다툼이 있으면 판례에 따름)
• 34회

㉠ 주택의 미등기 전세계약에 관하여는 「주택임대차보호법」을 준용한다.
㉡ 주거용 건물에 해당하는지 여부는 임대차목적물의 공부상의 표시만을 기준으로 정하여야 한다.
㉢ 임차권등기 없이 우선변제청구권이 인정되는 소액임차인의 소액보증금반환채권은 배당요구가 필요한 배당요구채권에 해당하지 않는다.

① ㉠
② ㉡
③ ㉠, ㉢
④ ㉡, ㉢
⑤ ㉠, ㉡, ㉢

키워드 주택임대차보호법

해설 ㉡ 「주택임대차보호법」 제2조 소정의 주거용 건물에 해당하는지 여부는 임대차목적물의 공부상의 표시만을 기준으로 할 것이 아니라 그 실지용도에 따라서 정하여야 하고 건물의 일부가 임대차의 목적이 되어 주거용과 비주거용으로 겸용되는 경우에는 구체적인 경우에 따라 그 임대차의 목적, 전체 건물과 임대차목적물의 구조와 형태 및 임차인의 임대차목적물의 이용관계 그리고 임차인이 그곳에서 일상생활을 영위하는지 여부 등을 아울러 고려하여 합목적적으로 결정하여야 한다(대판 1996.3.12, 95다51953).
㉢ 임차권등기 없이 우선변제청구권이 인정되는 소액임차인의 소액보증금반환채권은 배당요구가 필요한 배당요구채권에 해당한다(대판 2002.1.22, 2001다70702).

정답 07 ④ 08 ④

09 개업공인중개사가 중개의뢰인에게 「주택임대차보호법」의 내용에 관하여 설명한 것으로 틀린 것은? (단, 임차인은 자연인임) • 33회

① 「주택임대차보호법」은 주거용 건물의 임대차에 적용되며, 그 임차주택의 일부가 주거 외의 목적으로 사용되는 경우에도 적용된다.
② 임차인의 계약갱신요구권의 행사를 통해 갱신되는 임대차의 존속기간은 2년으로 본다.
③ 임차인은 임차주택에 대한 경매신청의 등기 전에 대항요건을 갖추지 않은 경우에도 보증금 중 일정액에 대해서는 다른 담보물권자보다 우선하여 변제받을 권리가 있다.
④ 임차인이 대항력을 갖춘 경우 임차주택의 양수인은 임대인의 지위를 승계한 것으로 본다.
⑤ 임차권등기명령의 집행에 따른 임차권등기를 마친 임차인은 이후 대항요건을 상실하더라도 이미 취득한 대항력 또는 우선변제권을 상실하지 아니한다.

키워드 주택임대차보호법

해설 임차주택이 경매 또는 공매되었을 경우에 일정보증금액 이하에 해당하는 소액임차인이 경매신청기입등기 전까지 대항요건을 갖춘 경우, 그 소액임차인은 경락된 주택가액(대지가액을 포함한다)의 2분의 1 범위 안에서 보증금 중 일정금액을 다른 선순위담보권자나 기타 권리자보다 우선하여 변제받을 권리가 있다.

10 개업공인중개사 甲의 중개로 乙과 丙은 丙 소유의 주택에 관하여 임대차계약(이하 '계약'이라 함)을 체결하려 한다. 「주택임대차보호법」의 적용에 관한 甲의 설명으로 **틀린** 것은? (임차인 乙은 자연인임)   • 32회

① 乙과 丙이 임대차기간을 2년 미만으로 정한다면 乙은 그 임대차기간이 유효함을 주장할 수 없다.
② 계약이 묵시적으로 갱신되면 임대차의 존속기간은 2년으로 본다.
③ 계약이 묵시적으로 갱신되면 乙은 언제든지 丙에게 계약해지를 통지할 수 있고, 丙이 그 통지를 받은 날부터 3개월이 지나면 해지의 효력이 발생한다.
④ 乙이 丙에게 계약갱신요구권을 행사하여 계약이 갱신되면, 갱신되는 임대차의 존속기간은 2년으로 본다.
⑤ 乙이 丙에게 계약갱신요구권을 행사하여 계약이 갱신된 경우 乙은 언제든지 丙에게 계약해지를 통지할 수 있다.

키워드 주택임대차보호법

해설 주택임대차는 그 기간의 정함이 없거나 기간을 2년 미만으로 정한 임대차는 그 기간을 2년으로 본다. 다만, 임차인은 2년 미만으로 정한 기간의 유효함을 주장할 수 있다. 따라서 임차인 乙과 임대인 丙이 임대차기간을 2년 미만으로 정한다면 임차인 乙은 그 임대차기간이 유효함을 주장할 수 있다.

정답 09 ③ 10 ①

11 개업공인중개사 甲의 중개로 丙은 2018.10.17. 乙 소유의 용인시 소재 X주택에 대하여 보증금 5,000만원에 2년 기간으로 乙과 임대차계약을 체결하고, 계약 당일 주택의 인도와 주민등록 이전, 임대차계약증서상의 확정일자를 받았다. 丙이 임차권등기명령을 신청하는 경우 주택임대차보호법령의 적용에 관한 甲의 설명으로 옳은 것은? •31회

① 丙은 임차권등기명령 신청서에 신청의 취지와 이유를 적어야 하지만, 임차권등기의 원인이 된 사실을 소명할 필요는 없다.
② 丙이 임차권등기와 관련하여 든 비용은 乙에게 청구할 수 있으나, 임차권등기명령 신청과 관련하여 든 비용은 乙에게 청구할 수 없다.
③ 임차권등기명령의 집행에 따른 임차권등기를 마치면 丙은 대항력을 유지하지만 우선변제권은 유지하지 못한다.
④ 임차권등기명령의 집행에 따른 임차권등기 후에 丙이 주민등록을 서울특별시로 이전한 경우 대항력을 상실한다.
⑤ 임차권등기명령의 집행에 따라 임차권등기가 끝난 X주택을 임차한 임차인 丁은 소액보증금에 관한 최우선변제를 받을 권리가 없다.

키워드 주택임대차보호법

해설 ① 丙은 임차권등기명령 신청서에 신청의 취지와 이유를 적어야 하며, 임차권등기의 원인이 된 사실을 소명하여야 한다.
② 丙은 임차권등기명령의 신청 및 그에 따른 임차권등기와 관련하여 소요된 비용을 乙에게 청구할 수 있다.
③ 임차권등기명령의 집행에 따른 임차권등기를 마치면 丙은 대항력과 우선변제권을 모두 유지한다.
④ 임차권등기명령의 집행에 따른 임차권등기 후에 丙이 주민등록을 서울특별시로 이전한 경우에도 대항력은 유지된다.

이론플러스 임차권등기명령의 신청서에 기재되는 사항

1. 신청의 취지 및 이유
2. 임대차의 목적인 주택(임대차의 목적이 주택의 일부분인 경우에는 해당 부분의 도면을 첨부한다)
3. 임차권등기의 원인이 된 사실(임차인이 대항력을 취득하였거나 우선변제권을 취득한 경우에는 그 사실)
4. 그 밖에 대법원규칙으로 정하는 사항

12 ㊥

甲 소유의 X주택에 대하여 임차인 乙이 주택의 인도를 받고 2019.6.3. 10:00에 확정일자를 받으면서 주민등록을 마쳤다. 그런데 甲의 채권자 丙이 같은 날 16:00에, 다른 채권자 丁은 다음 날 16:00에 X주택에 대해 근저당권설정등기를 마쳤다. 임차인 乙에게 개업공인중개사가 설명한 내용으로 옳은 것은? (다툼이 있으면 판례에 따름)

• 30회

① 丁이 근저당권을 실행하여 X주택이 경매로 매각된 경우, 乙은 매수인에 대하여 임차권으로 대항할 수 있다.
② 丙 또는 丁 누구든 근저당권을 실행하여 X주택이 경매로 매각된 경우, 매각으로 인하여 乙의 임차권은 소멸한다.
③ 乙은 X주택의 경매 시 경매법원에 배당요구를 하면 丙과 丁보다 우선하여 보증금 전액을 배당받을 수 있다.
④ X주택이 경매로 매각된 후 乙이 우선변제권 행사로 보증금을 반환받기 위해서는 X주택을 먼저 법원에 인도하여야 한다.
⑤ X주택에 대해 乙이 집행권원을 얻어 강제경매를 신청하였더라도 우선변제권을 인정받기 위해서는 배당요구의 종기까지 별도로 배당요구를 하여야 한다.

키워드 주택임대차보호법

해설 ① 임차인 乙이 대항력을 가지는 날짜는 2019년 6월 4일 0시이다. 그러나 저당권자인 丙은 2019년 6월 3일에 설정되었으므로 임차인 乙보다 앞선다. 따라서 임차인 乙은 대항력이 없으므로 매수인에 대하여 임차권으로 대항할 수 없다.
③ 문제에서 임차보증금액이 주어지지 아니하였고 乙이 대항요건과 확정일자인을 갖추었으므로, 乙은 丁보다 우선하여 보증금 전액을 배당받을 수 있다.
④ X주택이 경매로 매각된 후 乙이 우선변제권 행사로 보증금을 반환받기 위해서는 X주택을 매수인에게 인도한 증명을 하여야 한다.
⑤ X주택에 대해 乙이 집행권원을 얻어 강제경매를 신청한 경우, 우선변제권을 인정받기 위해서는 배당요구를 하지 않아도 배당받을 채권자에 해당한다.

정답 11 ⑤ 12 ②

13 개업공인중개사가 중개의뢰인에게 「상가건물 임대차보호법」의 내용에 관하여 설명한 것으로 옳은 것을 모두 고른 것은?
• 33회

㉠ 대통령령으로 정하는 보증금액을 초과하는 임대차인 경우에도 「상가건물 임대차보호법」상 권리금에 관한 규정이 적용된다.
㉡ 임차인이 2기의 차임액에 해당하는 금액에 이르도록 차임을 연체한 사실이 있는 경우, 임대인은 임차인의 계약갱신요구를 거절할 수 있다.
㉢ 임대인의 동의를 받고 전대차계약을 체결한 전차인은 임차인의 계약갱신요구권 행사기간 이내에 임차인을 대위하여 임대인에게 계약갱신요구권을 행사할 수 있다.

① ㉠
② ㉡
③ ㉠, ㉢
④ ㉡, ㉢
⑤ ㉠, ㉡, ㉢

키워드 상가건물 임대차보호법
해설 ㉡ 3기의 차임액에 해당하는 금액에 이르도록 차임을 연체한 사실이 있는 경우, 임대인은 임차인의 계약갱신요구를 거절할 수 있다.

14 개업공인중개사 甲의 중개로 乙은 丙 소유의 서울특별시 소재 X상가건물에 대하여 보증금 10억원에 1년 기간으로 丙과 임대차계약을 체결하였다. 乙은 X건물을 인도받아 2020.3.10. 사업자등록을 신청하였으며 2020.3.13. 임대차계약서상의 확정일자를 받았다. 이 사례에서 상가건물 임대차보호법령의 적용에 관한 甲의 설명으로 틀린 것은?
• 32회

① 乙은 2020.3.11. 대항력을 취득한다.
② 乙은 2020.3.13. 보증금에 대한 우선변제권을 취득한다.
③ 丙은 乙이 임대차기간 만료되기 6개월 전부터 1개월 전까지 사이에 계약갱신을 요구할 경우, 정당한 사유 없이 거절하지 못한다.
④ 乙의 계약갱신요구권은 최초의 임대차기간을 포함한 전체 임대차기간이 10년을 초과하지 아니하는 범위에서만 행사할 수 있다.
⑤ 乙의 계약갱신요구권에 의하여 갱신되는 임대차는 전 임대차와 동일한 조건으로 다시 계약된 것으로 본다.

> **키워드** 상가건물 임대차보호법
>
> **해설** 서울특별시 소재 X상가건물로서 보증금 10억원인 경우이다. 서울특별시는 9억원 이하인 경우 「상가건물 임대차보호법」이 적용되므로 10억원인 경우에는 「상가건물 임대차보호법」이 적용되지 않는다. 따라서 확정일자를 받은 경우라도 우선변제권은 취득하지 못한다.

15 중

개업공인중개사가 선순위 저당권이 설정되어 있는 서울시 소재 상가건물(상가건물 임대차보호법이 적용됨)에 대해 임대차기간 2018.10.1.부터 1년, 보증금 5천만원, 월차임 100만원으로 임대차를 중개하면서 임대인 甲과 임차인 乙에게 설명한 내용으로 옳은 것은?
・30회

① 乙의 연체차임액이 200만원에 이르는 경우 甲은 계약을 해지할 수 있다.
② 차임 또는 보증금의 감액이 있은 후 1년 이내에는 다시 감액을 하지 못한다.
③ 甲이 2019.4.1.부터 2019.8.31. 사이에 乙에게 갱신거절 또는 조건 변경의 통지를 하지 않은 경우, 2019.10.1. 임대차계약이 해지된 것으로 본다.
④ 상가건물에 대한 경매개시 결정등기 전에 乙이 건물의 인도와 「부가가치세법」에 따른 사업자등록을 신청한 때에는, 보증금 5천만원을 선순위 저당권자보다 우선변제받을 수 있다.
⑤ 乙이 임대차의 등기 및 사업자등록을 마치지 못한 상태에서 2019.1.5. 甲이 상가건물을 丙에게 매도한 경우, 丙의 상가건물 인도청구에 대하여 乙은 대항할 수 없다.

> **키워드** 상가건물 임대차보호법
>
> **해설** ① 乙의 연체차임액이 300만원에 이르는 경우 甲은 계약을 해지할 수 있다. 임차인의 연체차임액이 3기에 달하는 경우 임대인은 계약을 해지할 수 있으므로 200만원이 아닌 300만원이 되어야 한다.
> ② 차임 또는 보증금의 감액에 관하여는 동법상 저한이 없으므로 감액이 있은 후 1년 이내에 다시 감액을 할 수 있다.
> ③ 임대인이 임대차기간 만료 전 6개월부터 1개월까지의 기간 내에 임차인에 대하여 갱신거절의 통지 또는 조건의 변경에 대한 통지를 하지 아니한 경우에는 그 기간이 만료된 때에 전 임대차와 동일한 조건으로 다시 임대차한 것으로 본다.
> ④ 보증금 5천만원, 월차임 100만원이므로 이를 환산하면 환산보증금은 1억 5천만원이 된다. 따라서 임차인은 소액임차인이 되지 않으므로 선순위 저당권자보다 우선하여 변제받을 수 없다.

정답 13 ③ 14 ② 15 ⑤

16 ⓥ 개업공인중개사가 「민사집행법」에 따른 강제경매에 관하여 중개의뢰인에게 설명한 내용으로 틀린 것은?

• 35회

① 법원이 경매절차를 개시하는 결정을 할 때에는 동시에 그 부동산의 압류를 명하여야 한다.
② 압류는 부동산에 대한 채무자의 관리·이용에 영향을 미치지 아니한다.
③ 제3자는 권리를 취득할 때에 경매신청 또는 압류가 있다는 것을 알았을 경우에도 압류에 대항할 수 있다.
④ 경매개시결정이 등기된 뒤에 가압류를 한 채권자는 배당요구를 할 수 있다.
⑤ 이해관계인은 매각대금이 모두 지급될 때까지 법원에 경매개시결정에 대한 이의신청을 할 수 있다.

키워드 민사집행법

해설 「민사집행법」 제92조 제1항의 규정에 의하면 제3자는 권리를 취득할 때에 경매신청 또는 압류가 있다는 것을 알았을 경우 압류에 대항하지 못한다.

> 「민사집행법」 제92조 【제3자와 압류의 효력】 ① 제3자는 권리를 취득할 때에 경매신청 또는 압류가 있다는 것을 알았을 경우에는 압류에 대항하지 못한다.
> ② 부동산이 압류채권을 위하여 의무를 진 경우에는 압류한 뒤 소유권을 취득한 제3자가 소유권을 취득할 때에 경매신청 또는 압류가 있다는 것을 알지 못하였더라도 경매절차를 계속하여 진행하여야 한다.

17 매수신청대리인으로 등록한 개업공인중개사가 X부동산에 대한 「민사집행법」상 경매절차에서 매수신청대리의 위임인에게 설명한 내용으로 틀린 것은? (다툼이 있으면 판례에 따름)
• 34회

① 최선순위의 전세권자는 배당요구 없이도 우선변제를 받을 수 있으며, 이 때 전세권은 매각으로 소멸한다.
② X부동산에 대한 경매개시결정의 기입등기 전에 유치권을 취득한 자는 경매절차의 매수인에게 자기의 유치권으로 대항할 수 있다.
③ 최선순위의 지상권은 경매절차의 매수인이 인수한다.
④ 후순위 저당권자의 신청에 의한 경매라 하여도 선순위 저당권자의 저당권은 매각으로 소멸한다.
⑤ 집행법원은 배당요구의 종기를 첫 매각기일 이전으로 정한다.

키워드 민사집행법

해설 최선순위 전세권자가 배당요구를 하면 우선변제를 받을 수 있다. 이 경우 배당받은 전세권은 매각으로 인해 소멸하게 된다. 따라서 우선변제를 받으려면 배당요구를 하여야 한다.

정답 16 ③ 17 ①

18 매수신청대리인으로 등록한 개업공인중개사가 매수신청대리 위임인에게 「민사집행법」의 내용에 관하여 설명한 것으로 틀린 것은? (다툼이 있으면 판례에 따름) • 33회

① 후순위 저당권자가 경매신청을 하면 매각부동산 위의 모든 저당권은 매각으로 소멸된다.
② 전세권 및 등기된 임차권은 저당권·압류채권·가압류채권에 대항할 수 없는 경우에는 매각으로 소멸된다.
③ 유치권자는 유치권이 성립된 목적물을 경매로 매수한 자에 대하여 그 피담보채권의 변제를 청구할 수 있다.
④ 최선순위 전세권은 그 전세권자가 배당요구를 하면 매각으로 소멸된다.
⑤ 매수인은 매각대금을 다 낼 때에 매각의 목적인 권리를 취득한다.

키워드 민사집행법

해설 유치권자는 경락인에 대하여 그 피담보채권의 변제가 있을 때까지 유치목적물인 부동산의 인도를 거절할 수 있을 뿐이고 그 피담보채권의 변제를 청구할 수 없다.

이론플러스 소멸주의와 인수주의 비교

소멸주의	인수주의
저당권·근저당·압류·가압류·담보가등기 ➕ 말소기준권리(항상 소멸)	유치권·법정지상권·분묘기지권 ➕ 항상 인수
말소기준권리보다 앞서 설정된 전세권 중 배당요구의 종기까지 배당요구를 한 전세권	보증금이 전액 변제되지 아니한 대항력 있는 임차인은 인수됨
말소기준권리보다 뒤에 설정된 용익물권 등 ㉠ 지상권 ㉡ 임차권 ㉢ 주택의 인도 + 전입 신고한 주택임차권 ㉣ 가등기, 가처분등기, 환매등기	말소기준권리보다 앞서 설정된 용익물권 등 좌동(㉠, ㉡, ㉢, ㉣)
경매개시 결정등기보다 늦게 경료된 위의 용익물권 등 상동(㉠, ㉡, ㉢, ㉣)	경매개시 결정등기보다 앞선 용익물권 등(단, 그보다 앞선 담보물권이 없어야 함) 좌동(㉠, ㉡, ㉢, ㉣)

19 ㊥ 매수신청대리인으로 등록한 개업공인중개사 甲이 매수신청대리 위임인 乙에게 「공인중개사의 매수신청대리인 등록 등에 관한 규칙」에 관하여 설명한 내용으로 틀린 것은?
(단, 위임에 관하여 특별한 정함이 없음) • 32회

① 甲의 매수신고액이 차순위이고 최고가매수신고액에서 그 보증액을 뺀 금액을 넘는 때에만 甲은 차순위매수신고를 할 수 있다.
② 甲은 乙을 대리하여 입찰표를 작성·제출할 수 있다.
③ 甲의 입찰로 乙이 최고가매수신고인이나 차순위매수신고인이 되지 않은 경우, 甲은 「민사집행법」에 따라 매수신청의 보증을 돌려 줄 것을 신청할 수 있다.
④ 乙의 甲에 대한 보수의 지급시기는 당사자간 약정이 없으면 매각허가결정일로 한다.
⑤ 甲은 기일입찰의 방법에 의한 매각기일에 매수신청대리행위를 할 때 집행법원이 정한 매각장소 또는 집행법원에 직접 출석해야 한다.

키워드 매수신청대리

해설 매수신청대리 업무에 관한 보수의 지급시기는 매수신청인과 매수신청대리인의 약정에 따르며, 약정이 없을 때에는 매각대금의 지급기한일로 한다.

이론플러스 매수신청대리인의 업무범위

1. 매수신청 보증의 제공
2. 입찰표의 작성 및 제출
3. 차순위매수신고
4. 매수신청의 보증을 돌려줄 것을 신청하는 행위
5. 공유자의 우선매수신고
6. 임차인의 임대주택 우선매수신고
7. 공유자 또는 임대주택 임차인의 우선매수신고에 따라 차순위매수신고인으로 보게 되는 경우 그 차순위매수신고인의 지위를 포기하는 행위

정답 18 ③ 19 ④

20 매수신청대리인으로 등록한 개업공인중개사가 매수신청대리 위임인에게 「민사집행법」에 따른 부동산경매에 관하여 설명한 내용으로 **틀린** 것은?   • 31회

① 매수인은 매각대상 부동산에 경매개시결정의 기입등기가 마쳐진 후 유치권을 취득한 자에게 그 유치권으로 담보하는 채권을 변제할 책임이 있다.
② 차순위매수신고는 그 신고액이 최고가매수신고액에서 그 보증액을 뺀 금액을 넘는 때에만 할 수 있다.
③ 매수인은 매각대금을 다 낸 때에 매각의 목적인 권리를 취득한다.
④ 재매각절차에서는 전(前)의 매수인은 매수신청을 할 수 없으며 매수신청의 보증을 돌려 줄 것을 요구하지 못한다.
⑤ 후순위 저당권자가 경매신청을 하였더라도 매각부동산 위의 모든 저당권은 매각으로 소멸된다.

키워드 경매

해설 매각대상 부동산에 경매개시결정의 기입등기가 마쳐진 후 취득한 유치권은 매수인에게 인수되지 않는다. 따라서 경락인은 유치권으로 담보하는 채권을 변제할 책임이 없다.

21 법원은 X부동산에 대하여 담보권 실행을 위한 경매절차를 개시하는 결정을 내렸고, 최저매각가격을 1억원으로 정하였다. 기일입찰로 진행되는 이 경매에서 매수신청을 하고자 하는 중개의뢰인 甲에게 개업공인중개사가 설명한 내용으로 옳은 것은? • 30회

① 甲이 1억 2천만원에 매수신청을 하려는 경우, 법원에서 달리 정함이 없으면 1천 2백만원을 보증금액으로 제공하여야 한다.
② 최고가 매수신고를 한 사람이 2명인 때에는 법원은 그 2명뿐만 아니라 모든 사람에게 다시 입찰하게 하여야 한다.
③ 甲이 다른 사람과 동일한 금액으로 최고가 매수신고를 하여 다시 입찰하는 경우, 전의 입찰가격에 못미치는 가격으로 입찰하여 매수할 수 있다.
④ 1억 5천만원의 최고가 매수신고인이 있는 경우, 법원에서 보증금액을 달리 정하지 않았다면 甲이 차순위 매수신고를 하기 위해서는 신고액이 1억 4천만원을 넘어야 한다.
⑤ 甲이 차순위 매수신고인인 경우 매각기일이 종결되면 즉시 매수신청의 보증을 돌려줄 것을 신청할 수 있다.

키워드 경매

해설 ① 입찰에 참가하는 자는 법원에서 정한 최저매각가격의 10분의 1에 해당하는 금액을 매수보증금으로 제공하여야 한다. 따라서 최저매각가격이 1억원이므로 매수보증금은 1천만원이 된다.
② 최고가 매수신고를 한 사람이 2명인 때에는 법원은 그 2명을 상대로 다시 입찰하게 하여 최고가 매수인을 결정한다.
③ 다른 사람과 동일한 금액으로 최고가 매수신고를 하여 다시 입찰하는 경우, 전의 입찰가격에 못 미치는 가격으로는 입찰하여 매수할 수 없다.
⑤ 차순위 매수신고인의 경우 매수인이 대금납부기한 이내에 대금을 납부한 경우, 즉시 매수신청의 보증을 돌려줄 것을 신청할 수 있다.

정답 20 ① 21 ④

22 개업공인중개사 甲은 「공인중개사의 매수신청대리인 등록 등에 관한 규칙」에 따라 매수신청대리인으로 등록하였다. 이에 관한 설명으로 옳은 것을 모두 고른 것은? •33회

> ㉠ 甲은 「공장 및 광업재단 저당법」에 따른 광업재단에 대한 매수신청대리를 할 수 있다.
> ㉡ 甲의 중개사무소 개설등록이 취소된 경우 시·도지사는 매수신청대리인 등록을 취소해야 한다.
> ㉢ 중개사무소 폐업신고로 甲의 매수신청대리인 등록이 취소된 경우 3년이 지나지 아니하면 甲은 다시 매수신청대리인 등록을 할 수 없다.

① ㉠
② ㉡
③ ㉠, ㉢
④ ㉡, ㉢
⑤ ㉠, ㉡, ㉢

키워드 매수신청대리

해설 ㉡ 甲의 중개사무소 개설등록이 취소된 경우 지방법원장은 매수신청대리인 등록을 취소해야 한다. 지방법원장은 다음의 어느 하나에 해당하는 경우에는 매수신청대리인 등록을 취소하여야 한다.

> 1. 「공인중개사법」 제10조 제1항의 결격사유에 해당하는 경우
> 2. 「공인중개사법」, 「공인중개사의 매수신청대리인 등록 등에 관한 규칙」에 따라 폐업신고를 한 경우
> 3. 「공인중개사법」에 따라 공인중개사자격이 취소된 경우
> 4. 「공인중개사법」에 따라 중개사무소 개설등록이 취소된 경우
> 5. 매수신청대리인 등록 당시 등록요건을 갖추지 않았던 경우
> 6. 등록 당시 매수신청대리인 등록의 결격사유가 있었던 경우

㉢ 매수신청대리인 등록이 취소된 경우 3년이 지나지 아니한 자는 매수신청대리인 등록을 할 수 없다. 단, 중개업의 폐업신고 또는 매수신청대리업의 폐업신고에 의한 등록취소는 제외한다(규칙 제6조 제1호). 따라서 중개사무소 폐업신고로 甲의 매수신청대리인 등록이 취소된 경우 3년이 지나지 않아도 甲은 다시 매수신청대리인 등록을 할 수 있다.

23 「공인중개사의 매수신청대리인 등록 등에 관한 규칙」에 따라 甲은 매수신청대리인으로 등록하였다. 이에 관한 설명으로 틀린 것은?
• 31회

① 甲이 매수신청대리의 위임을 받은 경우 「민사집행법」의 규정에 따라 차순위 매수신고를 할 수 있다.
② 甲은 매수신청대리권의 범위에 해당하는 대리행위를 할 때 매각장소 또는 집행법원에 직접 출석해야 한다.
③ 매수신청대리 보수의 지급시기는 甲과 매수신청인의 약정이 없을 때에는 매각대금의 지급기한일로 한다.
④ 甲이 중개사무소를 이전한 경우 그 날부터 10일 이내에 관할 지방법원장에게 그 사실을 신고하여야 한다.
⑤ 甲이 매수신청대리 업무의 정지처분을 받을 수 있는 기간은 1개월 이상 6개월 이하이다.

키워드 매수신청대리

해설 甲이 매수신청대리 업무의 정지처분을 받을 수 있는 기간은 1개월 이상 2년 이하이다.

24 개업공인중개사가 집합건물을 매수하려는 의뢰인에게 「집합건물의 소유 및 관리에 관한 법률」에 관하여 설명한 것으로 틀린 것은? (다툼이 있으면 판례에 따름) • 34회

① 전유부분이란 구분소유권의 목적인 건물부분을 말한다.
② 소유자가 기존 건물에 증축을 하고 기존 건물에 마쳐진 등기를 증축한 건물의 현황과 맞추어 1동의 건물로서 증축으로 인한 건물표시변경등기를 마친 경우, 그 증축부분에 대해서는 구분소유권이 성립하지 않는다.
③ 구분소유자는 건물의 관리 및 사용에 관하여 구분소유자 공동의 이익에 어긋나는 행위를 하여서는 아니 된다.
④ 일부의 구분소유자만이 공용하도록 제공되는 것임이 명백한 공용부분은 그들 구분소유자의 공유에 속한다.
⑤ 일부공용부분의 관리에 관한 사항 중 구분소유자 전원에게 이해관계가 있는 사항은 그것을 공용하는 구분소유자만의 집회결의로써 결정한다.

키워드 집합건물의 소유 및 관리에 관한 법률

해설 일부공용부분의 관리에 관한 사항 중 구분소유자 전원에게 이해관계가 있는 사항과 제29조 제2항의 규약으로써 정한 사항은 구분소유자 전원의 집회결의로써 결정하고, 그 밖의 사항은 그것을 공용하는 구분소유자만의 집회결의로써 결정한다.

25 개업공인중개사가 아파트를 매수하려는 의뢰인에게 「집합건물의 소유 및 관리에 관한 법률」의 내용에 관하여 설명한 것으로 옳은 것은? • 33회

① 전유부분이 속하는 1동의 건물의 설치 또는 보존의 흠으로 인하여 다른 자에게 손해를 입힌 경우, 그 흠은 공용부분에 존재하는 것으로 추정한다.
② 구분소유자는 그 전유부분을 개량하기 위하여 필요한 범위에서 다른 구분소유자의 전유부분의 사용을 청구할 수 없다.
③ 공용부분의 공유자가 공용부분에 관하여 다른 공유자에 대하여 가지는 채권은 그 특별승계인에 대하여 행사할 수 없다.
④ 대지 위에 구분소유권의 목적인 건물이 속하는 1동의 건물이 있을 때에는 그 대지의 공유자는 그 건물 사용에 필요한 범위의 대지에 대하여 분할을 청구할 수 있다.
⑤ 공용부분에 대한 공유자의 지분은 그가 가지는 전유부분의 처분에 따르지 않는다.

키워드 집합건물의 소유 및 관리에 관한 법률

해설 ② 구분소유자는 그 전유부분이나 공용부분을 보존하거나 개량하기 위하여 필요한 범위에서 다른 구분소유자의 전유부분 또는 자기의 공유에 속하지 아니하는 공용부분의 사용을 청구할 수 있다.
③ 공용부분의 공유자가 공용부분에 관하여 다른 공유자에 대하여 가지는 채권은 그 특별승계인에 대하여도 행사할 수 있다.
④ 대지 위에 구분소유권의 목적인 건물이 속하는 1동의 건물이 있을 때에는 그 대지의 공유자는 그 건물 사용에 필요한 범위의 대지에 대하여 분할을 청구하지 못한다.
⑤ 공용부분에 대한 공유자의 지분은 그가 가지는 전유부분의 처분에 따른다. 즉, 공용부분은 그의 전유부분의 처분에 따르고, 공용부분에 대한 지분권만을 분리하여 처분할 수 없는 것이 원칙이다.

정답 24 ⑤ 25 ①

26 개업공인중개사가 집합건물의 매매를 중개하면서 설명한 내용으로 틀린 것은? (다툼이 있으면 판례에 따름)
• 32회

① 아파트 지하실은 특별한 사정이 없는 한 구분소유자 전원의 공용부분으로, 따로 구분소유의 목적이 될 수 없다.
② 전유부분이 주거 용도로 분양된 경우, 구분소유자는 정당한 사유 없이 그 부분을 주거 외의 용도로 사용해서는 안 된다.
③ 구분소유자는 구조상 구분소유자 전원의 공용에 제공된 건물부분에 대한 공유지분을 그가 가지는 전유부분과 분리하여 처분할 수 없다.
④ 규약으로써 달리 정한 경우에도 구분소유자는 그가 가지는 전유부분과 분리하여 대지사용권을 처분할 수 없다.
⑤ 일부의 구분소유자만이 공용하도록 제공되는 것임이 명백한 공용부분은 그들 구분소유자의 공유에 속한다.

키워드 전유부분과 대지사용권

해설 「집합건물의 소유 및 관리에 관한 법률」에 따르면 다음과 같다.

> **제20조【전유부분과 대지사용권의 일체성】** ① 구분소유자의 대지사용권은 그가 가지는 전유부분의 처분에 따른다.
> ② 구분소유자는 그가 가지는 전유부분과 분리하여 대지사용권을 처분할 수 없다. 다만, 규약으로써 달리 정한 경우에는 그러하지 아니하다.
> ③ 제2항 본문의 분리처분금지는 그 취지를 등기하지 아니하면 선의(善意)로 물권을 취득한 제3자에게 대항하지 못한다.
> ④ 제2항 단서의 경우에는 제3조 제3항을 준용한다.

따라서 법 제20조 제2항의 단서에 따르면, 규약으로 달리 정한 경우에는 대지사용권은 전유부분과 분리하여 처분할 수 있다.

정답 26 ④

부록

중요 지문 OX

PART 1 공인중개사법령

CHAPTER 01 | 총칙

01 중개행위에 해당하는지 여부는 개업공인중개사의 행위를 객관적으로 보아 판단할 것이 아니라 개업공인중개사의 주관적 의사를 기준으로 판단해야 한다. (○ | ×)

02 지목(地目)이 양어장인 토지는 공인중개사법령상 중개대상물에 해당한다. (○ | ×)

03 무등록 중개업자에게 중개를 의뢰한 거래당사자는 무등록 중개업자의 중개행위에 대하여 무등록 중개업자와 공동정범으로 처벌된다. (○ | ×)

04 개업공인중개사인 법인의 사원 또는 임원으로서 공인중개사인 자는 소속공인중개사에 해당하지 않는다. (○ | ×)

05 '중개보조원'은 개업공인중개사에 소속된 공인중개사로서 개업공인중개사의 중개업무를 보조하는 자를 말한다. (○ | ×)

06 우연한 기회에 단 1회 임대차계약의 중개를 하고 보수를 받은 사실만으로는 중개를 업으로 한 것이라고 볼 수 없다. (○ | ×)

07 아파트 추첨기일에 신청하여 당첨되면 아파트의 분양예정자로 선정될 수 있는 지위인 입주권은 중개대상물에 포함되지 않는다. (○ | ×)

08 콘크리트 지반 위에 볼트조립방식으로 철제파이프 기둥을 세우고 3면에 천막을 설치하여 주벽이라고 할 만한 것이 없는 세차장구조물은 중개대상물에 해당한다. (○ | ×)

09 거래처, 신용 또는 점포 위치에 따른 영업상의 이점 등 무형물은 중개대상물에 포함된다. (○ | ×)

10 주택이 철거될 경우 일정한 요건 하에 이주자택지를 공급받을 지위인 대토권은 중개대상물에 포함된다. (○ | ×)

정답과 해설

CHAPTER 01 ▶ 01 ×, 중개업자의 행위를 객관적으로 보아 사회통념상 거래의 알선·중개를 위한 행위라고 인정되는지 여부에 의하여 결정하여야 한다(대판 2005.10.7, 2005다32197). **02** ○ **03** ×, 처벌된다 ⇨ 처벌되지 않는다 **04** ×, 해당하지 않는다 ⇨ 해당한다 **05** ×, '중개보조원'은 공인중개사가 아닌 자로서 개업공인중개사에 소속되어 중개대상물에 대한 현장안내 및 일반서무 등 개업공인중개사의 중개업무와 관련된 단순한 업무를 보조하는 자를 말한다. **06** ○ **07** ○ **08** ×, 세차장구조물은 주벽이라 할 만한 것이 없으므로 중개대상물이 되지 못한다. **09** ×, 무형물은 권리금의 형태로 거래되므로 중개대상물에 해당하지 않는다. **10** ×, 대토권은 중개대상물이 되지 못한다.

CHAPTER 02 | 공인중개사제도

01 시험시행기관장은 시험에서 부정한 행위를 한 응시자에 대하여는 그 시험을 무효로 하 (○ | X)
고, 그 처분이 있은 날부터 5년간 시험응시자격을 정지한다.

02 국토교통부장관이 직접 시험을 시행하려는 경우에는 미리 공인중개사 정책심의위원회 (○ | X)
의 의결을 거치지 않아도 된다.

03 위원회는 위원장 1명을 포함하여 7명 이상 11명 이내의 위원으로 구성한다. (○ | X)

04 위원장이 부득이한 사유로 직무를 수행할 수 없을 때에는 위원 중에서 호선된 자가 그 (○ | X)
직무를 대행한다.

05 공인중개사는 유·무상 여부를 불문하고 자기의 공인중개사자격증을 양도해서는 아니 (○ | X)
된다.

06 공인중개사 정책심의위원회 위원장은 국토교통부 제1차관이 된다. (○ | X)

07 공인중개사 정책심의위원회 위원이 해당 안건에 대하여 연구, 용역 또는 감정을 한 경우 (○ | X)
심의위원회의 심의·의결에서 제척된다.

08 시·도지사는 공인중개사자격시험 합격자의 결정·공고일로부터 2개월 이내에 시험합 (○ | X)
격자에 관한 사항을 공인중개사자격증교부대장에 기재한 후 자격증을 교부해야 한다.

09 공인중개사자격증의 재교부를 신청하는 자는 재교부신청서를 자격증을 교부한 시·도 (○ | X)
지사에게 제출해야 한다.

CHAPTER 03 | 중개사무소 개설등록 및 결격사유

01 금고 이상의 형의 집행유예를 받고 그 유예기간 중에 있는 자는 중개사무소의 등록을 할 (○ | X)
수 없다.

02 자본금이 5천만원 이상인 「협동조합 기본법」상 사회적 협동조합은 중개사무소의 등록 (○ | X)
을 할 수 있다.

정답과 해설

CHAPTER 02 ▶ **01** ○ **02** X, 거치지 않아도 된다 ⇨ 거쳐야 한다 **03** ○ **04** X, 위원 중에서 호선된 자가 ⇨
위원장이 미리 지명한 위원이 **05** ○ **06** ○ **07** ○ **08** X, 2개월 이내 ⇨ 1개월 이내 **09** ○
CHAPTER 03 ▶ **01** ○ **02** X, 있다 ⇨ 없다

03   개업공인중개사인 법인의 해산으로 중개사무소 개설등록이 취소된 후 3년이 지나지 않은 경우 그 법인의 대표이었던 자는 중개사무소 개설등록의 결격사유에 해당한다. (○ | ×)

04   합명회사가 개설등록을 하려면 대표자는 공인중개사이어야 하며, 대표자를 포함하여 임원 또는 사원의 3분의 1 이상이 공인중개사이어야 한다. (○ | ×)

05   개업공인중개사의 실무교육 수료확인증 원본은 공인중개사법령상 개업공인중개사가 중개사무소 안의 보기 쉬운 곳에 게시해야 한다. (○ | ×)

06   업무정지처분을 받은 개업공인중개사인 법인의 업무정지의 사유가 발생한 당시의 사원 또는 임원이었던 자로서 해당 개업공인중개사에 대한 업무정지기간이 지나지 아니한 자는 중개사무소 개설등록의 결격사유에 해당한다. (○ | ×)

07   등록관청은 개설등록을 하고 등록신청을 받은 날부터 7일 이내에 등록신청인에게 서면으로 통지해야 한다. (○ | ×)

08   분사무소 설치 시 분사무소의 책임자가 분사무소 설치신고일 전 2년 이내에 직무교육을 받아야 하는 것은 법인이 중개사무소를 등록·설치하려는 경우의 기준에 해당한다. (○ | ×)

09   건축물대장에 기재된 건물에 100m² 이상의 중개사무소를 확보해야 하는 것은 법인이 중개사무소를 개설하려는 경우 그 등록기준에 해당한다. (○ | ×)

10   「공인중개사법」을 위반하여 200만원의 벌금형의 선고를 받고 2년이 된 자는 결격사유에 해당하지 않는다. (○ | ×)

CHAPTER 04 | 중개업무

01   개업공인중개사를 대상으로 한 공제업무의 대행은 법인인 개업공인중개사의 업무범위에 해당한다. (○ | ×)

02   개업공인중개사는 중개보조원과 고용관계가 종료된 경우 그 종료일부터 10일 이내에 등록관청에 신고해야 한다. (○ | ×)

정답과 해설

03 ×, 법인의 해산의 경우 등록이 취소되어도 3년의 결격사유기간의 규정은 적용되지 아니하므로 3년이 지나지 않은 경우라도 중개사무소의 개설등록은 가능하다.   04 ×, 대표자를 포함하여 ⇨ 대표자를 제외한   05 ×, 개업공인중개사가 중개사무소 안에 게시하여야 하는 사항에 포함되지 않는다.   06 ○   07 ○   08 ×, 2년 이내 ⇨ 1년 이내, 직무교육 ⇨ 실무교육   09 ×, 면적에 관한 규정은 「공인중개사법」상 없다.   10 ○   **CHAPTER 04 ▶**   01 ×, 해당한다 ⇨ 해당하지 않는다   02 ○

03 공인중개사인 개업공인중개사가 「옥외광고물 등의 관리와 옥외광고산업 진흥에 관한 (○ | ×)
법률」에 따른 옥외광고물을 설치하는 경우, 중개사무소등록증에 표기된 개업공인중개
사의 성명을 표기해야 한다.

04 국토교통부장관은 인터넷 표시·광고 모니터링 업무 수행에 필요한 전문인력과 전담조 (○ | ×)
직을 갖췄다고 국토교통부장관이 인정하는 단체에게 인터넷 표시·광고 모니터링 업무
를 위탁할 수 있다.

05 개업공인중개사는 의뢰받은 중개대상물에 대한 표시·광고에 중개보조원에 관한 사항 (○ | ×)
을 명시해서는 아니 된다.

06 인터넷을 이용한 중개대상물의 표시·광고 모니터링 업무 수탁기관은 기본계획서에 따 (○ | ×)
라 6개월마다 기본 모니터링 업무를 수행한다.

07 개업공인중개사가 등록한 인장을 변경한 경우 변경일부터 10일 이내에 그 변경된 인장 (○ | ×)
을 등록관청에 등록하면 된다.

08 법인인 개업공인중개사가 등록관청 관할지역 외의 지역으로 중개사무소를 이전하여 중 (○ | ×)
개사무소 이전신고를 받은 등록관청은 그 내용이 적합한 경우, 중개사무소등록증의 변
경사항을 기재하여 교부하거나 중개사무소등록증을 재교부하여야 한다.

09 소속공인중개사에 대한 고용신고는 전자문서에 의하여도 할 수 있다. (○ | ×)

CHAPTER 05 | 중개계약 및 부동산거래정보망

01 취득 시 부담해야 할 조세의 종류와 세율은 공인중개사법령상 '중개대상물의 확인·설 (○ | ×)
명사항'과 '전속중개계약에 따라 부동산거래정보망에 공개해야 할 중개대상물에 관한
정보'에 공통으로 규정된 사항이다.

02 표준서식인 일반중개계약서와 전속중개계약서에는 개업공인중개사가 중개보수를 과 (○ | ×)
다수령 시 그 차액의 환급을 공통적으로 규정하고 있다.

정답과 해설

03 ○   04 ○   05 ○   06 ×, 6개월마다 ⇨ 분기별로   07 ×, 10일 이내 ⇨ 7일 이내   08 ×, 중개사무소
이전신고를 받은 등록관청은 그 내용이 적합한 경우 중개사무소등록증을 재교부하여야 한다. 다만, 개업공인중개사가 등
록관청의 관할지역 내로 이전한 경우에는 등록관청은 중개사무소등록증에 변경사항을 적어 교부할 수 있다.   09 ○
CHAPTER 05 ▶ 01 ×, '전속중개계약에 따라 부동산거래정보망에 공개해야 할 중개대상물에 관한 정보'에는 해당하지 않
는다.   02 ○

03 정당한 사유 없이 지정받은 날부터 6개월 이내에 부동산거래정보망을 설치하지 아니한 (○ | ×) 경우는 거래정보사업자의 지정취소사유에 해당한다.

04 거래정보사업자는 지정받은 날부터 3개월 이내에 부동산거래정보망의 이용 및 정보제 (○ | ×) 공방법 등에 관한 운영규정을 정하여 국토교통부장관의 승인을 얻어야 한다.

05 일반중개계약서는 국토교통부장관이 정한 표준이 되는 서식을 사용해야 한다. (○ | ×)

06 개업공인중개사는 전속중개계약 체결 후 중개의뢰인에게 2주일에 1회 이상 중개업무 (○ | ×) 처리상황을 문서로 통지해야 한다.

07 전속중개계약 체결 후 개업공인중개사가 공개해야 할 해당 부동산에 관한 정보에는 도 (○ | ×) 로 및 대중교통수단과의 연계성이 포함된다.

08 당사자간에 기간의 약정이 없으면 전속중개계약의 유효기간은 6개월로 한다. (○ | ×)

09 오수·폐수·쓰레기처리시설 등의 상태는 전속중개계약을 체결한 개업공인중개사가 (○ | ×) 공인중개사법령상 공개해야 할 중개대상물에 대한 정보에 해당한다.

10 부동산거래정보망의 이용 및 정보제공방법 등에 관한 운영규정을 위반하여 부동산거래 (○ | ×) 정보망을 운영한 경우 거래정보사업자의 지정취소사유에 해당한다.

CHAPTER 06 | 개업공인중개사의 의무 및 책임

01 제3자에게 부당한 이익을 얻게 할 목적으로 거짓으로 거래가 완료된 것처럼 꾸미는 등 (○ | ×) 중개대상물의 시세에 부당한 영향을 줄 우려가 있는 행위는 개업공인중개사등의 금지 행위에 해당한다.

02 개업공인중개사가 그 업무상 알게 된 비밀을 누설한 경우는 벌칙 부과대상 행위 중 피해 (○ | ×) 자의 명시한 의사에 반하여 벌하지 않는다.

03 토지이용계획은 주거용 건축물 매매계약의 중개의뢰를 받은 개업공인중개사가 확인· (○ | ×) 설명해야 할 사항에 포함되지 않는다.

정답과 해설

03 ×, 6개월 이내 ⇨ 1년 이내   04 ○   05 ×, 권장사항이므로 표준이 되는 서식을 사용해야 하는 것은 아니다.
06 ○   07 ○   08 ×, 전속중개계약의 유효기간은 3개월로 한다. 다만, 당사자간에 다른 약정이 있는 경우에는 그 약정에 따른다(영 제20조 제1항).   09 ○   10 ○   CHAPTER 06 ▶ 01 ○   02 ○   03 ×, 포함되지 않는다 ⇨ 포함된다

04 　법인인 개업공인중개사의 사원이 중개대상물의 매매를 업으로 하는 것은 금지되지 않　(○ | X)
　　는다.

05 　상업용 건축물의 분양을 대행하고 법정의 중개보수 또는 실비를 초과하여 금품을 받는　(○ | X)
　　행위는 공인중개사인 개업공인중개사의 금지행위에 해당한다.

06 　개업공인중개사는 중개대상물 확인·설명서를 작성하여 거래당사자에게 교부하고 그　(○ | X)
　　원본, 사본 또는 전자문서를 5년간 보존하여야 한다.

07 　개업공인중개사는 주택임대차 중개를 하는 경우 관리비금액과 그 산출내역을 확인·설　(○ | X)
　　명해야 한다.

08 　중개업무를 수행하는 소속공인중개사가 성실·정확하게 중개대상물의 확인·설명을　(○ | X)
　　하지 않은 것은 소속공인중개사의 자격정지사유에 해당한다.

09 　「공인중개사법 시행규칙」에 개업공인중개사가 작성하는 거래계약서의 표준이 되는 서　(○ | X)
　　식이 정해져 있다.

10 　계약의 조건이 있는 경우, 그 조건은 거래계약서에 기재해야 할 사항이다.　(○ | X)

CHAPTER 07 | 손해배상책임과 반환채무이행보장

01 　개업공인중개사가 공제금으로 손해배상을 한 때에는 15일 이내에 공제에 다시 가입해　(○ | X)
　　야 한다.

02 　「보험업법」에 따른 보험회사는 계약금등의 예치명의자가 될 수 있다.　(○ | X)

03 　개업공인중개사는 계약금등을 자기 명의로 금융기관 등에 예치하는 경우 자기 소유의　(○ | X)
　　예치금과 분리하여 관리될 수 있도록 하여야 한다.

04 　개업공인중개사 甲이 손해배상책임을 보장하기 위한 조치를 이행하지 아니하고 업무를　(○ | X)
　　개시한 경우 등록관청은 개설등록을 취소할 수 있다.

정답과 해설

04 ×, 금지행위이다. 이 경우 금지행위는 개업공인중개사, 소속공인중개사, 중개보조원, 법인의 임원 또는 사원(개업공인중개사등)에게 적용된다.　05 ×, 겸업에 해당한다. 따라서 이는 초과보수에 해당하지 않으므로 금지행위에 해당하지 않는다.　06 ×, 3년간 보존하여야 한다. 다만, 확인·설명사항이 공인전자문서센터에 보관된 경우에는 그러하지 아니하다(법 제25조 제3항).　07 ○　08 ○　09 ×, 시행령에서 표준이 되는 서식을 정하여 그 사용을 권장할 수 있다고 규정하고 있지만, 실제로 정해져 있지는 않다.　10 ○　CHAPTER 07 ▶ 01 ○　02 ○　03 ○　04 ○

05   개업공인중개사가 자기의 중개사무소를 다른 사람의 중개행위 장소로 제공함으로써 거   (O | X)
      래당사자에게 재산상 손해가 발생한 경우 그 손해를 배상할 책임이 있다.

06   개업공인중개사는 보증보험금·공제금 또는 공탁금으로 손해배상을 한 때에는 30일   (O | X)
      이내에 보증보험 또는 공제에 다시 가입하거나 공탁금 중 부족하게 된 금액을 보전해야
      한다.

07   개업공인중개사가 폐업한 경우 폐업한 날부터 5년 이내에는 손해배상책임의 보장을 위   (O | X)
      하여 공탁한 공탁금을 회수할 수 없다.

08   개업공인중개사는 중개를 개시하기 전에 거래당사자에게 손해배상책임의 보장에 관한   (O | X)
      설명을 해야 한다.

09   지역농업협동조합이 부동산중개업을 하는 때에는 중개업무를 개시하기 전에 보장금액   (O | X)
      2천만원 이상의 보증을 보증기관에 설정하고 그 증명서류를 갖추어 등록관청에 신고해
      야 한다.

10   개업공인중개사는 보증보험금으로 손해배상을 한 때에는 10일 이내에 보증보험에 다   (O | X)
      시 가입하여야 한다.

CHAPTER 08 | 중개보수

01   개업공인중개사의 중개보수의 지급시기는 개업공인중개사와 중개의뢰인간의 약정에   (O | X)
      따르되, 약정이 없을 때에는 중개대상물의 거래대금 지급이 완료된 날로 한다.

02   중개대상물인 건축물 중 주택의 면적이 2분의 1 이상인 건축물은 주택의 중개보수 규정   (O | X)
      을 적용한다.

03   전용면적이 85m² 이하이고, 상·하수도 시설이 갖추어진 전용입식 부엌, 전용수세식   (O | X)
      화장실 및 목욕시설을 갖춘 오피스텔의 임대차에 대한 중개보수의 상한요율은 거래금
      액의 1천분의 5이다.

04   공인중개사법령상 중개보수 제한 규정들은 공매 대상 부동산 취득의 알선에 대해서는   (O | X)
      적용되지 않는다.

정답과 해설

05 O   06 ×, 30일 이내 ⇨ 15일 이내   07 ×, 5년 이내 ⇨ 3년 이내   08 ×, 개업공인중개사는 중개가 완성된 때에 거래당사자에게 손해배상책임에 관한 사항을 설명하고 관계 증서의 사본 또는 관계 증서에 관한 전자문서를 교부하여야 한다.   09 O   10 ×, 10일 이내 ⇨ 15일 이내   **CHAPTER 08 ▶** 01 O   02 O   03 ×, 1천분의 5 ⇨ 1천분의 4   04 ×, 적용되지 않는다 ⇨ 적용된다

05 개업공인중개사는 계약금 등의 반환채무이행보장을 위해 실비가 소요되더라도 보수 이 (○ | ×)
외에 실비를 받을 수 없다.

06 주택인 중개대상물 소재지와 중개사무소 소재지가 다른 경우, 개업공인중개사는 중개대 (○ | ×)
상물 소재지를 관할하는 시·도의 조례에서 정한 기준에 따라 중개보수를 받아야 한다.

07 중도금의 일부만 납부된 아파트 분양권의 매매를 중개하는 경우, 중개보수는 총 분양대 (○ | ×)
금과 프리미엄을 합산한 금액을 거래금액으로 하여 계산한다.

08 동일한 중개대상물에 대하여 동일 당사자간에 매매를 포함한 둘 이상의 거래가 동일 기 (○ | ×)
회에 이루어지는 경우, 중개보수는 매매계약에 관한 거래금액만을 적용하여 계산한다.

09 공인중개사자격이 없는 자가 중개사무소 개설등록을 하지 아니한 채 부동산중개업을 (○ | ×)
하면서 거래당사자와 체결한 중개보수 지급약정은 무효이다.

CHAPTER 09 | 공인중개사협회 및 교육·보칙·신고센터 등

01 공제규정에서 정하는 책임준비금의 적립비율은 공제료 수입액의 100분의 20 이상으로 (○ | ×)
한다.

02 협회는 「공인중개사법」에 따른 협회의 설립목적을 달성하기 위한 경우에도 부동산 정보 (○ | ×)
제공에 관한 업무를 수행할 수 없다.

03 개업공인중개사가 되려는 자의 실무교육시간은 26시간 이상 32시간 이하이다. (○ | ×)

04 개업공인중개사로서 중개의뢰인과 직접 거래를 한 자는 포상금을 지급받을 수 있는 신 (○ | ×)
고 또는 고발의 대상이다.

05 협회가 그 지부 또는 지회를 설치한 때에는 그 지부는 시·도지사에게, 지회는 등록관청 (○ | ×)
에 신고하여야 한다.

06 포상금지급신청서를 제출받은 등록관청은 그 사건에 관한 수사기관의 처분내용을 조회한 (○ | ×)
후 포상금의 지급을 결정하고, 그 결정일로부터 1개월 이내에 포상금을 지급하여야 한다.

정답과 해설

05 ×, 실비가 소요된 경우 영수증 등을 첨부하여 매수·임차 그 밖의 권리를 취득하고자 하는 중개의뢰인에게 청구할 수 있다.   06 ×, 중개대상물 소재지 ⇨ 중개사무소 소재지   07 ×, 총 분양대금과 프리미엄을 합산한 금액 ⇨ 이미 납입한 금액에 프리미엄을 합산한 금액   08 ○   09 ○   CHAPTER 09 ▶ 01 ×, 100분의 20 이상 ⇨ 100분의 10 이상   02 ×, 부동산 정보제공에 관한 업무는 협회의 설립목적을 달성하기 위한 협회의 업무에 해당한다.   03 ×, 28시간 이상 32시간 이하이다.   04 ×, 포상금 지급사유에 해당하지 않는다.   05 ○   06 ○

07 공인중개사협회는 회계연도 종료 후 6개월 이내에 매년도의 공제사업 운용실적을 일간   (O | X)
    신문·협회보 등을 통하여 공제계약자에게 공시하여야 한다.

08 해당 중개대상물의 거래상의 중요사항에 관하여 거짓된 언행으로 중개의뢰인의 판단을   (O | X)
    그르치게 하는 행위를 한 자는 포상금 지급사유에 해당하지 않는다.

09 하나의 사건에 대하여 포상금 지급요건을 갖춘 2건의 신고가 접수된 경우, 등록관청은   (O | X)
    최초로 신고한 자에게 포상금을 지급한다.

10 국토교통부장관이 시행하는 공인중개사자격시험에 응시할 때 조례가 정하는 바에 따라   (O | X)
    수수료를 납부해야 한다.

CHAPTER 10 | 지도·감독 및 행정처분

01 개업공인중개사가 개설등록 후 금고 이상의 형의 집행유예를 받고 그 유예기간 중에 있   (O | X)
    게 된 경우는 중개사무소 개설등록을 취소하여야 하는 사유에 해당한다.

02 개업공인중개사가 천막 그 밖에 이동이 용이한 임시 중개시설물을 설치한 경우 등록관   (O | X)
    청이 중개사무소 개설등록을 취소할 수 있는 사유에 해당한다.

03 개업공인중개사 甲이 폐업 사실을 신고하고 중개사무소 간판을 철거하지 아니한 경우,   (O | X)
    과태료 부과처분을 받을 수 있다.

04 거래계약서를 작성할 때 거래금액 등 거래내용을 거짓으로 기재한 경우는 소속공인중   (O | X)
    개사의 자격정지사유에 해당한다.

05 폐업기간이 2년을 초과한 재등록 개업공인중개사에 대해 폐업신고 전의 중개사무소 업   (O | X)
    무정지사유에 해당하는 위반행위를 이유로 행정처분을 할 수 없다.

06 시·도지사는 공인중개사가 부정한 방법으로 공인중개사의 자격을 취득한 경우에는 그   (O | X)
    자격을 취소해야 한다.

07 개업공인중개사가 등록하지 아니한 인장을 사용한 경우, 등록관청이 명할 수 있는 업무   (O | X)
    정지기간의 기준은 3개월이다.

정답과 해설

07 ×, 6개월 이내 ⇨ 3개월 이내   08 ○   09 ○   10 ×, 국토교통부장관이 시행하는 공인중개사자격시험에 응시하고자 하는 자는 국토교통부장관이 결정·공고하는 수수료를 납부하여야 한다.   CHAPTER 10 ▶ 01 ○   02 ○
03 ×, 과태료 부과처분대상에 해당하지 않는다. 등록관청은 간판의 철거를 개업공인중개사가 이행하지 아니하는 경우에는 「행정대집행법」에 따라 대집행을 할 수 있다.   04 ○   05 ○   06 ○   07 ○

08 업무정지처분은 그 사유가 발생한 날부터 2년이 경과한 때에는 이를 할 수 없다. (O | X)

09 폐업기간이 13개월인 재등록 개업공인중개사에게 폐업신고 전의 업무정지사유에 해당 (O | X) 하는 위반행위에 대하여 업무정지처분을 할 수 있다.

10 시·도지사는 공인중개사의 자격취소처분을 한 때에는 5일 이내에 이를 국토교통부장 (O | X) 관과 다른 시·도지사에게 통보해야 한다.

CHAPTER 11 | 벌칙(행정벌)

01 인터넷을 이용하여 중개대상물에 대한 표시·광고를 하면서 중개대상물의 종류별로 가 (O | X) 격 및 거래형태를 명시하지 않은 경우는 과태료 부과대상이 아니다.

02 중개대상물이 존재하지 않아서 거래할 수 없는 중개대상물을 광고한 개업공인중개사는 (O | X) 벌금부과기준에 해당하는 자이다.

03 법정 중개보수를 초과하여 수수하는 행위는 1년 이하의 징역 또는 1천만원 이하의 벌금 (O | X) 사유이다.

04 관계 법령에서 양도·알선 등이 금지된 부동산의 분양·임대 등과 관련 있는 증서 등의 (O | X) 매매·교환 등을 중개한 개업공인중개사는 1년 이하의 징역 또는 1천만원 이하의 벌금 에 해당하는 자이다.

05 이중으로 중개사무소의 개설등록을 하여 중개업을 한 개업공인중개사는 1년 이하의 징 (O | X) 역 또는 1천만원 이하의 벌금에 해당하는 자이다.

06 개업공인중개사가 중개의뢰인과 직접 거래를 한 경우는 1년 이하의 징역 또는 1천만원 (O | X) 이하의 벌금에 처해지는 사유에 해당한다.

07 연수교육을 정당한 사유 없이 받지 아니한 자는 등록관청에서 과태료를 부과한다. (O | X)

08 개업공인중개사가 아닌 자로서 중개업을 하기 위하여 중개대상물에 대한 표시·광고를 (O | X) 한 자는 과태료 부과대상자이다.

정답과 해설

08 ×, 2년 ⇨ 3년   **09** ×, 업무정지는 폐업기간이 1년을 초과한 경우 처분할 수 없다. 따라서 폐업기간이 13개월인 경우 업무정지처분을 할 수 없다.   **10** O   **CHAPTER 11 ▶ 01** ×, 100만원 이하의 과태료 부과대상이다.   **02** ×, 500만원 이하의 과태료 부과대상이다.   **03** O   **04** ×, 1년 이하의 징역 또는 1천만원 이하의 벌금 ⇨ 3년 이하의 징역 또는 3천만원 이하의 벌금   **05** O   **06** ×, 1년 이하의 징역 또는 1천만원 이하의 벌금 ⇨ 3년 이하의 징역 또는 3천만원 이하의 벌금   **07** ×, 등록관청에서 ⇨ 시·도지사가   **08** ×, 1년 이하의 징역 또는 1천만원 이하의 벌금사유에 해당한다.

09 개업공인중개사의 사무소 명칭에 '공인중개사사무소' 또는 '부동산중개'라는 문자를 사 (○ | ×)
용하지 않은 경우의 과태료 부과·징수권자는 등록관청이다.

CHAPTER 12 | 부동산 거래신고 등에 관한 법률

01 부동산거래계약 신고서를 작성하는 경우 '계약대상 면적'란에는 실제 거래면적을 계산 (○ | ×)
하여 적되, 건축물 면적은 집합건축물의 경우 전용면적을 적는다.

02 보증금이 6천만원을 초과하거나 월차임이 30만원을 초과하는 주택 임대차계약을 신규로 (○ | ×)
체결한 계약당사자는 그 보증금 또는 차임 등을 임대차계약의 체결일부터 30일 이내에
주택 소재지를 관할하는 신고관청에 공동으로 신고해야 한다.

03 외국인등이 건축물의 개축을 원인으로 대한민국 안의 부동산을 취득한 때에도 부동산 (○ | ×)
취득신고를 해야 한다.

04 외국인으로부터 토지취득의 허가 신청서를 받은 신고관청은 신청서를 받은 날부터 15일 이 (○ | ×)
내에 허가 또는 불허가 처분을 해야 한다(단, 군사기지 등 국방목적을 위한 토지는 아님).

05 허가구역 지정에 이의가 있는 자는 그 지정이 공고된 날부터 1개월 내에 시장·군수· (○ | ×)
구청장에게 이의를 신청할 수 있다.

06 외국인이 「자연유산의 보존 및 활용에 관한 법률」에 따라 지정된 천연기념물·명승 및 (○ | ×)
시·도자연유산과 이를 위한 보호물 또는 보호구역 내 토지를 취득하려는 경우 토지취
득계약을 체결하기 전에 신고관청으로부터 토지취득의 허가를 받아야 한다.

07 국토교통부장관은 토지의 투기적인 거래가 성행하는 지역에 대해서는 7년의 기간을 정 (○ | ×)
하여 토지거래계약에 관한 허가구역을 지정할 수 있다.

08 토지거래계약허가를 받아 토지를 취득한 자가 당초의 목적대로 이용하지 아니하고 방 (○ | ×)
치하여 이행명령을 받고도 정하여진 기간에 이를 이행하지 아니한 경우, 시장·군수 또
는 구청장은 토지 취득가액의 100분의 10에 상당하는 금액의 이행강제금을 부과한다.

09 「지방공기업법」에 따른 지방공사와 개인이 매매계약을 체결한 경우 양 당사자는 공동으 (○ | ×)
로 신고하여야 한다.

10 주거지역은 60m²를 초과하는 경우 토지거래허가대상이 된다. (○ | ×)

정답과 해설

09 ○   CHAPTER 12 ▶ 01 ○   02 ○   03 ○   04 ○   05 ×, 허가구역 지정에 이의가 있는 경우 「부동산 거래신고 등에 관한 법률」에서는 이의신청제도를 두고 있지 않다.   06 ○   07 ×, 7년의 기간 ⇨ 5년 이내의 기간
08 ○   09 ×, 거래당사자 중 일방이 국가 및 지방자치단체, 공공기관인 경우(국가등)에는 국가등이 신고하여야 한다.
10 ○

PART 2 중개실무

CHAPTER 01 | 중개대상물 조사 및 확인

01 분묘기지권은 분묘의 설치 목적인 분묘의 수호와 제사에 필요한 범위 내에서 분묘 기지 (○ | ×) 주위의 공지를 포함한 지역에까지 미친다.

02 甲이 자기 소유 토지에 분묘를 설치한 후 그 토지를 乙에게 양도하면서 분묘를 이장하겠 (○ | ×) 다는 특약을 하지 않음으로써 甲이 분묘기지권을 취득한 경우, 특별한 사정이 없는 한 甲은 분묘의 기지에 대한 토지사용의 대가로서 지료를 지급할 의무가 없다.

03 실제 권리관계 또는 공시되지 않은 물건권리사항은 개업공인중개사가 확인·설명하여 (○ | ×) 야 할 사항 중 중개대상물 확인·설명서[I](주거용 건축물), [II](비주거용 건축물), [III] (토지), [IV](입목·광업재단·공장재단) 서식에 공통적으로 기재되어 있는 사항이다.

04 X대지에 Y건물이 있고, X대지와 Y건물은 동일인의 소유이다. 개업공인중개사가 Y건물 (○ | ×) 에 대해서만 매매를 중개하면서 중개의뢰인에게 Y건물에 대한 철거특약이 없는 경우, Y건물이 건물로서의 요건을 갖추었다면 무허가건물이라도 관습법상의 법정지상권이 인정된다고 설명했다면 옳은 설명이다.

05 분묘기지권이 성립하기 위해서는 그 내부에 시신이 안장되어 있고, 봉분 등 외부에서 분 (○ | ×) 묘의 존재를 인식할 수 있는 형태를 갖추고 있어야 한다.

06 개인묘지는 20m²를 초과해서는 안 된다. (○ | ×)

07 주말·체험영농을 목적으로 농지를 소유하려면 세대원 전부가 소유하는 총면적이 1천m² (○ | ×) 미만이어야 한다.

08 '환경조건(일조량·소음·진동)'은 중개대상물 확인·설명서[II](비주거용 건축물) 세 (○ | ×) 부 확인사항이다.

09 개업공인중개사가 주거용 건축물의 중개대상물 확인·설명서[I]를 작성할 때, 개업공 (○ | ×) 인중개사 기본 확인사항은 개업공인중개사가 확인한 사항을 적어야 한다.

10 거래계약서 작성 시 확인·설명사항이 「전자문서 및 전자거래 기본법」에 따른 공인전자 (○ | ×) 문서센터에 보관된 경우라도 개업공인중개사는 확인·설명사항을 서면으로 작성하여 보존하여야 한다.

정답과 해설

CHAPTER 01 ▶ **01** ○ **02** ×, 지료를 지급하여야 한다. **03** ○ **04** ○ **05** ○ **06** ×, 20m² ⇨ 30m² **07** ○ **08** ×, 환경조건은 중개대상물 확인·설명서[II](비주거용 건축물)에 기재하지 않으므로 세부 확인사항에 포함되지 않는다. **09** ○ **10** ×, 서면으로 작성하여 보존해야 할 의무가 면제된다.

CHAPTER 02 | 거래계약의 체결

01 공유지분의 처분 및 공유물의 처분은 다른 공유자 전원의 동의가 있어야 한다. (○ | ×)

02 차임연체를 이유로 계약을 해지당한 임차인은 지상건물에 대한 매수청구권을 가진다. (○ | ×)

CHAPTER 03 | 개별적 중개실무

01 주택임대차계약을 체결할 때 임대인은 임차인에게 해당 주택의 확정일자 부여일, 차임 및 보증금 등 정보를 제시하여야 한다. (○ | ×)

02 주택임차인의 계약갱신요구권의 행사를 통해 갱신되는 임대차의 존속기간은 2년으로 본다. (○ | ×)

03 2020.10.1. 甲과 乙은 甲 소유의 X토지에 관해 매매계약을 체결하였다. 乙과 丙은 「농지법」상 농지소유제한을 회피할 목적으로 명의신탁약정을 하였다. 그 후 甲은 乙의 요구에 따라 丙 명의로 소유권이전등기를 마쳐주었다. 이 때, 乙은 丙을 상대로 매매대금 상당의 부당이득반환청구권을 행사할 수 있다. (○ | ×)

04 임차권등기명령의 집행에 따른 임차권등기를 마친 임차인은 이후 대항요건을 상실하더라도 이미 취득한 대항력 또는 우선변제권을 상실하지 아니한다. (○ | ×)

05 甲 소유의 X주택에 대하여 임차인 乙이 주택의 인도를 받고 2019.6.3. 10:00에 확정일자를 받으면서 주민등록을 마쳤다. 그런데 甲의 채권자 丙이 같은 날 16:00에, 다른 채권자 丁은 다음 날 16:00에 X주택에 대해 근저당권설정등기를 마쳤다. X주택이 경매로 매각된 후 乙이 우선변제권 행사로 보증금을 반환받기 위해서는 X주택을 먼저 법원에 인도하여야 한다. (○ | ×)

06 법원은 X부동산에 대하여 담보권 실행을 위한 경매절차를 개시하는 결정을 내렸고, 최저매각가격을 1억원으로 정하였다. 기일입찰로 진행되는 이 경매에서 1억 5천만원의 최고가 매수신고인이 있는 경우, 법원에서 보증금액을 달리 정하지 않았다면 甲이 차순위 매수신고를 하기 위해서는 신고액이 1억 4천만원을 넘어야 한다. (○ | ×)

07 매각허가결정에 대하여 항고를 하고자 하는 사람은 보증으로 매각대금의 10분의 1에 해당하는 금전 또는 법원이 인정한 유가증권을 공탁해야 한다. (○ | ×)

정답과 해설

CHAPTER 02 ▶ 01 ×, 공유지분은 처분의 자유가 있지만, 공유물의 처분은 공유자 전원의 동의를 요한다. **02** ×, 매수청구권을 가지지 못한다. **CHAPTER 03 ▶ 01** ○ **02** ○ **03** ×, 甲과 乙간의 매매계약은 유효하고, 丙이 제3자에게 X토지를 처분한 것은 아니므로, 乙은 丙을 상대로 매매대금 상당의 부당이득반환청구권을 행사할 수 없다. **04** ○ **05** ×, 주택이 경매로 매각된 후 乙이 우선변제권 행사로 보증금을 반환받기 위해서는 X주택을 먼저 매수인에게 인도하였다는 증명을 하여야 한다. **06** ○ **07** ○

에듀윌이
너를
지지할게

ENERGY

삶의 순간순간이
아름다운 마무리이며
새로운 시작이어야 한다.

– 법정 스님

memo

2025 에듀윌 공인중개사 2차 단원별 기출문제집 공인중개사법령 및 중개실무

발 행 일	2025년 1월 23일 초판
편 저 자	임선정
펴 낸 이	양형남
펴 낸 곳	(주)에듀윌
I S B N	979-11-360-3637-7
등록번호	제25100-2002-000052호
주 소	08378 서울특별시 구로구 디지털로34길 55 코오롱싸이언스밸리 2차 3층

* 이 책의 무단 인용·전재·복제를 금합니다.

www.eduwill.net
대표전화 1600-6700

여러분의 작은 소리
에듀윌은 크게 듣겠습니다.

본 교재에 대한 여러분의 목소리를 들려주세요.
공부하시면서 어려웠던 점, 궁금한 점,
칭찬하고 싶은 점, 개선할 점, 어떤 것이라도 좋습니다.

에듀윌은 여러분께서 나누어 주신 의견을
통해 끊임없이 발전하고 있습니다.

에듀윌 도서몰 book.eduwill.net
- 부가학습자료 및 정오표: 에듀윌 도서몰 → 도서자료실
- 교재 문의: 에듀윌 도서몰 → 문의하기 → 교재(내용, 출간) / 주문 및 배송

에듀윌 **직영학원**에서 합격을 수강하세요

언제나 전문 학습 매니저와 상담이 가능한 안내데스크

고품질 영상 및 음향 장비를 갖춘 최고의 강의실

재충전을 위한 카페 분위기의 아늑한 휴게실

에듀윌의 상징 노란색의 환한 학원 입구

에듀윌 직영학원 대표전화

공인중개사 학원 02)815-0600	공무원 학원 02)6328-0600	편입 학원 02)6419-0600
주택관리사 학원 02)815-3388	소방 학원 02)6337-0600	부동산아카데미 02)6736-0600
전기기사 학원 02)6268-1400		

공인중개사학원 바로가기

합격하고 꼭 해야 할 것 1

에듀윌 공인중개사
동문회 특권

1. 에듀윌 공인중개사 합격자 모임

2. 앰배서더 가입 자격 부여

3. 동문회 인맥북

4. 개업 축하 선물

5. 온라인 커뮤니티

6. 오프라인 커뮤니티

7. 공인중개사 취업박람회

8. 동문회 주최 실무 특강

9. 프리미엄 복지혜택

10. 마이오피스

11. 동문회와 함께하는 사회공헌활동

※ 본 특권은 회원별로 상이하며, 예고 없이 변경될 수 있습니다.

에듀윌 공인중개사 동문회 | dongmun.eduwill.net
문의 | 1600-6700

합격하고 꼭 해야 할 것 2

에듀윌 부동산 아카데미 강의 듣기

성공 창업의 필수 코스
부동산 창업 CEO 과정

1 튼튼 창업 기초
- 창업 입지 컨설팅
- 중개사무 문서작성
- 성공 개업 실무TIP

2 중개업 필수 실무
- 온라인 마케팅
- 세금 실무
- 토지/상가 실무
- 재개발/재건축

3 실전 Level-Up
- 계약서작성 실습
- 중개영업 실무
- 사고방지 민법실무
- 빌딩 중개 실무
- 부동산경매

4 부동산 투자
- 시장 분석
- 투자 정책

부동산으로 성공하는
컨설팅 전문가 3대 특별 과정

마케팅 마스터
- 데이터 분석
- 블로그 마케팅
- 유튜브 마케팅
- 실습 샘플 파일 제공

디벨로퍼 마스터
- 부동산 개발 사업
- 유형별 절차와 특징
- 토지 확보 및 환경 분석
- 사업성 검토

빅데이터 마스터
- QGIS 프로그램 이해
- 공공데이터 분석 및 활용
- 컨설팅 리포트 작성
- 토지 상권 분석

경매의 神과 함께 '중개'에서
'경매'로 수수료 업그레이드

- 공인중개사를 위한 경매 실무
- 투자 및 중개업 분야 확장
- 고수들만 아는 돈 되는 특수 물권
- 이론(기본) - 이론(심화) - 임장 3단계 과정
- 경매 정보 사이트 무료 이용

실전 경매의 神
안성선
이주왕
장석태

에듀윌 부동산 아카데미 | uland.eduwill.net
문의 | 온라인 강의 1600-6700, 학원 강의 02)6736-0600

꿈을 현실로 만드는
에듀윌

공무원 교육
- 선호도 1위, 신뢰도 1위! 브랜드만족도 1위!
- 합격자 수 2,100% 폭등시킨 독한 커리큘럼

자격증 교육
- 9년간 아무도 깨지 못한 기록 합격자 수 1위
- 가장 많은 합격자를 배출한 최고의 합격 시스템

직영학원
- 검증된 합격 프로그램과 강의
- 1:1 밀착 관리 및 컨설팅
- 호텔 수준의 학습 환경

종합출판
- 온라인서점 베스트셀러 1위!
- 출제위원급 전문 교수진이 직접 집필한 합격 교재

어학 교육
- 토익 베스트셀러 1위
- 토익 동영상 강의 무료 제공

콘텐츠 제휴 · B2B 교육
- 고객 맞춤형 위탁 교육 서비스 제공
- 기업, 기관, 대학 등 각 단체에 최적화된 고객 맞춤형 교육 및 제휴 서비스

부동산 아카데미
- 부동산 실무 교육 1위!
- 상위 1% 고소득 창업/취업 비법
- 부동산 실전 재테크 성공 비법

학점은행제
- 99%의 과목이수율
- 16년 연속 교육부 평가 인정 기관 선정

대학 편입
- 편입 교육 1위!
- 최대 200% 환급 상품 서비스

국비무료 교육
- '5년우수훈련기관' 선정
- K-디지털, 산대특 등 특화 훈련과정
- 원격국비교육원 오픈

에듀윌 교육서비스 **공무원 교육** 9급공무원/소방공무원/계리직공무원 **자격증 교육** 공인중개사/주택관리사/손해평가사/감정평가사/노무사/전기기사/경비지도사/검정고시/소방설비기사/소방시설관리사/사회복지사1급/대기환경기사/수질환경기사/건축기사/토목기사/직업상담사/전기기능사/산업안전기사/건설안전기사/위험물산업기사/위험물기능사/유통관리사/물류관리사/행정사/한국사능력검정/한경TESAT/매경TEST/KBS한국어능력시험·실용글쓰기/IT자격증/국제무역사/무역영어 **어학 교육** 토익 교재/토익 동영상 강의 **세무/회계** 전산세무회계/ERP정보관리사/재경관리사 **대학 편입** 편입 영어·수학/연고대/의약대/경찰대/논술/면접 **직영학원** 공무원학원/소방학원/공인중개사 학원/주택관리사 학원/전기기사 학원/편입학원 **종합출판** 공무원·자격증 수험교재 및 단행본 **학점은행제** 교육부 평가인정기관 원격평생교육원(사회복지사2급/경영학/CPA) **콘텐츠 제휴·B2B 교육** 교육 콘텐츠 제휴/기업 맞춤 자격증 교육/대학취업역량 강화 교육 **부동산 아카데미** 부동산 창업CEO/부동산 경매 마스터/부동산 컨설팅 **주택취업센터** 실무 특강/실무 아카데미 **국비무료 교육(국비교육원)** 전기기능사/전기(산업)기사/소방설비(산업)기사/IT(빅데이터/자바프로그램/파이썬)/게임그래픽/3D프린터/실내건축디자인/웹퍼블리셔/그래픽디자인/영상편집(유튜브) 디자인/온라인 쇼핑몰광고 및 제작(쿠팡, 스마트스토어)/전산세무회계/컴퓨터활용능력/ITQ/GTQ/직업상담사

교육문의 **1600-6700** www.eduwill.net

・2022 소비자가 선택한 최고의 브랜드 공무원·자격증 교육 1위 (조선일보) ・2023 대한민국 브랜드만족도 공무원·자격증·취업·학원·편입·부동산 실무 교육 1위 (한경비즈니스) ・2017/2022 에듀윌 공무원 과정 최종 환급자 수 기준 ・2023년 성인 자격증, 공무원 직영학원 기준 ・YES24 공인중개사 부문, 2025 에듀윌 공인중개사 오시훈 합격서 부동산공법(핵심이론+체계도) (2024년 12월 월별 베스트) ・교보문고 취업/수험서 부문, 2020 에듀윌 농협은행 6급 NCS 직무능력평가+실전모의고사 4회 (2020년 1월 27일~2월 5일, 인터넷 주간 베스트) 그 외 다수 ・Yes24 컴퓨터활용능력 부문, 2024 컴퓨터활용능력 1급 필기 초단기끝장(2023년 10월 3~4주 주별 베스트) 그 외 다수 ・인터파크 자격서/수험서 부문, 에듀윌 한국사능력검정시험 2주끝장 심화 (1, 2, 3급) (2020년 6~8월 월간 베스트) 그 외 다수 ・YES24 국어 외국어사전 영어 독해/TOEIC 기출문제/모의고사 분야 베스트셀러 1위 (에듀윌 토익 READING RC 4주끝장 리딩 종합서, 2022년 9월 4주 주별 베스트) ・에듀윌 토익 교재 입문~실전 인강 무료 제공 (2022년 최신 강좌 기준/109강) ・2023년 종강반 중 모든 평가 항목 정상 참여자 기준, 99% (평생교육원, 사회교육원 기준) ・2008년~2023년까지 약 220만 누적수강학점으로 과목 운영 (평생교육원 기준) ・에듀윌 국비교육원 구로센터 고용노동부 지정 "5년우수훈련기관" 선정 (2023~2027) ・KRI 한국기록원 2016, 2017, 2019년 공인중개사 최다 합격자 배출 공식 인증 (2025년 현재까지 업계 최고 기록)